中国方志文库

The Selected Works of Chinese Local Chronicles

方志文论

王伟光　著

U0953084

方志出版社

Publishing House of Local Records

图书在版编目（CIP）数据

方志文论 / 王伟光著 . -- 北京 : 方志出版社，2024. 1（2024. 6 重印）. --ISBN 978-7-5144-5397-3

Ⅰ. K290-53

中国国家版本馆 CIP 数据核字第 20241H6Y64 号

责任编辑：陈　菁　梅中英
责任校对：刘玉霞
责任印制：赵　楚
出 版 者：方志出版社
地　　址：北京市朝阳区潘家园东里 9 号（国家方志馆 4 层）
邮　　编：100021
网　　址：http://www.zgfzcb.cn
发　　行：方志出版社图书营销中心（010-67110500）
印　　刷：北京中科印刷有限公司
开　　本：700 毫米 ×1000 毫米　1/16
印　　张：23.75
字　　数：328 千字
版　　次：2024 年 1 月第 1 版
印　　次：2024 年 6 月第 2 次印刷
定　　价：78.00 元

志书古今
启迪未来

为《方志文化》封面题字

王伟光

序

摆在读者案头的是我在主持全国地方志工作期间的工作报告、会议讲话和文章文稿等汇编而成的《方志文论》。

从2013年12月至今，经国务院批准，我担任第五届中国地方志指导小组组长已5个年头了。我认为自己是尽心尽力、尽职尽责的。在历任组长的工作基础上，我深入调研、精心谋划、认真指导、强化督办、注重建设，为我国地方志事业发展做了一定工作，全国地方志工作取得了一定进展，积累了一定经验。这些首先归功于以习近平同志为核心的党中央的正确领导，归功于国务院领导的正确指导，归功于地方各级党委、政府的重视和支持，归功于中国地方志指导小组办公室和全国地方志系统全体同志的辛勤付出。

回首以往，在担任中国地方志指导小组组长工作历程中，我主要做了四件事情：

一是深入调查研究、吃透情况，提出符合地方志发展规律、特点和实际情况的发展思路、工作规划与具体举措。我主持第五届中国地方志指导小组工作，面临的第一项任务就是开好第五次全国地方志工作会议，提出五年发展思路、规划和举措，抓好工作指导。在地方志工作领域，我是一名新兵，需要尽快熟悉情况。为筹备好第五次全国地方志工作会议，起草一个高质量的工作报告，必须做到胸中有数，确实拿出管用的招数，这就需要充分掌握全国地方志工作的历史与现状，准确把握地方志工作的特点和规律。我首先选取了具有一定代表性的北京、江苏和河北三个省（市），从上至下，一直深入市（地）、县、乡村进行了紧密、深入而细致的调查研究。与此同时，我又调阅了历年地方志工作的资料、文件等，全面了解全国地方志状况。正是在扎扎实实调研的基础上，形成了提出问题、分析问题、解决问题的工作报告，成功召开了第五次全国地方志工作会议。国务院办公厅印发的《全国地方志事业发展规划纲要（2015—2020年）》和每年的工作计划，也都是在调研基础上形成的。五年来的发展实践证明，第五次全国地方志工作会议的工作报告是符合我国地方志具体实际和发展规律的，报告提出的目标、任务和举措也是科学、务实的，且现在绝大部分已付诸实践。第五次全国地方志工作会议的主要精神，可以概括为一句话，即把地方志工作聚焦在“一纳入、八到位”（把地方志工作纳入国民经济和社会发展规划、各级政府工作任务之中，做到认识到位、领导到位、机构到位、编制到位、经费到位、设施到位、规划到位、工作到位）的重点思路上，既反映了全国地方志事业当时存在的短板弱项，又找到了地方志发展所要解决的主要问题，针对性、可操作性都很强，是看得准、抓得实，真正解决问题的。第五次全国地方志工作会议之后，为了全面贯彻落实会议精神，我又先后深入全国省（区、市）调查研究、督办检查，以推进工作。

二是深入基层、督办检查，一件事一件事地抓落实，全心全力指导帮助各级地方志工作机构解决实际问题。为了扎扎实实推动第五次全国地方志工作会议精神的贯彻落实、推进《全国地方志事业发展规划纲要（2015—2020年）》的实施，切实实现“一纳入、八到位”的工作总要求，我每到一个地方开会或调研，都必到当地地方志工作机构，深入一线，召开各种形式的座谈会，看望同志们，听取汇报，了解情况，加强指导，解决工作中的问题。与此同时，我在北京又接待了大批来自全国各地从事地方志工作的同志，听他们谈思想、讲情况、摆问题，共同研究解决问题的思路办法、推进工作的具体举措。如果遇有必须省（区、市）领导出面解决的问题，我尽可能地利用与当地领导见面的机会，当面提出、寻求解决。许多基层地方志系统的难题都是这样解决的。

三是选好干部、配好班子，始终注重加强全国地方志系统党的建设、领导班子建设和队伍建设。俗话说得好，“火车跑得快，全靠车头带”，选好用好一个人，配强一个班子，抓住“关键少数”，就能成就一番事业。我高度重视全国地方志系统领导干部的配备、领导班子建设和队伍建设问题。我首先关注中国地方志指导小组办公室主要领导配备和领导班子建设问题，经过中国社会科学院党组讨论酝酿决定，选配了中国地方志指导小组秘书长，中国地方志指导小组办公室党组书记、主任和领导班子其他组成人员。事实证明，选好带头人，配好领导班子，是关键之关键，把干部选对、把班子配强，这是地方志工作有很大起色的重要原因。对于全国地方志领导班子建设和队伍建设问题，我始终高度重视，将其作为重中之重的工作要求，并采取了一系列举措予以推进，如今已取得良好成效。

四是提高认识、统一思想，加强方志人的思想建设，用科学理论引领地方志工作。“八到位”的第一个到位，强调的就是认识到位。认识不到位，工作必然不到位。我担任中国地方志指导小组组长期间，始终坚持把加强理论武装、理论指导，提高方志人的思想认识、理论水平和专业能力作为加强地方志工作的首要举措。要求把学习掌握马克思主义立场、观点、方法，把学习贯彻落实习近平新时代中国特色社会主义思想作为工作主线，以指导修志编鉴工作。针对地方志的具体工作特点，督促组织全体方志人学习落实习近平同志和党中央、国务院关于地方志工作的思想理念、方针政策、讲话批示精神和各项要求，并落实到工作中。

通过调研，确立科学的工作思路；通过督导，抓好每项举措落实；通过党建，加强领导班子和人才队伍建设；通过学习，提高方志人的思想认识和工作水平。这是我抓地方志工作的四点做法，也是四点体会。身虽退，心犹存。作为曾经战斗在地方志战线上的一员，我坚信，地方志事业在以习近平同志为核心的党中央领导下，在国务院的指导下，一定能够取得更大的成绩。衷心祝愿地方志工作在新一届中国地方志指导小组带领下繁荣发展。

是为序。

王伟光

2018 年 5 月于中国社会科学院

编辑说明

2013年12月，第五届中国地方志指导小组成立，由时任中国社会科学院院长、党组书记王伟光担任组长。第五届中国地方志指导小组成立以来，在党中央、国务院的正确领导和高度重视下，坚持马克思主义的指导地位，深入学习贯彻习近平新时代中国特色社会主义思想和党的十八大、十九大精神，贯彻习近平总书记关于修史修志的重要讲话精神，李克强总理和刘延东副总理关于地方志工作的讲话、批示精神，紧紧围绕党和国家工作大局，围绕经济社会发展，围绕以人民为中心，深化地方志改革，创新地方志发展，一面抓规划、抓落实，另一面抓指导、抓督查，把2015年确定为调研培训年，把2016年确定为顶层设计年，把2017年确定为督查落实年，把2018年确定为攻坚年、质量年，凝心聚力，开拓创新，久久为功，在全国范围内全面推动地方志从一项工作向一项事业转型升级，全国地方志形势和地方志工作者精神面貌发生了深刻的变化，取得了显著的成绩。

王伟光担任中国地方志指导小组组长后，多次出席地方志工作会议，多次到全国各地调研指导工作，发表了许多讲话和文章，对地方志工作具有一定的指导作用。中国地方志指导小组办公室将这些讲话和文章汇编成《方志文论》。

本文论所选文稿，按照内容分为三个部分。其中，第一部分工作报告，收录王伟光出席有关地方志工作会议所作的讲话；

第二部分调研讲话，收录王伟光调研指导全国地方志工作时的讲话；第三部分方志专论，收录王伟光发表的文章、访谈、书评、贺词，以及为地方志图书作的序言等。

全书共收录53篇文章。“工作报告”“调研讲话”部分均以时间排序，“方志专论”部分先按类编排，再以时间排序。

本文集所收文稿绝大部分是发表过的，在收入本书时做了少量文字订正，对有些文稿重新拟制了标题，对文稿出处、背景内容等作了注解。

会议及论坛

2013 年 12 月 20 日，王伟光（中间左二）出席在北京召开的中国地方志指导小组五届一次会议并讲话

2015 年 3 月 27 日，王伟光（后排中）出席在北京召开的中国地方志指导小组五届二次会议并讲话

2015 年 3 月 27 日，王伟光在中国地方志指导小组五届二次会议上讲话

2015 年 4 月 17 日，王伟光（前排右二）出席在合肥召开的全国地方志机构主任工作会议并作工作报告。图为王伟光为在地方志工作十年以上的省级地方志工作机构负责人颁发“你真方志”荣誉奖章

2015 年 12 月 29 日，王伟光（中）出席在北京人民大会堂召开的全国地方志系统先进模范座谈会开幕式并讲话

2015 年 12 月 29 日，王伟光在全国地方志系统先进模范座谈会上讲话

2015 年 12 月 30 日，王伟光（中）出席在北京召开的 2016 年度全国地方志机构主任工作会议开幕式并作工作报告

2016 年 5 月 12 日，王伟光（右一）出席在北京人民大会堂召开的首届全国名镇论坛暨中国名镇志丛书出版座谈会开幕式并讲话。图为王伟光为首批中国名镇志丛书编纂单位颁发铜牌和证书

2016 年 5 月 12 日，王伟光（右五）出席在北京人民大会堂召开的《汶川特大地震抗震救灾志》出版座谈会并讲话

2017 年 1 月 14 日，王伟光（中）出席在海口召开的南海主权与地方志论坛开幕式并讲话

2018 年 5 月 29 日，王伟光（左四）出席在山东东营召开的首届全国方志馆建设经验交流会并讲话

地方调研

2013 年 12 月 24 日，王伟光（右三）到中国地方志指导小组办公室调研

2013 年 12 月 24 日，王伟光（右二）为国家方志馆揭牌

2014 年 3 月 6 日，王伟光（左一）到北京市调研地方志工作并考察北京市方志馆

2014 年 3 月 18—19 日，王伟光（右二）到河北调研地方志工作

2014 年 4 月 9 日，王伟光（左三）到江苏调研地方志工作，在盐城召开座谈会

2014年6月13日，王伟光（中）到甘肃调研地方志工作并召开甘青宁三省（区）地方志工作座谈会

2014年6月13日，王伟光在甘青宁三省（区）地方志工作座谈会上讲话

2014 年 6 月 29 日，王伟光（左三）到黑龙江省地方志办公室调研，并参观黑龙江省方志馆

2015 年 2 月 11 日，王伟光（右中）到福建省晋江市调研地方志工作，听取工作汇报

2015 年 6 月 5 日，王伟光（中）到上海市调研地方志工作并召开座谈会

2015 年 8 月 6—7 日，王伟光（中）到吉林调研地方志工作并召开座谈会

2015 年 9 月 13 日，王伟光（中）到四川省调研地方志工作并召开座谈会

2017 年 1 月 13—15 日，王伟光（中）到海南调研地方志工作并召开座谈会

2017 年 9 月 1 日，王伟光（左中）出席在丽水召开的第二次全国方志馆工作会议暨方志馆业务培训班期间，听取浙江省地方志工作汇报

2017 年 9 月 1 日，王伟光在浙江省地方志工作汇报会上讲话

方志馆调研

2016 年 5 月 13 日，王伟光（左二）出席国家数字方志馆揭牌暨“方志中国”展览开展仪式并讲话。图为王伟光为国家数字方志馆揭牌

2018 年 1 月 12 日，王伟光（左四）出席国家方志馆开馆暨“魅力中国”展览开展仪式。图为王伟光为国家方志馆揭幕

2018 年 1 月 12 日，王伟光（中）出席在国家方志馆举行的中国国情网开通仪式

2018 年 5 月 29 日，王伟光（左三）出席在山东东营举行的国家方志馆黄河分馆开馆仪式。图为王伟光等为国家方志馆黄河分馆揭牌

2018 年 8 月 14 日，王伟光（右三）在出席全国方志馆建设工作研讨会暨方志馆业务培训班期间，为国家方志馆知青分馆揭牌

2018 年 8 月 14 日，王伟光（左一）接受国家方志馆知青分馆荣誉馆长聘书

目　　录

一、工作报告

二、调研讲话

三、方志专论

一、工作报告

总结经验，认清大局，明确任务 *

——在中国地方志指导小组五届一次会议上的讲话

（2013 年 12 月 20 日）

经中央宣传部同意并报国务院批准，第五届中国地方志指导小组已正式组成，今天我们召开中国地方志指导小组五届一次会议。刚才，中国社会科学院副院长、中国地方志指导小组常务副组长李培林同志宣读了第五届中国地方志指导小组组成人员名单，介绍了组建经过；中国地方志指导小组秘书长兼办公室主任李富强同志汇报了第四届中国地方志指导小组（以下简称指导小组）组成和第四次全国地方志工作会议召开五年来全国地方志工作的情况；与会同志对地方志工作和本届指导小组任务提出了许多富有建设性的意见和建议。第五届指导小组由我担任组长，我深感责任重大、使命光荣。我决心与第五届指导小组常务副组长、副组长和全体成员一起，恪尽职守、勤奋工作，不辜负党中央、国务院的信任和全国广大地方志工作者的期望。下面，我讲几点意见：

一、认真总结工作经验，巩固发展大好形势

从当前情况看，第五届指导小组工作基础好、起点高。第四届指导小组组成五年来，全国地方志工作和事业一直保持令

* 这篇讲话曾发表于《中国地方志》2014 年第 1 期。

人振奋的发展势头，呈现出前所未有的大好局面。主要表现在：地方志工作法制化、制度化建设取得重大进展，方志编修、年鉴编纂和旧志整理工作成绩斐然，地方志资源开发利用水平持续提升，理论研究成果丰硕，方志学学科建设有新的推进，机构建设不断加强，队伍素质全面提高，国务院交办的《汶川特大地震抗震救灾志》编纂工作进入出版环节，作为方志文化公共基础设施的国家和省级方志馆建设有较大进展。这些成绩的取得，是党中央和国务院高度重视、亲切关怀的结果，是地方各级党委和政府坚强领导、大力支持的结果，是各级部门和社会各界广泛关注、积极参与的结果，是全国地方志工作机构和广大地方志工作者辛勤耕耘、奋力进取的结果，也是第四届指导小组精心筹划、科学决策的结果。

五年来，以陈奎元同志为组长的第四届指导小组，科学分析地方志工作发展形势，及时研究解决工作中存在的困难和问题，提出了许多具有重要价值的指导性意见，为地方志事业健康、快速发展作出了突出贡献。在这里，我们要向第四届指导小组的领导和同志们，向同样为地方志事业尽心竭力、作出贡献的第一届、第二届、第三届指导小组的领导和同志们，表示崇高的敬意与衷心的感谢！

五年来，全国地方志工作是丰富多彩的，进一步加深了对地方志工作规律性的认识，同时也积累了一些弥足珍贵的经验。这些经验主要是：必须始终坚持运用马克思主义立场、观点、方法指导地方志工作，坚持地方志工作正确的政治方向，始终与党中央保持思想上、政治上、行动上的高度一致；必须大力推进地方志工作法制化建设，依法开展地方志工作；必须紧紧围绕党和国家事业发展大局，牢固树立与时俱进、开拓创新的理念；必须坚持党委领导、政府主持、负责地方志工作的机构组织实施、社会各界广泛参与的工作体制；必须把地方志工作纳入各地经济社会发展规划、文化事业发展规划和各级政府工作目标任务之中，切实做到领导到位、机构到位、经费到位、队伍到位、条件到位；必须始终坚持质量第一的原则，建立健全科学实用的志鉴编纂质量保障体系；必须深化方志理论研究，加强方志学学科建设，使地方志工作建立在坚实可靠的科学基础之上；必须将现代信息技术运用到地方志工作中，推动地方志工作的现代化建设；必须把地方志资源开发利用工作摆到重要位置，增强公共服务意识和服务能力，提高服务水平；必须弘扬爱岗敬业、淡泊名利、锲而不舍、开拓进取的修志人精神，建设具有坚强战斗力的高素质队伍。

以上主要经验，有的是以往经验在新时期的丰富和发展，有的是新的探索和创造。这些经验，是全国广大地方志工作者辛勤汗水的凝结和集体智慧的结晶，是保证地方志工作少走弯路、顺利前进的宝贵精神财富，我们一定要倍加珍惜，并在以后的工作中继续丰富和发展。

二、认清发展改革大局，明确工作任务和目标

近代学者陈澹然曾经讲：“自古不谋万世者，不足谋一时；不谋全局者，不足谋一域。”要做好第五届指导小组工作，继续大力推进全国地方志工作和事业向前迈进，必须认清中国特色社会主义事业的发展改革大局，厘清在全局中地方志工作的任务和目标。党的十八大提出了高举中国特色社会主义伟大旗帜，全面建成小康社会和全面深化改革开放的目标。党的十八届三中全会作出了关于全面深化改革若干重大问题的决定。党中央关于坚持和发展中国特色社会主义、全面建成小康社会和全面

深化改革的重大决策部署，既给地方志工作提供了重要的发展机遇，也提出了新的任务和更高的要求。当前和今后一个时期，各级地方志工作机构和广大地方志工作者要深入学习贯彻党的十八大和十八届三中全会精神，学习贯彻习近平总书记一系列重要讲话精神，抢抓机遇、奋发有为，承担更多任务，推出更多成果，发挥更大作用。

第一，要翔实记录党领导人民建设和发展中国特色社会主义的奋斗历程、光辉成就。著录当代、传承历史既是地方志工作的重要任务，也是地方志工作者的主要职责。因此，把中国共产党领导全国各族人民推进中国特色社会主义发展，全面建成小康社会和全面深化改革的历史资料翔实地记录和留存下来，地方志工作者责无旁贷。当前，在努力高质量完成第二轮修志任务的同时，为全国第三轮修志做好准备工作已经提上工作日程。我们要以高度的历史责任感和时代使命感，坚持辩证唯物主义和历史唯物主义的世界观、方法论，遵循秉笔直书的修志传统，通过编纂年鉴，编修专题志，编写地情资料书，加大搜集和积累资料的力度等多种方式与措施，为全面、系统、客观地记述本地区、本部门在新的历史时期的基本情况和做好新一轮修志工作打下坚实的基础。尤其要详细搜集和保存反映建设中国特色社会主义历史进程的珍贵资料，善于发现并记录在全面建成小康社会的伟大实践中出现的代表社会发展趋势、具有广泛社会影响力的重大事件和典型人物，以及在全面深化改革实践中出现的新思路、新创造、新经验。通过我们的工作，努力让当代的辉煌业绩和模范人物永垂史册，让以爱国主义为核心的民族精神和以改革创新为核心的时代精神在全社会进一步发扬光大。

第二，要为全面建成小康社会和全面深化改革提供历史借鉴、智力支持。习近平同志多次强调指出，“历史是最好的教科书”，总能给人以深刻启示，各级领导干部要加强学习，善于从前人留下的思想宝库中汲取治国理政的珍贵滋养。地方志横陈百科、内容丰富，既是了解一个地区基本情况的权威资料文献，也是记述本行政区域事业发展和改革开放历程的信史。古人讲：“郡之有志，所以资政治也。”毫无疑问，地方志对地方各级领导干部了解本地区经济社会发展史、改革发展史，从而汲取有益历史经验，提高科学执政水平，有着不可替代的资治作用。因此，在中国特色社会主义伟大实践中，地方志工作者是大有可为的。要利用熟悉当地地情，掌握地方自然、政治、经济、文化和社会资料性文献的独特优势，为党和政府决策服务，为党政机关和全社会服务。目前，各地已经有了一些好的做法，如：精心汇集本地区经济建设、政治建设、文化建设、社会建设、生态文明建设和党的建设等领域的重要资料，编成简报或月报供领导参阅；与党校、行政学院、社会主义学院合作，编写地情读本、改革读本，作为干部教育的辅助教材；开展经济社会发展和改革方面的专题研究，为领导机关科学决策提供客观的情况和依据；利用地情资料库，开展规划制定、资源开发、基础建设、招商引资、减灾防灾、申报世界文化遗产等方面的服务工作。要继续努力，使地方志工作机构成为党委、政府科学决策的重要咨询部门，成为经济社会发展改革的信息库。

第三，要在中国特色社会主义文化建设中充分发挥地方志工作的传承功能、基础作用。编修地方志是中华民族的优秀传统，是中华民族优秀文化的有机组成部分。它代代相传、历久弥新，具有极其顽强的延续文化生命的能力。我们一定要有高度的文化自觉，通过编修地方志，将当代的实践经验、思想认识、理论创造、价值观念等宝贵财富，连同继承的优秀文化遗产一起传给子孙、惠及后世，真正担负起保存民族记忆、传承民族文化的历史使命。持续不断的地方志编修，形成了粲然可观的地方志成果群，其中包括约占现存古籍十分之一的8000多种旧志，以及7000多部新编省、市、县三级志书，20000余部行业志、部门志、山水寺庙志、专题志、乡镇村志，1700多种、数万卷的地方综合年鉴，还有种类多样的地情资料文献。这座不断丰富、取之不竭的地方志资源宝藏，可以为理想信念教育、公民道德素质建设、哲学社会科学研究、影视文学艺术创作提供丰富的基础资料。地方志工作机构和广大地方志工作者要主动开发地方志资源宝藏，大力加强方志文化建设，通过地方志成果数字化，建设实体和数字方志馆、地情网站，实现地方志成果在全社会的传播和普及；要提高社会服务意识，大力推动地方志成果进校园、进社区、进军营；要加强同高等院校、科研机构、公共图书馆的合作，有计划地整理影印历代方志，展示新编地方志成果，努力满足社会各界的需求；要抓住我国大力实施文化“走出去”战略的大好时机，让更多地方志成果“走出去”，加强对外以及对港澳台地区的方志文献学术交流，扩大中华文化的影响力。

三、切实履行职责，抓好明年开局工作

高举中国特色社会主义伟大旗帜，坚持中国特色社会主义道路，完成全面建成小康社会和全面深化改革的目标，实现国家富强、民族振兴、人民幸福，是彪炳史册的丰功伟业。各级地方志工作机构和广大地方志工作者积极参与、承担任务、发挥作用，是职责所系、使命所在，是地方志事业繁荣发展的必

然要求。应当看到，要很好地完成我们承担的使命和任务，必须解决好地方志工作存在的条件保障不够和自身能力不强等困难与问题，诸如机构不完善、地方志工作法规规章落实不到位、方志学独立学科地位尚未得到承认，以及搜集资料渠道不畅、志书质量有待进一步提升等。解决好这些前进中的困难和问题，给第五届指导小组提出了较高的工作要求。国务院《地方志工作条例》明确规定，国家地方志工作指导机构承担统筹规划、组织协调、督促指导全国地方志工作的职责。第五届指导小组各位同志来自不同地区、不同部门、不同岗位，在本届任期内，我相信我们一定能够团结起来，加倍努力工作，不辜负全国地方志工作者的重托，完成好党中央、国务院交给我们的重任。

第一，进一步统筹规划好全国地方志工作。经过30多年的发展，地方志工作已成为一项浩大的文化系统工程，形成了包括志鉴编修体系、地方志资源开发利用体系、理论研究体系和工作保障体系在内的新的工作格局，但体系建设尚不够完善，进一步发展的余地很大；首轮修志已经结束，第二轮修志进入全面收获期，但各地发展不平衡的状况仍然存在；第二轮修志结束后，第三轮修志工作如何科学开展、两轮修志如何衔接等问题，都需要深入讨论研究。在实际工作中，有许多事情亟需分清轻重缓急，加强统筹安排。因此，我们要考虑制订全国地方志事业发展规划和旧志整理工作规划、方志学学科建设规划，条件成熟后，努力推动将地方志工作纳入国家经济社会发展总体规划之中。通过制订规划，有计划、有重点地推动地方志工作和事业科学发展。

第二，进一步组织协调好全国地方志工作。目前，以省、市、县三级和新疆生产建设兵团编修地方志书和地方综合年鉴为主，国务院部分部委局、人民解放军和武警部队、部分企事业单位、相当数量的乡镇村和社区纷纷开展了修志工作；香港和澳门地区在积极筹划修志工作；台湾地区历来有修志的传统。我们要重点组织协调好省、市、县三级地方志书和地方综合年鉴的编修工作；不断推动各地区各部门的交流与合作，大力推广好的典型经验和成功做法；继续发扬全国地方志系统团结协作、共谋发展的优良传统，集中力量适时开展分类编辑方志资料、编纂全国年鉴总目提要等大型文化工程，积极开展有利于经济社会发展和地方志事业进步的重大课题研究，认真做好编修全国一统志的可行性研究；通过举办先进集体和先进个人评选活动、地方志书质量评比活动，凝聚队伍，提升工作水平。这里尤其需要强调的是，在组织协调全国地方志工作时，对于一些重大问题，我们要及时向党中央、国务院请示汇报。

第三，进一步督促指导好全国地方志工作。2006 年国务院《地方志工作条例》颁布施行后，全国地方志工作进入了有法可依的新阶段，这为指导小组督促指导全国地方志工作提供了强有力的保障。我们要积极开展深入的调查研究，熟悉掌握全国地方志工作情况，增强指导的科学性和权威性；要按照建设法治中国的要求，结合地方志工作发展实际，推动《地方志工作条例》的修订完善；要督促地方各级地方志工作机构切实履行职责，推动本地的地方志工作法制化、制度化建设；要依靠各级党委、政府和有关部门，争取更大的支持，妥善解决好全国地方志系统期待的将地方志工作机构划分为行政类事业单位问题，一些地区存在的机构、人员、经费问题，以及一些地区第二轮修志工作进展缓慢，地方综合年鉴管理体制不顺等问题。

近年来，指导小组办公室作为指导小组的具体办事机构，为落实指导小组工作要求和部署，推动全国地方志事业发展繁荣，做了大量卓有成效的工作，得到了中央领导部门和全国地方志系统的肯定。明年是指导小组换届后的开局之年，工作头绪多、任务重。指导小组办公室要在指导小组的领导下，把各项工作计划好、落实好。有些工作任务涉及面广、影响大，需要指导小组办公室全力以赴，集中力量完成好。一是完成《汶川特大地震抗震救灾志》出版工作。编纂《汶川特大地震抗震救灾志》是国务院交付指导小组的一项重大任务，也是新中国成立后第一次国家层面的修志行为，党中央、国务院和有关部门都很重视。指导小组办公室要协调组织各牵头单位和承编单位，在明年5月前完成全志出版。二是做好全国地方志系统先进集体、先进工作者评选表彰和地方志书、年鉴质量评比活动的准备工作。这几项工作既是提升地方志质量、激发队伍干劲的重要措施，也是全国地方志工作者关注和期待的大事。明年要适时启动，后年完成，要做好宣传动员、组织协调和前期评选评审等工作。三是明年3月或4月组织召开第五次全国地方志工作会议。这一次会议是全国地方志工作承前启后的重要会议，不仅要全面总结第四次全国地方志工作会议以来的工作和经验，还要部署以后五年的任务。指导小组办公室要及早动手，进行必要的调研，制定出详细的方案报指导小组确定，务必保证会议的顺利召开和圆满成功。

同志们，刚刚闭幕的党的十八届三中全会开启了全面深化改革的新征程，全国地方志事业的发展迎来了又一个春天。让我们在以习近平同志为总书记的党中央领导下，坚持以马克思列宁主义、毛泽东思想、邓小平理论、“三个代表”重要思想、科学发展观为指导，认真贯彻落实党的十八大和十八届三中全会精神，特别是习近平总书记一系列重要讲话精神，紧紧依靠各级党委、政府和全国地方志工作机构、广大地方志工作者，开拓创新、扎实进取，为全面建成小康社会和全面深化改革作出应有贡献，再创地方志事业的新辉煌。

发扬成绩，谋划长远，奋力书写地方志事业发展新篇章*

——在第五次全国地方志工作会议上的工作报告

（2014 年 4 月 19 日）

现在，我代表第五届中国地方志指导小组（以下简称指导小组），向会议作工作报告。

这次会议得到党中央、国务院的高度重视。在会议召开之际，中共中央政治局常委、国务院总理李克强专门作出重要批示，中共中央政治局委员、国务院副总理刘延东与部分会议代表座谈，转达李克强总理对本次会议的关心，作了重要讲话。李克强总理在批示中充分肯定地方志和地方志工作的重要作用，充分肯定地方志工作和事业取得的显著成绩，对全国广大地方志工作者提出殷切期望。刘延东副总理在高度评价和充分肯定地方志工作的同时，对继续做好地方志工作提出了进一步提高思想认识、进一步明确相关职责、进一步加强质量管理、进一步强化开发利用的总要求。李克强总理的重要批示和刘延东副总理的重要讲话内涵丰富、意义深远，对广大地方志工作者是巨大的鼓舞，对地方志事业的可持续发展具有重要指导意义，我们一定要认真学习领会和贯彻落实。

---

* 这篇工作报告曾发表于《中国地方志》2014 年第 5 期。

这次会议的主要任务是：高举中国特色社会主义伟大旗帜，以马克思列宁主义、毛泽东思想和中国特色社会主义理论体系为指导，全面贯彻落实党的十八大和十八届二中、三中全会精神，认真学习、深入贯彻习近平总书记系列重要讲话精神，进一步落实国务院《地方志工作条例》和中国地方志指导小组五届一次会议要求，总结第四次全国地方志工作会议五年来的工作，分析当前地方志事业发展形势，明确地方志事业奋斗目标和今后五年的工作任务，审议《全国地方志事业发展规划纲要（2014—2020年）（草案）》，集思广益，再接再厉，努力开拓全国地方志事业发展新局面，为全面建成小康社会作出新的更大贡献。

一、五年来的地方志工作

自2008年11月第四次全国地方志工作会议召开至今，已有五年多的时间。五年来，全国各级地方志工作机构和广大地方志工作者紧紧围绕中国特色社会主义事业发展改革大局，辛勤耕耘，奋发有为，地方志工作取得了新成绩，地方志事业发展呈现出前所未有的大好局面。主要表现在以下几个方面：

第一，修志工作取得重大成果。

经过五年来攻坚克难的扫尾工作，首轮修志任务全面完成，全国累计出版规划内省、市、县三级地方志书5800多部。首轮修志硕果累累，开创了我国方志编修的崭新局面，是中国方志发展史上的壮举，也是中国文化发展史上的盛事。

全国第二轮修志工作深入展开，部分地区已经完成修志规划任务，其中广东省全面完成第二轮修志规划任务。五年来，全国出版规划内三级地方志书1000多部，累计出版1400多部；部门志、行业志、专题志编修成果丰硕，累计出版20000多部；乡镇志、村志编修方兴未艾，累计出版4000多部。水利、海关、铁路、民航、气象、煤炭、石油、烟草、文物等系统的修志工作稳步推进。全军第二轮修志任务基本完成，启动军事大事记和《中国军事地理志》《中国边海防志》编纂工作。武警部队积极推动第二轮武警志编修工作。受国务院委托、由中国地方志指导小组牵头组织编纂的《汶川特大地震抗震救灾志》，在党中央、国务院的关心支持和全志编委会、各分卷编委会的有力领导下，经过近百个参编单位、几千名编纂人员共同努力，完成全部11卷约1500万字的编纂任务，即将交付出版。

指导小组及其办公室积极开展修志工作调研，不断加强业务指导；组织召开全国省级方志工作机构主任会议、第二轮省级志书编纂工作经验交流会议、修志工作试点经验交流会议，总结交流经验，研究解决存在问题，推动《地方志书质量规定》的贯彻落实。各地不断加大资料搜集力度，充分发挥主编和总纂的作用，完善志稿评议制度、审查验收制度和质量评估制度，编制编纂规范、编纂指南和编纂手册，开展志书质量建设年和优秀志书评比活动，努力提高志书编纂质量。

第二，年鉴工作快速健康发展。

地方党委、政府对年鉴工作更加重视，下发文件、增加经费、召开高规格的年鉴工作会议，逐步理顺地方综合年鉴管理体制，大力推动年鉴工作全面开展。继安徽省、广西壮族自治区、海南省、四川省之后，五年来，又有广东省、贵州省、西藏自治区、甘肃省将省级综合年鉴划归地方志工作机构组织编纂。各地新创刊地方综合年鉴400多种、专业年鉴200多种。

上海市、江苏省分别出版《上海年鉴》《江苏年鉴》英文版。我国是世界年鉴编纂出版大国。目前，全国地方志系统组织编纂的地方综合年鉴达1700余种，还有包括军事年鉴、武警年鉴在内的专业年鉴1200多种，北京、天津、上海、江苏、湖北、广东、海南、四川等省（直辖市）基本实现县级以上地方综合年鉴编纂全面覆盖。

指导小组及其办公室加大指导和规范年鉴编纂的力度，召开全国地方综合年鉴编纂研讨会，制定颁布《地方综合年鉴编纂出版规定（试行）》，举办全国地方志系统第二届年鉴评奖活动，启动《地方综合年鉴编纂教程》编写工作。各地积极制定年鉴编纂规范，印制编纂教材和编辑手册，组织评奖活动，开展队伍培训，建立会议点评、互评互审、集中审读制度，对提高年鉴编纂质量起到了促进作用。中国地方志学会年鉴工作专业委员会和各地年鉴社会团体召开学术研讨会，编辑出版论文集，推动年鉴理论研究。五年来，全国地方志系统共发表年鉴论文800多篇，出版著作、论文集10余部。

第三，旧志整理工作成绩斐然。

五年来，全国地方志系统以点校、注释、影印、复印、扫描、原版复制等方式，整理旧志700多种，累计整理2000多种。其中，广东省全部完成旧志搜集整理，出版了《广东历代方志集成》；北京、河北、辽宁、黑龙江、上海、江苏、浙江、福建、安徽、河南、四川等省（直辖市）大规模集中整理旧志并取得阶段性成果，为抢救保护地方历史文献和加强全国古籍整理工作作出了积极贡献。

在旧志整理工作中，有的地区成立旧志整理工作机构和学术机构，制订整理出版规划、点校通则和审稿细则，保证整理质量；有的开展旧志普查工作，编制旧志目录，厘清、摸透家底；有的还与高校、科研机构合作进行旧志研究和专题资料类编，拓展整理工作的广度与深度。

第四，方志理论和方志学学科建设迈出新步伐。

指导小组及其办公室编写出版《中国方志通鉴》《当代志书编纂教程》，启动并有序推进《方志百科全书》编纂工作，努力创建方志理论的概念体系和方志知识体系；积极开展对港澳台和对外学术交流，举办新方志编纂论坛，研讨交流方志理论中的热点、难点问题；以《中国地方志》期刊为纽带，召开全国方志期刊工作座谈会，充分发挥方志期刊的理论阵地和引导作用。中国地方志学会建立学术年会制度，举办三届针对性较强、影响较大的学术年会，较好地发挥了学会的学术引领作用。学会城市区志专业委员会定期召开学术研讨会，推动城市区志理论研究。各地地方志工作机构和地方志学会积极举办学术年会与理论研讨会，设立专项研究课题，组织优秀论文评选，编辑出版论文集，激励广大地方志工作者开展理论研究。五年来，全国地方志系统共发表方志论文6000多篇，出版专著、教材、论文集90余部。

方志学学科建设取得新进展。指导小组办公室组织召开《方志学学科建设规划》研讨会，与暨南大学合作举办方志学方向研究生进修班。复旦大学、西南民族大学、宁波大学等高校继续招收培养方志学专业的本科生、研究生。在地方志系统、高校和科研机构中，形成一支具有较高理论水平的方志专家队伍。

第五，地方志系统设施设备信息化建设迈上新台阶。

指导小组办公室召开全国地方志系统信息化建设经验交流会，设立信息化建设试点单位，实施中国地方志网、《中国地方志》期刊网、志书和年鉴数据库建设工程，与美国哈佛大学哈佛燕京图书馆合作开展中国历代方志数字化工作。各地积极建设地情网站，五年来，新开通省级网站7个、市级网站80多个、县级网站200多个。目前，全国省级网站达到26个、市级网站近200个、县级网站470多个。山东、广东等省加快省、市、县三级地情网络群建设，实现全省联网、资源共享；一些地方与政府门户网站、图书馆网站实现链接，公共服务能力大大提高。北京、内蒙古、黑龙江、上海、江苏、浙江、福建、河南等省（自治区、直辖市）不断对网站进行改版升级，加快地方志成果数字化速度，完善地情资源数据库，将海量电子资源上传到地情网站，供社会各界查阅使用。

各级方志馆建设加速推进。五年来，国家方志馆建成，新建省级馆7个、市级馆20多个、县级馆80多个，一些地区的方志馆已获准立项或正在建设中。全军军事志馆建设正逐步推进，中国武警史馆建成开馆。目前，全国已建成国家方志馆1个、省级馆15个、市级馆60多个、县级馆近200个。随着方志馆的陆续建成，各级地方志工作机构千方百计丰富馆藏资源，并陆续向社会公众开放，展示地情、提供服务。

第六，地方志资源开发利用开创新局面。

各地地方志工作机构积极开展地情研究，编写地方简史和志书干部读本，山西、安徽、江西、河南、广东等省以及新疆生产建设兵团创办资政刊物，为党委、政府科学决策提供信息咨询服务；参与规划编制、旅游开发、招商引资、历史文化遗产发掘保护、防灾减灾等方面的工作，努力将地方志工作与当地经济社会发展结合起来；利用地方志资料，编纂出版反映重大事件、历史名人、特色产业、重要物产等方面的地情资料和地情书籍，深度挖掘地方历史文化资源。

指导小组办公室与中央电视台联合摄制十集电视纪录片《方志·中国》，并在中央电视台第四频道黄金时段播出；启动方志蓝皮书《中国方志发展报告》编写工作，努力扩大方志文化的影响。各地与报刊、电台、电视台、网站等媒体合作，宣传地方历史文化和方志文化；开展社会主义核心价值观宣传教育，其中《吉林年鉴》编辑部与新闻媒体联合持续组织“感动吉林”年度十大人物评选活动，武汉市地方志办公室组织编纂《中国红——辛亥革命百年祭》、举办“喜迎十八大——‘中国红’巨幅国画展”活动，积极营造昂扬向上的舆论氛围。

第七，地方志工作机构与队伍建设取得新成绩。

指导小组办公室多次举办修志主编培训班和地方志工作机构新任负责人培训班，联合开展当代中国史和口述史专题培训。各地通过相互交流、出国出境考察学习、专题培训、举办讲座、与高校联合办学、以会代训等方式，对主编、总纂、编辑、组稿人员、撰稿人员等开展针对性强、内容丰富的业务培训，努力改善队伍知识结构，提高队伍整体素质。

为稳定机构与队伍，指导小组及其办公室配合各地和主管部门，积极推进地方志工作机构列入参照公务员法管理范围；争取到中央编办的有力支持，明确指导小组办公室不参加事业单位分类改革；与人力资源和社会保障部联合，开展全国地方志系统先进集体和先进工作者表彰活动，同时单独开展了全国方志先进集体和先进工作者评选活动。不少省级地方志工作机构与人社部门联合或单独开展了先进集体、先进工作者的评选表彰活动。解放军和武警部队表彰了修志先进单位和个人。

第八，地方志工作法治化建设深入推进。

继北京、河北、吉林、安徽、江西、山东、湖北、湖南、广东、广西、四川、贵州、陕西、宁夏14个省（自治区、直辖市）之后，五年来，先后又有江苏、甘肃、新疆、云南、上海、河南、山西、海南、内蒙古、浙江、福建11个省（自治区、直辖市）颁布地方志工作法规规章，四川省人大常委会修订了《四川省地方志工作条例》。目前，全国已有25个省（自治区、直辖市），150多个市、县颁布地方志工作法规规章或政府规范性文件，其中山东省形成较为完善的法规体系。有些部门和行业制定部门志、行业志编纂工作规定，解放军将《军事志工作条例》列入中央军委立法计划，武警部队出台《中国人民武装警察部队史志工作规定》。河北、山西、吉林、江苏、山东、河南、湖北、广西、贵州、甘肃、青海等省（自治区）开展人大执法检查或政府督察，河北省地方志办公室、沈阳市地方志办公室等取得行政执法主体资格，强化地方志工作法规规章的权威性，有力地推动了地方志工作的健康开展。

按照地方志工作法规规章要求，许多地区制定出台地方志事业发展规划，把地方志工作列入“十二五”经济社会发展规划或写入政府工作报告，制定第二轮修志工作规划和志书编纂方案，完善资料报送制度、编修备案制度，为地方志工作有序开展提供制度保障。

五年来，全国各级地方志工作机构和广大地方志工作者科学总结地方志编修历史经验，紧密结合社会主义现代化建设实际，充分发挥聪明才智，解放思想，与时俱进，开拓创新，不断优化地方志工作格局，推动地方志事业向更深层次发展，初步形成了由制度保障、工作成果体系、事业发展格局、共同价值理念等构成的中国特色社会主义方志文化。

五年来，全国各级地方志工作机构和广大地方志工作者进一步弘扬历经千年的修志人优秀传统，形成了“淡泊名利、甘于奉献、恪尽职守、锲而不舍、开拓进取”的修志人精神。广大地方志工作者秉持这种精神，在艰苦、辛苦、清苦的岗位上默默耕耘，忘我奉献。这种精神，是地方志工作者爱民报国情怀的完美诠释，是社会主义核心价值观的具体体现。

五年来，我们对做好地方志工作的认识进一步深化，积累了一些弥足珍贵的经验。主要有：必须始终坚持以马克思主义立场、观点、方法为指导，坚持正确的政治方向，始终与党中央保持思想上、政治上、行动上的高度一致；必须大力推进地方志工作法治化、制度化建设，依法开展地方志工作；必须紧紧围绕中国特色社会主义事业发展改革大局，牢固树立与时俱进、开拓创新的理念；必须坚持党委领导、政府主持、负责地方志工作的机构组织实施、社会各界广泛参与的工作体制；必须把地方志工作纳入国民经济和社会发展规划、文化事业发展规划和各级政府工作任务之中，切实做到认识到位、领导到位、机构到位、编制到位、经费到位、设施到位、规划到位、工作到位；必须始终坚持质量第一的原则，建立健全科学实用的地方志质量保障体系；必须深化地方志理论研究，加强地方志学科建设，使地方志工作建立在坚实可靠的科学基础之上；必须加强地方志设施设备建设，将现代信息技术运用到地方志工作中，推动地方志工作的现代化建设；必须把地方志资源开发利用工作摆到重要位置，增强公共服务意识和服务能力，提高服务水平；必须大力弘扬修志人精神，加强地方志工作机构领导班子建设，建设一支具有坚强战斗力的高素质队伍。这些经验，既是对五年来全国地方志工作实践的精心总结，也是新中国成立后尤其是改革开放以来全国广大地方志工作者艰辛探索的结晶，是保证地方志事业顺利前进的宝贵精神财富。我们在今后的工作中一定要认真领会，并在实践中及时予以丰富和发展。

总体来讲，五年来，地方志工作成绩令人瞩目、形势振奋人心。我们深刻体会到，全国地方志工作进步和事业发展，离不开党中央、国务院的高度重视和亲切关怀，离不开地方各级党委、政府的大力支持和强力推动，离不开各部门和社会各界的热情帮助和积极参与，离不开各级地方志工作机构和广大地方志工作者的精心筹划和艰苦奋斗。在这里，我谨代表中国地方志指导小组，向党中央，国务院，地方各级党委、政府、各部门和社会各界表示衷心的感谢！向全国地方志工作者致以诚挚的敬意！

在充分肯定成绩的同时，我们也要清醒地看到，地方志工作在前进的道路上还存在着一些问题，有些问题已经困扰着有些地区地方志工作的正常开展。主要是：地方志工作发展不平衡的状况没有得到根本扭转，地方志工作法规规章落实不到位的现象仍然存在，有的领导同志对地方志工作重要性认识还不够到位，一些地区地方志工作机构、编制和队伍还不健全，事业发展基础设施薄弱、投入不足的问题尚未妥善解决，地方志资源开发利用水平还不能更多地满足社会需求，方志学独立学科地位还没有完全确立，等等。以上问题，虽然是前进中的问题，但必须引起高度警惕和重视，并在今后的工作中根据不同情况，有重点、有步骤地切实加以解决。

二、地方志事业发展形势和奋斗目标

保持和发展地方志事业的大好局面，必须认清和准确把握中国特色社会主义事业发展改革大局，抓住和用好地方志事业发展的重要机遇期。新中国成立后尤其是改革开放以来，各级地方志工作机构和广大地方志工作者不断增强大局意识，抢抓机遇，迎接挑战，推动地方志事业迈上一个又一个新的台阶。当前，地方志事业发展又面临着大好形势与机遇，亟须乘势而上、顺势而为。

一是习近平总书记系列重要讲话精神为地方志事业发展指明了前进方向。

党的十八大以来，习近平总书记发表了一系列重要讲话，提出了许多富有创见性的新思想、新观点、新论断、新要求、新举措。这一系列重要讲话，是对党的十八大精神的深化和拓展，是对中国特色社会主义理论体系的丰富和发展，是在我国经济社会发展的决定性阶段坚持和发展中国特色社会主义的政治纲领，是全面阐述事关中国特色社会主义前途命运重大原则问题的马克思主义文献，是指导我们推进中国特色社会主义伟大实践、实现“两个百年”奋斗目标和中华民族伟大复兴中国梦的行动指南，更是进一步发展繁荣地方志事业的重要指导方针。讲话中关于坚持和发展中国特色社会主义，实现中华民族伟大复兴中国梦，全面深化改革开放，推动科学发展，加强宣传思想和意识形态工作，弘扬中华优秀传统文化等方面的重要论述，贯穿其中的坚定的信仰追求、可贵的历史担当精神、坚定的人民立场和真挚的为民情怀等立场观点，都为地方志事业发展确定了基调，提供了基本遵循。习近平总书记历来高度重视地方志工作，今年2月25日，他在首都博物馆考察调研时强调：“搞历史博物展览，为的是见证历史、以史鉴今、启迪后人。要在展览的同时高度重视修史修志，让文物说话、把历史智慧告诉人们，激发我们的民族自豪感和自信心，坚定全体人民振兴中华、实现中国梦的信心和决心。”这一重要论述精准地概括了史书、方志等文献典籍的当代功用和千秋价值，明确了新时期地方志事业的发展方向，我们一定要抓好学习贯彻和落实。

二是全面建成小康社会和全面深化改革的伟大实践为地方志事业发展构筑了广阔舞台。

党的十八大提出了高举中国特色社会主义伟大旗帜，全面建成小康社会和全面深化改革开放的目标；党的十八届三中全会作出了关于全面深化改革若干重大问题的决定，揭开了全面建成小康社会和全面深化改革的序幕，同时也给地方志工作者提供了发挥更大作用的空间。一方面，中国共产党领导全国各族人民在全面建成小康社会和全面深化改革进程中形成的珍贵历史资料，需要我们及时搜集、整理和保存；在全面建成小康社会伟大实践中出现的代表社会发展趋势、具有广泛社会影响力的重大事件和典型人物，以及在全面深化改革实践中出现的新思路、新创造、新经验，需要我们及时发现、记录和宣传。另一方面，三十多年来我们生产、积累的地方志成果和地情资料，翔实记录了前人和当代人的实践活动与智慧经验，可以为推动经济社会发展和深化改革提供智力支持，为各级领导干部了解熟悉地情提供咨询服务，为推进治理体系和治理能力现代化提供历史借鉴。因此，在全面建成小康社会和全面深化改革这一伟大的历史进程中，地方志工作者完全可以扮演更为重要的角色，地方志事业完全可以具有更为广阔的发展前景。五年来地方志工作取得的巨大成绩，表明全国地方志工作者勇于担当历史责任，正在奋力为全面建成小康社会添砖加瓦。

三是扎实推进社会主义文化强国建设的战略部署为地方志事业发展提供了有力支撑。

党的十八大准确把握国际上思想文化发展竞争态势，从坚持和发展中国特色社会主义的政治高度和广阔视野，明确提出建设社会主义文化强国的大政方针。地方志事业是社会主义文化建设的基础工程和重要组成部分，是提升国家文化软实力的重要推动力量。我们建设的地方志资源宝库，内容纵贯古今、横陈百科，覆盖了我国各个地域，有助于认清中华文化和地域文化的历史渊源、发展脉络、基本走向，有助于了解中华文化的独特创造、价值观念、鲜明特色；可以为广大人民群众提供精神食粮，为弘扬社会主义核心价值观和中华传统美德，开展哲学社会科学研究、新闻写作、文学影视创作等提供基本素材。因此，地方志工作者积极参与社会主义文化强国建设是义不容辞的责任。当前，各级党委、政府为激励文化事业发展出台了一系列政策措施，我们要利用掌握丰富地情资料的独特资源优势，团结协作、群策群力，以更大的力度、更先进的手段，在社会主义文化强国建设中承担更多任务、发挥更大作用。

时代的车轮快速向前，地方志事业不进则退。综合外部环境和自身实际，当前地方志事业发展面临着难得的大好形势，处在一个崭新的发展起点上。我们要立足当前、谋划长远，确定地方志事业的奋斗目标。

党的十八大顺应人民过上更好生活的新期待，作出了到2020年全面建成小康社会的庄严承诺。适应全面建成小康社会和地方志事业发展需要，基于新中国成立后尤其是改革开放以来地方志工作取得的巨大成绩和丰富经验，到2020年，我们完全有信心建成由地方志编修体系、地方志质量保障体系、地方志资源开发利用体系、地方志理论研究体系、地方志学科建设体系、地方志工作领导体系、地方志人才队伍体系、地方志工作物力财力保障体系组成的，比较完善的地方志事业发展综合体系，推动地方志工作和方志文化在全社会的影响力和服务经济社会发展的能力迈上一个大台阶。

到2020年，应当圆满完成地方志工作的主要任务：全国第二轮修志任务全面完成，第三轮修志工作准备充分，高质量的地方志成果群更为丰富；年鉴编纂工作形成规模，实现县级以上地方综合年鉴编纂全面覆盖；地方志理论建设、地方志学科建设取得突破性成果，在哲学社会科学领域的地位显著提升；省级地情网站群建设初步完成，地情资料库、方志馆等设施设备基本配齐，地方志资源开发利用水平明显提高；以国务院《地方志工作条例》为核心的地方志工作法规规章体系基本完善，地方志工作立法取得新的进展，地方志事业可持续发展的法律和制度保障更加有力；地方志工作机构、队伍建设取得新突破，形成一支素质高、业务精、作风正的地方志工作队伍；以《全国地方志事业发展规划纲要（2014—2020年）（草案）》为主导的事业发展规划与实施体系基本形成。

三、今后五年的主要任务

认真分析第四次全国地方志工作会议召开以来的工作，科学研判地方志事业发展面临的新形势，按照地方志事业的奋斗目标，今后五年，要扎实做好以下工作：

第一，深入学习贯彻中国特色社会主义理论体系和习近平总书记系列重要讲话精神，坚持正确的政治方向。

当前和今后一个时期，全国地方志系统要继续认真学习、贯彻落实党的十八大和十八届二中、三中全会精神，深刻领会和全面贯彻习近平总书记系列重要讲话精神，切实提高政治理论水平，强化理论武装。习近平总书记系列重要讲话包含着十分丰富的内容，要在全面学习的基础上，着重把握其精神实质、基本内涵和主要观点，做到真学、真懂、真信、真用。学习贯彻习近平总书记系列重要讲话精神，要同学习中国特色社会主义理论体系结合起来，同学习马克思主义基本原理结合起来，进一步坚定地方志工作者的理想信念，提高马克思主义理论水平；要紧密联系地方志工作实际，始终坚持用马克思主义的世界观和方法论观察分析、研究解决地方志工作实际问题，用历史唯物主义和辩证唯物主义指导修志工作，提高对地方志工作发展规律的认识水平；要始终坚定中国特色社会主义的道路自信、理论自信、制度自信，毫不动摇地做到地方志工作为坚持和发展中国特色社会主义服务；要牢固树立人民群众是历史创造者的唯物史观，坚守以人为本、人民至上的价值观，解决好“为了谁、依靠谁、我是谁”的问题，真正做到地方志工作为最广大人民群众服务；要坚持历史唯物主义和辩证唯物主义的观点，用历史事实坚决反对和批判历史虚无主义。

第二，坚持把修志作为基本任务，努力为人民群众提供更多、更优秀的方志文化成果。

方志编修是地方志工作的基本任务，是检验、评估地方志工作的首要标准。当前，全国第二轮修志工作正处于深入推进的关键时期，第二轮修志规划任务未完成的地区，应抓紧抓好，按时完成任务。第二轮修志规划任务已经完成的地区，要认真总结首轮、第二轮修志经验教训，做好第三轮修志启动前的方案策划、理论研讨、资料收集、队伍培训等准备工作，加强修志的各项基础工作。继续鼓励对方志编修的探索和创新，加强对部门志、行业志、专题志、乡镇村志编纂的指导和服务。支持香港、澳门地区修志工作，加强与台湾地区修志交流。指导小组办公室要与相关部门沟通协调，组织方志界专家学者，做好编修一统志的可行性研究工作。

要继续建立健全志书质量保障体系。继续做好修志试点工作和志书评奖工作，组织修志经验总结和交流，研究制订志书修订、重修、再版制度。进一步严格志书评议、审查验收和出版工作，坚决杜绝不合格志书出版发行。推进方志出版社志书精品工程，建设全国地方志专业出版基地，努力打造一批优秀志书。鼓励扩大地方志编修的社会参与度，积极吸收有志于此的专家学者、离退休干部及其他人员参与各类志书编纂工作。

第三，继续做好年鉴工作，真正使年鉴成为翔实可靠的年度地情文献。

年鉴工作是地方志工作新的增长点和支撑点，是地方志工作的重要组成部分。要认真落实国务院《地方志工作条例》的规定，全面理顺地方综合年鉴工作管理体制，推动县级以上行政区域全面开展地方综合年鉴编纂工作。鼓励年鉴种类和记述内容的创新，逐步形成丰富多样的年鉴成果群。

要努力提升年鉴质量，推动年鉴理论研究。有计划地组织年鉴评奖活动，开展年鉴质量建设试点工作，推介先进编纂经验，加强对各类年鉴编纂的业务交流、培训和指导。修订正在试行的《地方综合年鉴编纂出版规定》，推动各地规范年鉴编纂流程。拓展年鉴信息资料的广度和深度，坚持年鉴当年编纂、当年出版。建立健全年鉴编纂评议和审查机制，推广年鉴出版前的审读制度。充分发挥中国地方志学会年鉴工作专业委员会和各地年鉴社会团体的作用，组织编纂全国年鉴综录、年鉴词典等大型工具书，编写出版《地方综合年鉴编纂教程》，增强年鉴理论研究的计划性和系统性，逐步形成年鉴学理论体系和学科体系。

第四，大力加强资料建设，夯实地方志事业发展和方志文化建设的基础。

资料是地方志编纂的重要基础，是地方志质量高低的决定性因素，也是地方志事业发展和方志文化建设的源头活水。要开展有关地方志资料建设的专题培训和研讨，培养一批地方志资料搜集、研究方面的人才。要密切与党政机关、高校、科研机构、图书馆、档案馆、博物馆、行业协会、企业、民间组织和社会人士的联系，继续运用社会调查、口述史等方法，大力拓展资料搜集范围和渠道。要加大依法征集地方志资料的力度，建立和完善地方志资料年报制度，加强地方志资料的集中收藏、保存和管理，逐步构建一个能够全方位适应地方志编纂、地方志事业发展和方志文化建设需要的地方志资料保障体系。

第五，积极推进旧志整理工作，抢救保护好地方历史文献。

历代留存下来的旧志是我国宝贵的传统文化遗产，开展旧志搜集整理与出版是功在当代、惠及千秋的重要工作。各级地方志工作机构要争取党委、政府的更大支持，对留存的旧志孤本、善本进行收集保护，有计划地集中整理本地历代方志。加强对旧志普查和旧志目录编制工作的指导，鼓励设立旧志研究专项课题，有重点地分类编辑旧志资料。积极稳妥地开展海外藏中国旧志的引进工作，推动旧志数字化建设，逐步建立全国旧志资源数据库。组织召开全国旧志整理工作经验交流会，开展全国地方志系统旧志整理成果评比活动，大力培养和聚集旧志整理专业人才，确保旧志整理的质量。

第六，加大对地方志工作基础设施的投入，更好地发挥地方志工作在经济社会发展和文化建设中的作用。

加强地方志信息化建设，实现地方志资源数字化、网络化，为社会提供全面、便捷的地情信息服务，是开发地方志资源、发挥地方志作用的有效途径。要加快地方志工作服务形式的现代化进程，推动网络信息技术在地方志工作各个领域的应用。继续开展信息化建设试点工作，组织信息化建设经验交流，有计划地培养信息化建设人才。积极整合全国地方志系统网站资源，建设以“中国地方志网”为基础平台，国家、省、市、县四级地方志网站联网的全国地方志网络，推进建立省级地情网站群。推进地方志成果和各种地情书籍数字化，建设全国地情资料全文检索数据库。

方志馆是地方志工作向社会提供公共文化服务的基础设施和重要平台。要研究制订方志馆建设指导意见，开展方志馆建设的经验交流，推动方志馆建设的规范化。发挥国家方志馆的桥梁和纽带作用，推动数字方志馆建设，逐步实现方志馆之间的资源共享。开展方志馆定位的研究，努力将方志馆建成地方志和地情资料收藏展示中心、地情研究咨询中心、地方文化对外交流中心，建成爱国主义宣传教育基地。

第七，深入挖掘地方志资源，充分展示方志文化魅力。

地方志资源宝库中蕴含着丰富的历史文化财富，要加强对地方志资源的深加工，积极拓宽地方志资源的服务渠道和服务手段。继续通过编辑信息简报或月报、编写地情读本、开展专题研究，为党政机关和社会各界提供服务。大力推动地方志成果进校园、进社区、进企业、进军营，发挥地方志资源在地方公共文化服务体系建设中的重要作用。集中力量汇编新旧方志中有关典型事例和代表性资料，为培育、弘扬社会主义核心价值观提供有力支撑。充分挖掘地方历史文化资源，开展地方史编写工作。积极开展地情调研，编纂出版地情资料和地情书籍。主动加强与传统媒体和新兴媒体的合作，发挥方志期刊的作用，加大对地方志工作、地情信息和方志文化、地域文化的宣传力度，满足社会各界对方志文化资源的需求。配合国家文化“走出去”战略，重点推介一批高质量的地方志成果，推动方志文化走向海外，增强中华文化凝聚力、影响力和国际竞争力。

第八，大力加强地方志理论研究和方志学学科建设，努力扩大方志学在哲学社会科学领域的影响。

实现地方志事业的科学发展，必须深化地方志理论研究。要根据地方志工作需要和学科特点，制定理论研究规划，研究解决关系地方志编纂、地方志事业发展的重大业务问题和基础理论问题。加强方志理论研究学术规范建设，提高研究的档次和深度。打破较为封闭的方志理论研究模式，加强方志学与历史学、社会学、政治学、哲学、文学等学科的关联性研究，积极借鉴、吸收其他学科的先进理论和研究方法。组织召开地方志国际学术会议，合作开展地方志专项课题研究。充分发挥中国地方志学会和《中国地方志》期刊的平台作用，办好中国地方志学术年会，做好全国地方志系统的期刊工作。

要逐步构建科学的方志学学科体系。尽快制订方志学学科建设规划，逐步建立学科带头人制度。完成《方志百科全书》的编纂出版工作，开展方志辞典的修订工作，组织编写方志学通用教材和方志学各分支学科研究论著。继续争取教育行政部门的支持，加强与高校、社科院研究生院的联系，设立方志学专业，招收、培养方志学研究生，不断提升方志学的学科地位。

第九，继续加强人才队伍建设，不断增强推动地方志事业可持续发展的内在动力。

人才队伍素质是地方志事业发展的决定性因素。人才辈出、人才济济，事业发展就能上台阶、上层次。要建立健全分级分类培训制度，加强对志书主编、地方志工作机构新任负责人的专项培训，注重对基层修志人员的岗前培训。继续与高校联合举办地方志业务培训班，鼓励和支持地方志工作者接受继续教育。探索适合地方志工作的人才政策和措施，重视专业人才的选拔、引进和任用，采取各种措施吸引优秀人才参加地方志工作。不断优化人才成长环境，鼓励各级地方志工作机构开展多种形式的人才交流活动，建立健全人才评价和激励机制。

要积极与编制部门沟通协调，从有利于地方志事业长远发展和稳定地方志工作机构队伍的需要出发，妥善解决好各级地方志工作机构的定位问题。继续积极与人社部门联合开展表彰先进活动，在全社会大力宣传，努力彰显修志人精神。

第十，深入推动地方志工作法治化进程，为地方志事业发展提供法律保障。

地方志工作法规规章是开展地方志工作、保障地方志事业可持续发展的法律和政策依据。要适应建设法治中国的要求，推动全国地方志工作立法。没有制定或正在制定地方志工作法规规章的地方，要力争早日出台；已经出台的，要抓好贯彻落实。坚持依法开展地方志工作，推动建立各级政府依法履行领导责任、各级地方志工作机构依法履行组织实施和管理职责、社会各界依法参与和提供支持的法治化工作格局。进一步建立健全与法规规章相配套的制度体系，鼓励开展地方志工作执法检查和行政督察，推动地方志工作法规规章的贯彻落实。继续做好地方志工作法规规章宣传工作，加大普法力度，营造依法开展地方志工作的良好社会环境。

第十一，加强对地方志工作的领导，为地方志事业发展提供有力组织保障。

地方志工作是一项不容易引起重视的重要工作，要严格按照国务院《地方志工作条例》和国务院办公厅有关通知要求，进一步提高对地方志工作重要性的认识，切实做到领导到位。指导小组及其办公室要深入开展调查研究，制定和完善有关规章制度，及时总结、推广各地好的经验，注意发现带有普遍性的问题，定期向党中央、国务院反映情况，对地方志工作中涉及的重大方针政策问题及时请示报告，真正担负起统筹规划、组织协调、督促指导全国地方志工作的职责。县级以上人民政府应当加强对本行政区域地方志工作的领导，健全工作机构，解决人员编制，改善工作条件，地方志工作所需经费列入本级财政预算。各地地方志编委会要履职尽责，及时协调解决地方志工作中存在的困难和问题。

第十二，努力做好地方志事业发展规划纲要制定工作，确保地方志事业健康持续发展。

整体、协调推进全国地方志工作，需要制定出科学合理、符合实际、方便操作的地方志事业发展规划纲要。目前，指导小组办公室经过认真研讨、征求意见，起草了《全国地方志事业发展规划纲要（2014—2020年）（草案）》，并在本次会议上征求意见。会后，请各省（区、市）进一步反馈修改意见，指导小组办公室抓紧修改完善后，适时提交中国地方志指导小组审议，并争取提请国务院办公厅转发。今后，全国层面的相关规划要进一步加强。在时机、条件成熟时，推动将地方志工作纳入国民经济和社会发展规划之中；要制订旧志整理工作规划、信息化建设规划、方志馆建设规划和方志学学科建设规划，推动各项工作有计划、有步骤开展。各地要继续争取党委、政府支持，制定本地区地方志事业发展规划，将地方志工作纳入本地经济社会发展规划、文化事业发展规划和政府工作任务之中。

同志们，五年时间虽长犹短，应只争朝夕。地方志事业发展的新征程已经起步，党和人民寄予厚望、赋予重任。让我们紧密团结在以习近平同志为总书记的党中央周围，以马克思列宁主义、毛泽东思想、邓小平理论、“三个代表”重要思想、科学发展观为指导，贯彻落实党的十八大和十八届二中、三中全会精神，贯彻落实习近平总书记系列重要讲话精神，紧紧依靠各级党委、政府，紧紧围绕发展改革大局，脚踏实地，埋头苦干，奋力书写地方志事业发展新篇章，为实现“两个百年”奋斗目标和中华民族伟大复兴中国梦而努力奋斗！

坚持正确政治方向，确保方志事业繁荣发展*

——在中国地方志指导小组五届二次会议上的讲话

（2015 年 3 月 27 日）

刚才，李培林同志传达了习近平总书记关于修史修志的重要讲话精神，李克强总理和刘延东副总理关于地方志工作的讲话、批示精神。这些讲话和批示，充分体现了党中央、国务院对全国地方志工作的高度重视和亲切关怀，同时也对地方志事业发展提出了殷切期望，我们要认真学习领会、深入贯彻落实。赵芮同志代表中国地方志指导小组办公室（以下简称指导小组办公室）汇报了指导小组五届一次会议召开以来全国地方志工作进展情况和取得的主要成绩，同时提出了下一步的工作设想。总结汇报全面、系统，我都同意。大家就如何进一步推动地方志事业发展提出了很好的意见和建议，指导小组办公室要认真研究，以指导今后更好地开展工作。

一年多来，中国地方志指导小组及其办公室根据全国地方志事业发展实际，着力抓好习近平总书记关于修史修志的重要讲话精神，李克强总理和刘延东副总理关于地方志工作的讲话、批示精神的学习宣传与贯彻落实；成功召开第五次全国地方志工作会议，认真做好会议精神的宣讲、阐释和贯彻落实工作；

* 这篇讲话曾发表于《中国方志通讯》2015 年第 9 期。

积极推动《全国地方志事业发展规划纲要（2015—2020年）》的拟订和报批工作；深入进行调查研究，为科学谋划和正确决策打下坚实基础；稳妥推进《汶川特大地震抗震救灾志》出版前的各项准备工作；大力开展国家经济欠发达地区志书出版资助工程、中国地方志精品工程和中国名镇志文化工程，争取实现二轮修志进度和质量双丰收；不断加强指导小组办公室建设，逐步实施国家方志馆改造工程，切实提升工作能力和服务水平。总体来看，第五届中国地方志指导小组（以下简称指导小组）牢记使命，扎实工作，认真履行统筹规划、组织协调和督促指导职责，全力推动全国地方志事业不断迈上新台阶、取得新成绩，没有辜负党中央、国务院和全国广大地方志工作者寄予的厚望。

当前，全国地方志系统正在深入学习贯彻习近平总书记系列重要讲话精神。系列重要讲话贯穿坚定信仰，紧贴中国土壤；凝聚历史智慧，把握时代脉搏；统筹战略布局，着眼未来发展。讲话博大精深、高屋建瓴，是马克思主义中国化的最新成果，是新的历史条件下党治国理政的行动纲领，是指导我们推进中国特色社会主义伟大实践，实现"两个一百年"奋斗目标和中华民族伟大复兴中国梦的强大思想武器与精神动力。系列重要讲话中关于学习和掌握马克思主义哲学，更加能动地推动工作；关于建设社会主义法治体系，大力推进依法治国；关于牢记历史经验、历史教训、历史警示，为国家治理体系和治理能力现代化提供有益借鉴；关于传承和弘扬中华优秀传统文化，牢牢固守我们民族的"根"和"魂"等重要论述，既为地方志事业发展指明了方向，同时也提供了基本遵循。下面，我就进一步贯彻落实习近平总书记关于修史修志的重要讲话精神，贯彻落实李克强总理和刘延东副总理关于地方志工作的讲话、批示精神，贯彻落实第五次全国地方志工作会议精神，全力推动地方志事业不断向前发展，谈几点意见。

一、坚持正确方向，确保地方志事业健康发展

地方志编修是中国特色社会主义文化事业的重要组成部分。保证地方志事业方向不偏离、发展有保障，必须始终坚持马克思主义的世界观和方法论，必须始终牢固树立社会主义法治观念，切实做到守土有责、守土负责、守土尽责。

第一，坚持用辩证唯物主义和历史唯物主义的立场、观点和方法指导地方志工作。辩证唯物主义和历史唯物主义是马克思主义的重要组成部分，是科学的世界观和方法论，在当今时代依然有着强大生命力。要始终坚持用辩证唯物主义和历史唯物主义的立场、观点、方法指导地方志工作实践与方志理论研究，切实提高我们认识问题、分析问题、解决问题的能力和水平。

一要准确把握地方志事业发展客观实际，脚踏实地，奋发有为。经过改革开放以来三十多年的奋斗和积累，当前全国地方志事业呈现出良好发展态势和前所未有的大好局面，但也应清醒地认识到，地方志事业还存在发展基础薄弱、地区发展不平衡、有些地区和部门认识不到位等诸多困难和问题，做大做强地方志事业还有相当长的路要走。我们想问题、定思路、找办法，要从发展实际出发，既不能盲目乐观，不切实际地空想，又不能为问题所困，满足于现状，打不开局面。

二要着力化解地方志事业发展中的主要问题，注意牵住“牛鼻子”。纵观新编地方志事业发展历程，分析各地反映的突出困难和问题，地方志事业发展中必须解决好的主要问题就是

贯彻落实好国务院《地方志工作条例》，切实做到“一纳入、八到位”，即把地方志工作纳入国民经济和社会发展规划、政府工作任务之中，做到认识到位、领导到位、机构到位、编制到位、经费到位、设施到位、规划到位、工作到位。解决好这个主要问题，地方志事业发展中的很多问题就会迎刃而解。

三要认真总结正反两方面的经验，努力探索地方志事业发展规律。经过三十多年的发展，地方志工作积累了弥足珍贵的经验，也有一些教训，指导小组五届一次会议和第五次全国地方志工作会议已经进行了系统总结，我们要认真汲取、不断深化，将其上升为规律性认识，从而增强工作的主动性和针对性，减少主观性和盲目性，少走弯路，少付代价。对于当前工作来讲，重点是要对首轮修志和二轮修志经验教训进行总结反思，为正在进行的二轮修志收尾和将要启动的三轮修志提供历史借鉴。

四要大力弘扬修志问道、直笔著史的方志人精神，努力建设一支高素质的地方志工作队伍。干事创业关键在人。地方志事业发展最深厚的力量是广大地方志工作者。现在，我们已经基本形成一支能吃苦、能战斗、富有改革创新和奉献担当精神的高素质队伍。要倍加爱护这支久经锤炼的队伍，努力为他们提供更多学习进步的机会，创造更好的工作条件和发展环境，充分调动他们的积极性、主动性和创造性，形成推动地方志事业发展的强大合力。

第二，努力编修出党和人民满意的优秀地方志成果。地方志编修关乎历史延续、文化传承，关乎当前建设、未来发展。这是党和人民交给我们的光荣任务，是功在当代、利在千秋的神圣事业，一定要高质量、高水平地完成好，争取多创精品、多出佳作。

一是要翔实记录党领导人民坚持和发展中国特色社会主义的光辉历程和丰功伟绩。正在开展的二轮修志，主要记述的是自20世纪70年代末到20世纪90年代末或21世纪初这段历史时期，各地开展社会主义经济建设、政治建设、文化建设、社会建设、生态文明建设的辉煌历史；将要启动的三轮修志，主要记述全面建成小康社会、全面深化改革、全面依法治国、全面从严治党的伟大征程。我们要详细搜集资料，认真分析研究，将在社会主义现代化建设中涌现的优秀人物、典型事迹，呈现的基本趋势、主要特点，取得的重大成就、成功经验，以及前进中的曲折，客观、系统地载入史册，告诉后人，传之久远。

二是要坚持政治质量和客观存史的有机统一。要深刻认识并解决好地方志工作“为了谁、依靠谁、我是谁”的问题，在事关大是大非和政治原则问题上，划清是非界限，澄清模糊认识，真正做到为党立言、为国存史、为民修志。这是事关地方志事业长远发展的方向性、根本性问题，容不得半点的含糊、懈怠。地方志编修要讲政治，但讲政治并不是要搞政治化。要做历史的忠实记录者，既要充分记述中国特色社会主义建设事业中的成绩和经验，又不回避前进道路上出现的曲折和失误，要真正使地方志成为能够经得起时代和历史检验的信史。

三是要注重地方志成果的多样化。在修志编鉴的同时，要积极开展旧志整理，组织编写地方志简本、地情资料、地情书、地方史等地情文献。努力做好地方志成果转化工作，充分揭示地方志蕴藏的历史智慧，深入挖掘地方历史文化资源，形成独具特色的地方志成果体系，丰富中国特色社会主义文化内容，不断满足各级党委、政府、社会各界以及广大人民群众的不同需求。

第三，全面推进依法治志。依法治国，是坚持和发展中国特色社会主义的本质要求和重要保障，是实现国家治理体系和治理能力现代化的必然要求。依法治志，是依法治国的应有内涵，是依法治国方略在地方志事业中的必然体现，也是开拓地方志事业发展新局面的根本要求。

一是要建立完备的地方志工作法规规章体系。要逐步建立和完善以国务院《地方志工作条例》为主体，各地地方志工作法规规章相配套的体系。同时要争取立法机关和政府法制部门的更大支持，继续加强地方志系统立法、法规修订完善等工作，深入推进地方志工作法治化进程。

二是要坚持依法修志。开展地方志工作是《地方志工作条例》赋予地方志工作机构的法定职责。地方志工作机构要依法组织、指导、督促和检查地方志工作，拟定地方志工作规划和编纂方案，组织编纂地方志书、地方综合年鉴，搜集、保存地方志文献和资料，组织整理旧志，推动方志理论研究，组织开发利用地方志资源，确保地方志事业持续健康发展。

三是要坚持依法用志。地方志工作机构要充分运用《地方志工作条例》赋予的各项权利，发挥掌握信息资料资源的独特优势，不断探索更加便利的服务形式，大力开发利用地方志资源，充分展示地方志的巨大价值和编修地方志同步存史的重要意义。

四是要坚持依法管志。法律的生命力和权威性在于实施。要善于运用法治思维和法治方式，建立和完善各级政府依法履行领导职责、各级地方志工作机构依法组织实施和管理、社会各界依法参与和支持地方志工作的法治化工作格局；要坚持有法可依、有法必依、执法必严、违法必究，严格依照《地方志工作条例》规定和地方法规规章要求，办事依法、遇事找法、解决问题用法、化解矛盾靠法，加强地方志工作的督促检查，充分发挥法治对地方志工作的引领、规范和保障作用。

二、服务发展大局，增强地方志事业发展后劲

习近平总书记去年2月在北京考察工作时强调，要“高度重视修史修志，让文物说话、把历史智慧告诉人们，激发我们的民族自豪感和自信心，坚定全体人民振兴中华、实现中国梦的信心和决心”；12月，习近平总书记在澳门大学考察时，专门向学校赠送了《北京大学图书馆藏稀见方志丛刊》等书籍。习近平总书记对地方志工作寄予厚望，我们要紧紧抓住历史机遇，将开发地方志资源、发掘历史智慧作为一项重要工作来抓，让志书、年鉴、地情书等文献中的文字“活起来”，积极服务中心工作和社会需要，大力彰显地方志的资政和育人价值。

第一，要为各级党委、政府科学决策和中心工作开展提供有益借鉴。地方志既是宝贵的文化遗产和精神财富，更是我们开启未来的重要智慧和力量源泉。古人曾讲：“治天下者以史为鉴，治郡国者以志为鉴。”地方志横陈百科，纵述史实，系统记录了本行政区域自然、政治、经济、文化和社会等方面的历史与现状。通过对这些资料的运用、研究，可以为认识地情、分析解决发展问题提供历史借鉴。近年来，各级地方志工作机构通过分类整理地方志信息资料，编辑地情书籍，创办资政刊物，撰写调研报告，出版研究专著，提出关系本地区经济社会发展的意见和建议，为各级党委、政府科学决策提供重要的借鉴与依据；利用掌握信息资料资源优势，通过信息咨询、选题论证、项目合作、联合办学等多种途径，在规划编制、旅游开发、城市建设、招商引资、防灾减灾、文化建设、历史文化遗产保护、宣传教育等方面，积极发挥服务功能，取得了良好效果。这些工作应该予以充分肯定，并要逐步加强。

当前，中央提出“四个全面”的重大战略布局，各级地方

志工作机构要紧紧围绕党和国家发展大局和中心工作，尤其在“一带一路”建设，京津冀协同发展等国家或地方发展战略，纪念抗日战争胜利70周年、地方特色文化构建等重大事务中，结合工作实际，主动作为，有所作为，充分发挥好地方志的资政功能。

地方志工作机构还要积极参与中国特色新型智库建设。要根据党中央、国务院对新型智库建设作出的部署和提出的要求，树立正确的智库建设理念和定位。一方面，通过整合全国地方志资源和全系统力量，推进中国地方志智库建设，推出高质量的信息咨询、研究成果和对策建议，实现资源优势、研究优势和成果优势“三结合”，当好国民经济和社会发展的地情服务专家。另一方面，加强与其他学科新型智库的联系，积极提供信息咨询与资料服务，推动交叉问题研究，扩大地方志工作的社会影响力。

第二，要为中华文化兴盛夯实基础。习近平总书记指出，一个国家、一个民族的强盛，总是以文化兴盛为支撑的，中华民族伟大复兴需要以中华文化发展繁荣为条件。方志文化是中华优秀传统文化的重要基础和有机组成部分，要为中华文化发扬光大发挥更大作用、作出更大贡献。

一是广泛宣传方志文化，增强文化自信。地方志编修的悠久历史充分表明，地方志已经融进了中华文化的血液之中，成为中华民族重要的文化符号。千百年来积淀形成的方志文化，是中华传统文化的瑰宝。要采取多种形式宣传方志文化，通过方志文化阐释中国精神和中华文明的特点和优势，增强文化自信；坚持用资料说话，以史实服人，让历史虚无主义和文化虚无主义在充分的历史证据面前不攻自破。

二是积极参与公共文化服务体系建设，提高国民文化素质。

要重点突出“现代”和“公共服务”两个基本点，通过加快网络化、数字化和方志馆建设，形成地方志的公共文化服务特色，让旧志、新志、年鉴中的内容真正活起来、用起来。要以各级方志馆建设为平台，学习借鉴图书馆、档案馆、文化馆、博物馆等公共服务单位的成功运作和管理经验，提高软硬件设施建设，提高管理服务水平，切实让地方志成果惠及广大人民群众。

三是大力传播方志文化，展示中华文化独特魅力。地方志工作机构不仅要推出更多更好的地方志成果，树立地方志编纂的话语权，还要积极开展理论研究和开发利用，树立学术研究、开发利用的话语权。要找准工作方向，加强传播能力建设，积极利用数字、影像、网络等各种媒介做好宣传推介，通过加强学术交流和业务合作提高自身影响力，积极引导国内外对地方志的关注，吸引更多的人通过方志文化了解当代中国的特色文化与价值观念，了解中国梦的历史根源及深厚根基。

第三，要为培育和弘扬社会主义核心价值观提供丰富滋养。习近平总书记强调：“培育和弘扬社会主义核心价值观必须立足中华优秀传统文化。”历久弥新的地方志编修，保存了中华民族的精神追求和文明进步，传承了中华民族的历史记忆和文化基因。首轮修志中出版的5800多部省、市、县三级志书和数量庞大的地情书，客观、系统地记述了近代以来中华民族遭受的欺侮和侵略，记录了中国人民追求富强、英勇抗争的伟大进程，通过历史事实充分证明了党领导人民走社会主义道路是正确的选择、历史的必然。地方志中蕴含的这些深厚历史积淀、宝贵精神品格、浓重家国情怀、崇高价值追求，对于激发人们的民族自尊心、自信心、自豪感，激发人们的民族认同、道路认同、制度认同，对于推进改革开放和社会主义现代化建设，实现中华民族伟大复兴，都具有重要的历史意义与现实意义。

作为传承中华文化的重要载体，地方志承担着教化、育人的重要功能。清代史学家章学诚指出：“史志之书，有裨风教者，原因传述忠孝节义，凛凛烈烈，有声有色，使百世而下，怯者勇生，贪者廉立。”历代方志中保留了许许多多名宦、循良、乡贤、忠义、孝行等先达前贤的嘉言懿行。新编地方志展示了在社会主义革命和建设中大量英雄模范人物的高贵品格和光辉事迹。在这些人物身上，保存着深厚的乡情、乡思、乡愁，承载着中国传统的修身、齐家、治国、平天下的精神追求，饱含着为社会主义建设开拓创新、无私奉献的人格魅力，为涵养社会主义核心价值观提供了重要的思想道德资源。

在当前和今后的地方志工作中，各级地方志工作机构要深刻把握我国的基本国情与地情特点，坚持弘扬以爱国主义为核心的民族精神和以改革创新为核心的时代精神，用历史史实教育人，用历史智慧武装人，用历史经验启发人，努力为实现中华民族伟大复兴中国梦提供强劲的精神动力。要深入挖掘地方志精髓，加大家训、家谱的收集整理，注重用人物的善言善行来感召人，用优秀道德思想来鼓舞人，弘扬主旋律，传播正能量。

要注重发挥教育引导作用，一方面将报刊、电台、电视台等作为平台，撰写文章报道，制作文献片，开展宣传教育；另一方面强化互联网思维，积极利用微博、微信等各种新媒体形式，多方面、立体式地展示方志文化，传播地方志承载的历史信息和道德风尚，增强社会主义核心价值观的生命力、凝聚力、感召力。

三、扎实开展工作，打牢地方志事业发展基础

习近平总书记指出：“要抓实、再抓实，不抓实，再好的蓝

图只能是一纸空文，再近的目标只能是镜花水月。”第五次全国地方志工作会议提出，到2020年，要全面完成二轮省、市、县三级志书编纂任务，基本形成由地方志编修体系、质量保障体系、理论研究和学科建设体系、资源开发利用体系、工作保障体系组成的比较完善的地方志事业发展综合体系，确定了地方志事业发展的宏伟目标和具体任务。为确保顺利完成既定目标和任务，近期要突出抓好以下几个方面的工作：

第一，切实做好《汶川特大地震抗震救灾志》出版及首发式工作。《汶川特大地震抗震救灾志》是新中国成立以来第一部由国家层面组织、针对特大自然灾害编纂的志书。去年11月，李克强总理就《汶川特大地震抗震救灾志》出版作出重要批示，要求认真研究志书总结的汶川抗震救灾经验，不断完善近几年探索形成的“分级负责、相互协同”抗灾救灾应急机制，切实提高我国应对特大自然灾害的能力和水平。总理的重要批示，进一步明确了地方志工作在推动经济社会发展中的重要作用。要认真做好志书的出版发行工作，开好志书首发式，通过志书出版发行进一步宣传方志文化，进一步提升地方志工作在全社会的影响力。要深入总结志书编纂经验，为今后组织编纂类似的或更大规模的志书，如《中华一统志》做好准备。

第二，努力推动《全国地方志事业发展规划纲要（2015—2020年）》尽快出台。规划纲要是充分发挥地方志工作重要作用、推进地方志事业科学发展的有力保障。去年11月，指导小组向国务院报送了《关于批转〈全国地方志事业发展规划纲要（2015—2020年）〉（送审稿）的请示》。今年1月，刘延东副总理作出重要批示。批示指出，编制地方志事业发展规划纲要，有利于推动全国地方志工作，请地方志指导小组加强与发改委沟通，并按要求修改完善规划纲要，按程序报批，请发改委支持指导。根据批示精神，指导小组办公室多次与国家发展改革委等单位沟通联系，并组织专家修改论证，现在正在走报请国务院办公厅转发的程序。各级地方志工作机构要抓住机遇，按照规划部署，认真做好贯彻落实工作。

第三，全面推进“五大工程”建设。“五大工程”是在全国地方志事业深入推进，地方志事业在经济社会发展中的作用日益凸显的形势下提出的。一是国家经济欠发达地区志书出版资助工程，目的在于支持甘、青、宁等省经济欠发达地区地方志工作，实现全国地方志工作协调发展，确保2020年全面完成二轮修志任务。二是中国地方志精品工程，是为提高志鉴编纂出版质量，打造一批流传百世、有影响力的精品志鉴而实施的质量工程和精品工程。三是中国名镇志文化工程，旨在通过名镇志编纂，记录名镇的历史文化、经济特色、民族特色、旅游景观等内容，记载中华传统乡镇文化，留住乡思，记住乡愁。四是“一体两翼”文化工程。“一体”是指《中国地情报告》，“两翼”是指《中国方志发展报告》和《中国年鉴发展报告》。通过三个报告的编纂，有助于展示地方志工作发展水平，提高地方志工作服务能力。五是全国家训集成文化工程。通过系统收集、整理中国历代著名家训，弘扬中华传统美德。“五大工程”的实施，要统筹安排，抓住重点，注重质量，扎实推进。

第四，系统总结二轮修志经验。目前，广东省已经全面完成二轮修志任务，部分省市修志任务完成过半。要深入总结修志经验，开好2015年全国二轮修志经验总结工作会议，对大家公认的经验和做法及时加以推广，为不断提高编纂质量提供重要参考，为即将开展的第三轮修志工作打下坚实的理论和实践基础。

第五，大力加强人才队伍建设。根据第五次全国地方志工作会议精神，2015 年要全面开展地方志工作机构新任负责人培训、省市两级志鉴业务骨干培训；与人力资源和社会保障部合作，开展全国地方志系统先进集体和先进工作者评选表彰活动。希望通过培训和表彰工作，进一步提升各级地方志工作者的业务素质和工作水平。

第六，继续提升中国地方志学会活动水平。中国地方志学会是推动地方志工作经验交流，加强方志理论建设和方志学学科建设的重要平台。要做好学会换届工作，进一步加强学会内部建设，提高学会的组织协调能力，更好地服务于全国地方志工作。抓好全国地方志优秀成果奖的评选工作，将优秀的志书、年鉴选拔出来，推动志书、年鉴编纂质量稳步提高。积极开展“章学诚方志成果奖”评选活动，进一步深化章学诚方志理论研究，活跃全国方志学术气氛。

第七，积极开展国家方志馆建设。国家方志馆是一座集藏书、展览、科研、学术交流、地方志资源开发利用等多种功能于一体的文化基础设施。国家方志馆要体现独特的方志文化气息，体现国家级方志馆的气派。要加快方志馆改造和其他基础设施建设步伐，科学安排布展工作，加大馆藏图书资料的搜集整理力度，争取早日正式开馆，向社会提供文化服务。

同志们，地方志事业未来发展的蓝图已经绘就，但是工作任务依然非常艰巨，指导小组重任在肩。希望指导小组各位成员和广大地方志工作者在今后的工作中，坚持以习近平总书记关于修史修志的重要讲话精神为指引，统一思想，凝聚共识，勇于创新，勤奋工作，不断开创地方志事业发展新局面，为顺利完成第五次全国地方志工作会议确定的各项目标任务，为社会主义文化强国建设和全面建成小康社会作出新的更大贡献。

认真落实“一纳入、八到位”，大力推动地方志事业发展再上新台阶*

——在2015年全国地方志机构主任工作会议上的报告

（2015年4月17日）

现在，我代表中国地方志指导小组就2014年工作进行总结，对下一步工作提出要求。

2014年，是中国地方志发展史上值得大书特书的一年。这一年，中央领导同志十分关心地方志工作，多次发表重要讲话、作出重要批示。习近平总书记2月在北京考察工作时，强调要高度重视修史修志，将史志编修工作提升至关乎实现中华民族伟大复兴的高度；12月，在澳门大学考察时，向学校赠送《北京大学图书馆藏稀见方志丛刊》等书籍，充分体现了对地方志工作的厚爱和对志书价值的肯定。李克强总理4月就第五次全国地方志工作会议的召开专门作出重要批示，提出“修志问道，以启未来”；11月，就《汶川特大地震抗震救灾志》出版再次作出批示，要求有关方面认真研究志书总结的汶川抗震救灾经验，对地方志工作提出了殷切期望和明确要求。刘延东副总理4月与第五次全国地方志工作会议部分代表座谈并发表重要讲话，就贯彻落实习近平总书记关于修史修志的重要讲话精神，

* 这篇报告曾发表于《中国方志通讯》2015年第13期。

李克强总理和刘延东副总理关于地方志工作的讲话、批示精神，进一步做好地方志工作提出明确要求；11月，就中国地方志指导小组上报的《当前全国地方志工作和事业发展情况报告》作出重要批示，要求抓住地方志事业发展的好形势，切实采取有效措施，推动地方志事业迈上新台阶。习近平总书记关于修史修志的重要讲话精神，李克强总理和刘延东副总理关于地方志工作的讲话、批示精神，高屋建瓴，高瞻远瞩，为地方志事业进一步健康发展指明了前进方向，我们一定要认真学习领会、深入贯彻落实。

一、2014年主要工作回顾

一年来，中国地方志指导小组及其办公室紧紧围绕党和国家事业发展大局，成功召开第五次全国地方志工作会议，研究确定地方志事业发展目标和主要任务；大力推进《全国地方志事业发展规划纲要（2015—2020年）》拟订和报批工作，科学绘就发展蓝图；深入进行调查研究，努力破解发展难题；全力做好《汶川特大地震抗震救灾志》出版前的各项准备工作，凸显方志的存史、资政价值；积极推进国家经济欠发达地区志书出版资助工程、中国地方志精品工程和中国名镇志文化工程，全力打造全国地方志专业出版基地，确保二轮修志任务高质量完成；重点依托中国地方志学会和《中国地方志》期刊，全面加强地方志理论研究和学科建设，不断提升研究水平和学科地位；着力抓好中国地方志指导小组办公室（以下简称指导小组办公室）制度建设，逐步实施国家方志馆改造工程，进一步提高服务能力和工作水平。总体来看，中国地方志指导小组及其办公室始终围绕地方志事业发展实际和需要，积极作为，推进工作，但依然重任在肩，还需继续努力。

一年来，各地各部门地方志工作机构和广大地方志工作者攻坚克难，扎实工作，圆满完成各项工作任务。其中，以下方面成绩显著：

第一，贯彻落实中央精神扎实到位。全国各地对习近平总书记关于修史修志的重要讲话精神，李克强总理和刘延东副总理关于地方志工作的讲话、批示精神和第五次全国地方志工作会议精神的学习贯彻落实，行动快、范围广、领悟深、效果好。黑龙江、山东、陕西、新疆等省（自治区）政府领导作出批示，大力支持地方志工作。辽宁、吉林、山东、湖南、宁夏等省（自治区）召开地方志工作会议，省领导出席讲话，传达贯彻精神，总结部署工作。天津、福建、湖北、四川等省（直辖市）由政府出台文件，推动第五次全国地方志工作会议精神的贯彻落实。

第二，修志工作取得新进展。二轮修志再结硕果。全国二轮志书规划5900多部，2014年出版350多部，累计出版1900多部。广东省全面完成二轮修志规划任务。吉林、上海、安徽、江西、山东、河南、湖北、湖南、重庆、四川、宁夏等省（自治区、直辖市），二轮市县两级志书编修任务完成过半，其中个别省区今明年内可全面完成。吉林、安徽、山东、湖南、四川、宁夏等省（自治区），二轮省、市、县三级志书编修任务完成过半。西藏自治区借兄弟省市修志援藏东风，修志进度加快。

部门志、行业志、专题志编修丰富多样。一年来，出版部门志、行业志、专题志540多部，累计出版23000多部。北京、河北、山西、黑龙江、上海、福建、山东、湖北、四川、甘肃、青海等省（直辖市）以风景名胜、特色风俗、地方特产、重要工程或重大事件为内容，编纂出版了各具风格的专题志。

乡镇志、村志编修有序展开。一年来，出版乡镇志、村志210多部，累计出版4300多部。山东省地方史志编纂委员会制定《关于做好乡镇村志编修工作的意见》，推动全省有条件的乡镇村开展修志工作。河南省政府办公厅出台《关于做好乡镇志编纂工作的通知》，启动全省乡镇志编纂工作。山西、湖南、陕西等省通过编纂乡镇村简志，引导全省乡镇村志编纂工作。

志书质量建设稳步推进。各地十分重视志书质量，通过严格志稿评议、审查验收、质量评估等制度，采取制定编纂规范、编写编纂手册、建立评审专家库、开展质量建设年、举办优秀志书评比活动等措施，千方百计提高志书编纂质量。

第三，地方综合年鉴编纂覆盖面进一步扩大。一年来，全国新创刊省市县三级地方综合年鉴390多种，编纂出版2300多种。北京、上海、安徽、广东等省市实现三级地方综合年鉴全覆盖。吉林、江苏、浙江、福建、江西、湖北、重庆、四川、云南等省（直辖市）地方综合年鉴覆盖率达80%以上。《上海年鉴》《江苏年鉴》英文版影响力不断扩大。各地加大指导和规范年鉴编纂的力度，采用集中审读、逐级审查等方式，不断提升年鉴时效性和编纂质量。

第四，旧志整理工作整体推进。一年来，上海市、江苏省、四川省分别开展《上海府县旧志丛书》《江苏历代方志全书》《四川历代方志集成》整理工作并取得阶段性成果。黑龙江省、山东省、河南省、陕西省分别启动《黑龙江旧志》《山东历代方志集成》《河南历代方志集成》《陕西历代旧志文库》整理工程。截至年底，全国地方志系统整理出版旧志累计2400多部；广东省率先整体完成全省旧志整理工作。

第五，信息化和方志馆建设稳步开展。网、库建设水平逐步提升。一年来，全国地方志系统新建网站、网页150个，累计建设网站、网页1000多个。山东、广东等省实现地情网省市县三级全覆盖。内蒙古、黑龙江、江苏、浙江、湖北、陕西等省（自治区）实现地情网省市两级全覆盖。吉林、江苏、广东、广西等省（自治区）利用移动网络，为社会公众提供读志用志服务。各地加快志书、年鉴、地情资料等地方志成果数字化速度，不断完善地情资源数据库。

方志馆建设步伐坚实。一年来，全国新建省级方志馆2个、市县级方志馆49个，累计建成方志馆370多个。河北、山西、福建、广东、海南、四川、青海等地的省级方志馆建设取得实质性进展。运行中的北京、吉林、黑龙江、江苏、江西、山东等省级方志馆，不断丰富馆藏，向社会公众开放，展示地情、提供服务。

第六，服务中心工作成效明显。一年来，北京、山西、辽宁、上海、安徽、河南、湖北、广东等省（直辖市）以及新疆生产建设兵团地方志工作机构深入开展地情研究，编辑资政刊物，编写志书干部读本或地情书籍，为党委、政府科学决策提供信息咨询服务。海南省史志办与中国社会科学院中国边疆研究所联合开展“海南与海上丝绸之路”课题研究，服务国家“一带一路”发展。解放军、武警部队史志机构积极服务国防建设。各地积极参与规划编制、旅游开发、教育研究、环境治理、人口控制、历史文化遗产发掘保护等方面的工作。北京、内蒙古、江苏、安徽、甘肃等省（自治区、直辖市）市依托地方志资料，与报刊、电台、电视台、网站等媒体合作，深度挖掘地方历史文化资源，宣传地方历史文化。

第七，地方志理论研究收获新成果。各地通过举办学术年会、理论研讨会或方志论坛，设立地方志研究课题，组织优秀论文评选，编辑出版论文集，努力推动地方志基础理论、应用理论研究和工作管理研究。一年来，全国地方志系统共发表志鉴论文 1000 多篇，出版专著、教材、论文集 40 多部。

第八，地方志工作法规规章实施力度加大。一年来，北京市将以行政区域名称冠名的地方志编纂许可，纳入政府行政审批目录清单。四川省地方志编委会与省人大联合召开座谈会，编委会机关执法人员申领执法监督证，规范依法行政活动。江苏省、山东省政府办公厅分别下发通报，对二轮市县志编修进行督察。贵州省地方志办公室与省委督察室、省政府督察室，联合对二轮省志编纂工作开展督察。福建省地方志系统联合开展地方志法规宣传月活动，营造依法治志的社会氛围。

第九，地方志队伍建设日益加强。一年来，各地不断完善学习制度，拓展学习方式，通过专题培训、举办讲座、与高校联合办学、出国出境考察学习，提高地方志机构工作人员的业务素质，改善队伍知识结构。通过开展评比表彰活动，如浙江省在全省开展“最美方志人”宣传教育活动，云南省对从事地方志工作 30 周年的人员进行表彰，激发队伍干事创业的热情。

一年来，全国地方志工作成绩令人振奋。这些成绩的取得，离不开党中央、国务院的高度重视和亲切关怀，离不开地方各级党委、政府的大力支持和强力推动，离不开各部门和社会各界的热情帮助和积极参与，离不开各级地方志工作机构和广大地方志工作者的精心筹划和艰苦奋斗。在这里，我谨代表中国地方志指导小组，向党中央，国务院，地方各级党委、政府、各部门和社会各界表示衷心的感谢！向全国地方志工作者致以诚挚的敬意！

在充分肯定成绩的同时，我们也要清醒地看到，地方志工作在前进的道路上还存在一些困难和问题。主要有：地方志事业区域发展不平衡现象仍然比较突出，特别是基层地方志工作基础普遍较为薄弱；部分地区和部门对地方志工作重要性认识不够，法规规章落实不到位，机构不健全，编制、人员和经费不到位；人才队伍青黄不接，结构不尽合理，创新意识不够，素质亟待提高；二轮省志编修速度缓慢，年鉴编纂管理体制还未彻底理顺；理论研究水平整体不高，学科建设亟须加强，等等。这些问题，必须引起我们足够的重视，要以改革创新的精神、实事求是的态度，有重点、有步骤地努力加以解决。

二、当前地方志工作的总体要求

当前做好地方志工作的指导思想是：高举中国特色社会主义伟大旗帜，以马克思列宁主义、毛泽东思想和中国特色社会主义理论体系为指导，继续贯彻落实党的十八大和十八届三中、四中全会精神，深入贯彻落实习近平总书记关于修史修志的重要讲话精神，李克强总理和刘延东副总理关于地方志工作的讲话、批示精神，严格按照国务院《地方志工作条例》规定以及第五次全国地方志工作会议、指导小组五届二次会议工作部署，切实做到“一纳入、八到位”，即把地方志工作纳入国民经济和社会发展规划、各级政府工作任务之中，做到认识到位、领导到位、机构到位、编制到位、经费到位、设施到位、规划到位、工作到位。坚持依法治志，狠抓质量建设、理论建设、队伍建设，为构建以地方志编修体系、理论研究和学科建设体系、质量保障体系、资源开发利用体系、工作保障体系为主要内容的地方志事业发展综合体系打好基础，大力推动地方志事业发展再上新台阶。

2015 年是全面深化改革的关键之年，是全面推进依法治国的开局之年，也是全面完成“十二五”规划的收官之年。全国地方志事业面临着大好的时代氛围和难得的发展机遇，迎来了又一个春天。地方志事业要在全面建成小康社会、全面深化改革、全面推进依法治国、全面从严治党战略布局中发挥更大作用，发展再上新台阶，永葆春天气息，关键是贯彻落实好第五次全国地方志工作会议精神。概括地讲，第五次全国地方志工作会议的灵魂就是贯彻落实习近平总书记系列重要讲话精神和李克强总理、刘延东副总理重要批示、重要讲话精神，总体要求就是做到“一纳入、八到位”。

“一纳入、八到位”是刘延东副总理在与第五次全国地方志工作会议部分代表座谈时明确提出来，并在第五次全国地方志工作会议中作为做好地方志工作的基本经验加以强调的。全国各级地方志工作机构和广大地方志工作者要深入领会其重要意义，深刻把握其精神实质，并在实际工作中抓好全面落实。

（一）充分认识落实“一纳入、八到位”的重要意义

要增强落实“一纳入、八到位”的自觉性和主动性，就必须深刻认识落实“一纳入、八到位”的重要意义。

一要从贯彻落实中央领导同志重要讲话、重要批示精神和第五次全国地方志工作会议精神的高度，深刻认识落实“一纳入、八到位”的重要意义。习近平总书记关于修史修志的重要讲话精神，李克强总理和刘延东副总理关于地方志工作的讲话、批示精神，明确指出地方志是传承中华文明、发掘历史智慧的重要载体，希望地方志事业为弘扬优秀传统文化、服务经济社会发展作出更大贡献，为激发民族自豪感和自信心，实现中华民族伟大复兴的中国梦发挥更大作用。根据中央领导同志重要讲话、重要批示精神，第五次全国地方志工作会议提出了到2020年地方志事业发展的奋斗目标，部署了今后五年地方志工作的主要

任务。贯彻落实好中央领导同志重要讲话、重要批示精神和第五次全国地方志工作会议精神，有计划、有步骤地完成今后五年的工作任务，头绪多、任务重。必须抓住“一纳入、八到位”这个“牛鼻子”，才能理清思路，明确目标，才知道该干什么、怎么干、干成什么样。也只有抓住这个“牛鼻子”，才能抓好落实，才知道缺项在哪，困难在哪，办法在哪。

二要从建设法治中国、全面推进依法治志的角度，深刻认识落实“一纳入、八到位”的重要意义。党的十八届四中全会提出要建设中国特色社会主义法治体系，建设社会主义法治国家，全面推进依法治国。就地方志工作来讲，贯彻落实十八届四中全会精神的重要着力点，就是贯彻落实好国务院《地方志工作条例》，具体体现就是切实做到“一纳入、八到位”。《地方志工作条例》明确规定了地方各级政府的领导责任、各级地方志工作机构的工作职责，以及各部门和社会各界对地方志工作的权利义务。“一纳入、八到位”工作要求与《地方志工作条例》在精神实质上是高度一致的，是《地方志工作条例》各项规定的总体凝练和深化。认真落实“一纳入、八到位”，是全面推进依法治国的有机组成部分，是深入推进地方志工作法治化的具体行动，也是贯彻落实《地方志工作条例》的必然要求。

三要从争取党委、政府更大支持，全面推进地方志事业发展的层面，深刻认识落实“一纳入、八到位”的重要意义。“一纳入、八到位”是从地方志事业发展现实需要中总结提炼出来的，是为推动解决地方志事业发展面临的突出矛盾和主要问题提出来的，是对解决好地方志工作具有普遍性、关键性问题的高度概括，切中实际，具体明确。要真正重视地方志工作和切实解决有关困难，就必须按照“一纳入、八到位”的基本要求，逐条逐项落到实处。我们在调研地方志工作中发现，凡是对

"一纳入、八到位"贯彻落实得力的地方，党委、政府就重视，机构就健全，制度就规范，人、财、物就有保障，实际问题就能得到解决，成果就显著，工作也就生机勃勃；凡是"一纳入、八到位"贯彻落实不得力的地方，工作就比较滞后，甚至机构都不健全。因此，"一纳入、八到位"的落实情况，直接影响着地方志事业的发展水平，是检验地方各级党委、政府是否重视地方志工作的重要标准。

（二）抓实抓好"一纳入、八到位"的全面落实

全面落实"一纳入、八到位"工作要求是一项长期而紧迫的任务，必须坚持全局视野、问题导向、创新精神，以抓铁有痕、踏石留印的劲头，持之以恒，常抓不懈。

一要准确把握"一纳入、八到位"的精神实质。"一纳入、八到位"，表述虽短，但内涵极其丰富，既有目标，又有要求；既有对地方各级党委、政府的要求，又有对地方志工作机构和地方志工作者的要求；既有对事业发展的全局规划，又有开展工作的重点举措。既是对修志经验的新总结、修志规律的新认识，对地方志事业发展形势的新把握、发展难题的新判断，也是对我国经济社会发展新常态和地方志事业改革创新的新适应。既体现了传承和弘扬中华优秀文化的责任和担当，发展社会主义文化事业的思考和谋划，也体现了建成小康社会的内在精髓和全面要求。我们一定要深刻领会、牢牢把握，惟其如此，才会产生出全面落实"一纳入、八到位"的强大精神动力。

二要努力提升"一纳入、八到位"的影响力。地方各级党委、政府和地方志工作机构对"一纳入、八到位"的认知程度、知晓范围，直接影响着落实情况。要搞好全员培训，使地方志工作者尽快认识、全面掌握"一纳入、八到位"工作要求的具

体内容和精神实质，做到学有所悟，用有所得。要依托传统媒体和新兴媒体，采取多种手段，持续广泛宣传党中央、国务院对地方志事业发展的新期望、地方志工作法规规章制定实施的新动态、地方志工作机构贯彻落实党和国家大政方针的新举措、地方志工作服务经济社会发展的新成绩、地方志工作者投身现代化建设的新事迹，使社会各界了解“一纳入、八到位”工作要求，了解地方志工作和方志文化。尤其是，要主动向各级领导请示汇报“一纳入、八到位”落实中的相关问题，争取他们的理解和支持。实践证明，对“一纳入、八到位”宣传普及工作做得越好，地方志工作开展就会越顺利。

三要大力弘扬方志人精神。毛泽东同志曾讲过，人总是要有一点精神的。做好人的工作，关键在不断提高人的思想认识水平。地方志工作是坐“冷板凳”，但是方志人要有热心肠，要热爱地方志事业，要有“咬定青山不放松”的执着，更要弘扬修志问道、直笔著史的方志人精神，要以极强的事业心，使“冷部门”热火起来。要明确什么是地方志工作、什么是地方志事业、为什么从事地方志工作以及从事地方志工作的意义、地方志事业发展对中华民族伟大复兴的意义，等等。把这些问题搞清楚，就不怕坐“冷板凳”，就能坐得住“冷板凳”，就能以高度的历史使命感和时代责任感献身地方志事业，忠实记录历史，多出优秀成果。只有这样，才能通过修志探索历史规律，总结历史智慧，为未来发展服务，也才能以有为谋有位，争取各级领导的重视支持、各方面的共同参与，真正落实“一纳入、八到位”。

四要积极推进依法治志。在深入贯彻落实党的十八届四中全会精神、全面推进依法治国的大环境下，我们要抓住历史机遇，注重运用法治思维、法治方式来思考谋划“一纳入、八到位”的贯彻落实。要建立健全以《地方志工作条例》为主体、地方法规规章相配套的完备体系，争取地方志工作进一步立法，坚持依法修志、用志、管志。要坚持有法可依、有法必依、执法必严、违法必究，强化依法对地方志工作进行督察，发现有落实不到位的，就依法补齐补强，纠正执行不力和违法行为。要建立和完善各级政府依法履行领导职责、各级地方志工作机构依法组织实施和管理、社会各界依法参与和支持地方志工作的法治化工作格局，切实做到办事依法、遇事找法、解决问题用法、化解矛盾靠法。事实上，我们只有举起依法治志的大旗，运用好地方志工作法规规章，我们的话语才会更有力度，腰板才会更硬气，宣传落实“一纳入、八到位”才会更有底气。

五要切实干出成效。做工作贵在抓实，一步实际行动胜过一打纲领。不抓实，再好的蓝图只能是一纸空文。任务一经确定，要求一旦提出，就要一步一个脚印，稳扎稳打向前推进，不断积小胜为大胜。

首先，希望地方各级党委、政府按照习近平总书记关于修史修志的重要讲话精神，李克强总理关于地方志工作的批示精神，按照刘延东副总理提出的“一纳入、八到位”总要求，严格执行国务院《地方志工作条例》规定，确保将地方志工作纳入到国民经济和社会发展规划、各级政府工作任务之中，所需经费列入财政预算，做好人、财、物等方面的保障；确保地方志工作机构的设置和人员编制，与其有效履行职能、顺利开展工作的要求相适应；确保解决好广大地方志工作者遇到的实际困难，为他们全身心投入地方志事业创造良好条件和优质环境。

其次，各级地方志工作机构和广大地方志工作者要围绕“为谁修志、修什么志、怎样修志”这一根本问题，坚持正确方向、履职尽责、真抓实干，以修志编鉴为基础，统筹兼顾理论研究、开发利用、信息化建设、方志馆建设、旧志整理等工作。要坚持党委领导、政府主持、负责地方志工作的机构组织实施、社会各界广泛参与的工作机制，整合各方力量，形成发展合力，用新的思路、新的举措，脚踏实地把切实可行的工作要求落到实处，把既定的科学目标、好的工作蓝图变为现实，努力实现地方志事业全面协调可持续发展。

最后，真正落实“一纳入、八到位”，要充分认识各要素间的有机联系，统筹兼顾、全面落实，不能取其一面、不及其余。“一纳入”，就是把地方志工作纳入国民经济和社会发展规划、各级政府工作任务之中，这是地方各级党委、政府重视地方志工作的具体体现，也是保证地方志事业持续繁荣的必要条件。“八到位”中，认识到位是前提。只有认识到位，党委、政府高度重视，地方志工作者自重自爱，有干事创业的激情，工作才能打开局面。领导到位是关键。只有党委、政府重视，地方志机构领导高度负责，有政策支持，才能解决地方志工作机构设置、人员待遇、队伍稳定等问题，事业才能快速发展。机构到位是基础。只有设立专门固定的地方志工作机构，工作常态化、规范化、制度化才有依托，事业发展才有稳固的根基。编制到位是基本。地方志编修是一项专业性较强的工作，保证人员编制，配齐配强队伍，才能更好地干事创业。经费到位是保障。有充足的经费投入，事业发展才有保障，才能拥有强劲不竭的发展动力。设施到位是保证。办公用房、方志馆、数据库等设施设备是修志编鉴和开发利用地方志资源宝藏所必需的，基础设施完备，才能更好地为党委、政府科学决策提供智力支持，才能充分满足社会各界的文化需求。规划到位是指针。制定出科学、有前瞻性的规划，才能避免工作盲目性和随意性，才能保证事业发展健康有序前行。

工作到位是目的。只有把工作扎扎实实做好，努力提供更多更优秀的方志文化成果，地方志工作的社会影响力才会增强，社会地位才能提高，才能得到党委、政府和社会各界的更多关心和更大支持。总之，“一纳入、八到位”只有全部落实、齐头并进，才能有力促进地方志事业的繁荣发展。

三、下一步主要工作部署

下一步要着力完成好以下工作：

（一）继续深入学习贯彻落实习近平总书记等中央领导同志重要讲话、重要批示精神和第五次全国地方志工作会议、中国地方志指导小组五届二次会议精神

当前和今后一个时期，全国地方志系统的首要任务仍是深入学习贯彻落实习近平总书记关于修史修志的重要讲话精神，李克强总理和刘延东副总理关于地方志工作的讲话、批示精神，全面贯彻落实第五次全国地方志工作会议、中国地方志指导小组（以下简称指导小组）五届二次会议精神。要通过集中学习与个人自学相结合、学习研讨与专题辅导相结合等方式，开展主题学习，统一思想、提高认识。通过学习，增强用辩证唯物主义和历史唯物主义的立场、观点、方法分析问题、解决问题的能力；树立热爱地方志事业、献身地方志事业、干好地方志事业的决心与信心；培养耐得住寂寞、守得住清贫、稳得住心神、担得起使命的意志品质。通过学习，确保充分认识到地方志事业在全面建成小康社会中的地位和作用，充分认识到做好地方志事业对于弘扬社会主义核心价值观、弘扬中华优秀传统文化、提高国家文化软实力、实现中华民族伟大复兴中国梦的

重要意义，进一步坚定中国特色社会主义的道路自信、理论自信、制度自信和文化自信，毫不动摇地做到地方志工作为人民服务、为社会主义服务。

（二）坚持修志主线，努力编修优秀方志成果

指导小组及其办公室要实施好国家经济欠发达地区志书出版资助工程，推动各地二轮修志工作协调发展。开展好中国名镇志文化工程，策划好中国名村志文化工程，继续加大对部门志、行业志、专题志、乡镇村志编纂的指导和支持力度。推进国家精品志书工程，建设全国地方志专业出版基地，努力推出一批优秀志书。做好《汶川特大地震抗震救灾志》编纂出版及经验总结工作，开好志书首发式，提升地方志工作在全社会的影响力。认真组织有关学科专家学者，与相关部门机构沟通联系，开展中华一统志编修可行性研究。

要加快推进二轮修志工作。二轮修志已进入攻坚期和收获期，规划任务已经完成的地区，要认真总结首轮、二轮修志经验教训，做好三轮修志启动前的准备工作；规划任务未完成的地区，应倒排工期，尤其是省级志书编纂要制定时间表、任务书、路线图，确保按时完成任务。继续做好二轮修志试点总结工作，为顺利启动三轮修志工作提供借鉴。加强与香港、澳门地区及台湾地区史志编修机构的联系交流。继续鼓励、规范、指导社会力量参与修志，提升修志的社会关注度、参与度。

要坚持质量第一的原则。认真总结推广各地开展质量建设的好思路、好做法，创新志书评议和审查制度，将精品意识贯穿于志书编纂出版的全过程，创造出更多经得起历史检验的名志佳作。

（三）继续做好年鉴工作，创造更多更优秀的年鉴精品

指导小组及其办公室要着手制定《地方综合年鉴工作管理规定》，完善年鉴工作管理体制机制。落实《地方综合年鉴编纂出版规定（试行）》，建立健全年鉴编纂评议机制，逐步推广年鉴出版前的审读制度。开展全国年鉴质量建设试点工作，推介先进编纂经验。适时启动国家精品年鉴工程，努力推出一批有社会影响力的品牌年鉴。充分发挥中国地方志学会年鉴工作专业委员会和各地年鉴社会团体的作用，推动年鉴理论研究。继续办好《中国地方志年鉴》，更好地为保存地方志工作文献、交流地方志工作信息发挥作用。

各地要继续高度重视年鉴工作。没有理顺地方综合年鉴工作管理体制的地区，要严格按照《地方志工作条例》规定，争取本级党委、政府的支持，做到地方综合年鉴由地方志工作机构组织编纂。做好县级地方综合年鉴启动工作，努力扩大本地区地方综合年鉴编纂覆盖面。密切与专业年鉴编纂机构的联系，加强对专业年鉴编纂的业务指导。

（四）大力加强资料建设，推进地方志资料管理的制度化、规范化

要进一步加大依法征集地方志资料的力度，建立地方志资料收集、保存、管理、使用制度。进一步完善地方志资料年报制度，规范资料年报工作，提高年报资料质量。进一步运用社会调查、口述史等方法，大力拓展资料搜集范围和渠道。探索建立专题培训和研讨制度，培养一批地方志资料搜集、研究方面的人才。继续鼓励对资料建设进行探索，逐步建立能够全方位适应地方志编纂、地方志事业发展和方志文化建设需要的地

方志资料保障机制。

（五）积极推进旧志整理工作，保护好中华优秀文化遗产

各级地方志工作机构要争取地方党委、政府的更大支持，有计划、高质量地集中整理本地历代方志。要多方收集留存的旧志孤本、善本，花大力气保护好这些珍贵的历史文化财富。要分类整理旧志资料，做到古为今用。要加强与海外藏书机构的联系，积极、稳妥地开展海外藏中国旧志的引进工作。指导小组办公室要继续做好中国地方志善本数字化项目，积极推动旧志数字化建设。

（六）加大对地方志工作基础设施的投入力度，更好地发挥网、库、馆的平台作用

要进一步加强地方志信息化建设。指导小组办公室要进一步做好中国方志网建设，稳步推进中国方志网与各省方志网联网工作。各地要积极推进省、市、县三级地情网站改造升级和联网工作，加快地方志成果数字化进程和数据库建设，逐步实现全国方志资源共享。

要进一步推进方志馆建设。认真谋划国家方志馆建设工作，加大馆藏图书资料的搜集整理力度，争取早日正式开馆。已建成开放的各地方志馆，要积极开展收藏、借阅、展示、交流、咨询、研究等基础工作，逐步将方志馆建成地方志和地情资料收藏展示中心、地情研究咨询中心、地方文化对外交流中心，建成爱国主义宣传教育基地。科学推动数字方志馆建设，为实现方志馆资源共享打好基础。

（七）高度重视地方志资源开发利用工作，为中国特色新型智库建设添砖加瓦

指导小组及其办公室要适时启动以《中国地情报告》为主体,《中国方志发展报告》《中国年鉴发展报告》为两翼的“一体两翼”地方志文化工程，发挥地方志资源在推动经济社会发展和文化建设中的作用。各级地方志工作机构要加强与各类媒体的合作，加大对地方志工作、地情信息和方志文化、地域文化的宣传力度，满足社会各界对方志文化资源的需求。继续编辑信息简报、编写地方史和地情书籍、开展专题研究，为党政机关和社会各界提供服务。大力推动地方志成果进机关、进农村、进社区、进校园、进企业、进军营，发挥地方志资源在地方公共文化服务体系建设中的重要作用。

（八）加强地方志理论研究和学科建设，为地方志事业发展提供理论支撑和智力支持

要深化地方志理论研究。继续加强方志学与历史学、社会学、政治学、经济学、文学、法学等学科的关联性研究，积极借鉴吸收其他学科的先进理论和研究方法。充分发挥中国地方志学会的平台作用，做好学会及其年鉴工作专业委员会换届工作，办好中国地方志学术年会、中国地方志学会城市区志专业委员会学术年会和方志论坛。认真组织优秀方志学术成果评奖活动。不断加强对方志期刊工作的指导，大力推进《中国地方志》名刊建设。

要逐步构建较为科学的方志学学科体系。指导小组及其办公室要研究制订方志学学科建设规划，增强方志学理论研究的科学性、计划性和系统性。组织编写方志学、年鉴学通用教材，

编制年度方志论文索引，撰写研究综述，完成《方志百科全书》的编纂出版工作。争取国家教育行政部门的支持，加强与高等院校、科研机构的联系，力争设立方志学专业，招收、培养方志学研究生。争取设立博士后流动站，培养方志学高端人才，提升方志学的学科地位。

（九）深入推进依法治志，为地方志事业发展提供法治保障

要深入推进依法治志，完善地方志法规规章体系。没有制定或正在制定地方志工作法规规章的地方，要力争早日出台；已经出台的，要抓好贯彻落实。开展《中华人民共和国地方志法》立法可行性研究，提高地方志工作的法律地位。进一步推动国务院《地方志工作条例》和指导小组《地方志书质量规定》《地方综合年鉴编纂出版规定（试行）》的贯彻落实。进一步建立健全与法规规章相配套的制度体系，推动地方志工作法规规章的贯彻落实。继续做好地方志工作法规规章宣传工作，加大普法力度，营造依法治志的良好社会环境。

（十）加强对地方志工作的领导，为地方志事业发展提供有力组织保障

指导小组及其办公室要继续开展调查研究，全面掌握全国地方志工作情况，及时总结、推广各地好的经验，定期向党中央、国务院报告情况，对地方志工作中涉及的重大方针政策问题及时请示。指导小组办公室要加强制度建设，进一步完善工作运行机制，深入开展调查研究和统计工作，办好《中国方志通讯》，发挥好指导小组参谋和助手的作用。各级地方志工作机构要履职尽责，抓好各项工作的督促落实，及时协调解决地方

志工作中存在的困难和问题。

（十一）努力做好地方志事业发展规划工作，科学谋划地方志事业发展

目前，《全国地方志事业发展规划纲要（2015—2020年）》正在履行报请国务院办公厅转发的程序，要按照刘延东副总理重要批示精神，积极争取由国务院办公厅转发；一旦出台，各地要根据规划纲要的要求，抓紧、抓好贯彻落实工作，并制定相应的地方发展规划。各地要继续争取本地党委、政府支持，系统总结本地区“十二五”地方志事业发展的经验教训，认真制定“十三五”地方志事业发展规划，并争取以政府名义印发或转发。同时，争取将地方志工作纳入本地经济社会发展规划和政府工作任务之中。

还需要强调的是，地方志工作已被纳入中国社会科学院名优工程建设之中，与社科院报、刊、出版、馆、网、库和学术评价合称“八名”工程。指导小组办公室要按照名优工程建设要求制订好规划，做好地方志工程实施前的准备工作。

（十二）继续加强人才队伍建设，为地方志事业发展提供坚强后盾

指导小组及其办公室要加大队伍培训力度，进一步完善教育培训制度，有计划、分步骤实施对地方志工作机构新任负责人和省市两级志鉴业务骨干的培训。建立国家方志和年鉴专家库，选拔一批方志和年鉴专业领军人才；鼓励和支持地方志工作者接受继续教育；鼓励各地各部门地方志工作机构开展多种形式的人才交流活动，建立健全人才评价和激励机制。

要积极与编制部门沟通协调，妥善解决好各级地方志工作机构的定位问题。与人力资源和社会保障部合作，开展好第三次全国地方志系统先进集体和先进工作者评选表彰活动，营造干事创业的良好氛围。

同志们，光阴似箭，时不我待，转眼间2015年已经过去3个多月了。顺利实现地方志事业发展宏伟目标，圆满完成下一步地方志工作计划，时间紧、任务重、要求高。让我们紧密团结在以习近平同志为总书记的党中央周围，进一步落实“一纳入、八到位”工作要求，进一步推进依法治志，进一步弘扬方志人精神，勤奋工作，勇于创新，全力推进地方志事业发展再上新台阶，为全面建成小康社会作出更大贡献！

为全面推进西藏自治区地方志工作而努力奋斗*

——在援藏志鉴编纂业务培训班上的讲话

（2015 年 9 月 20 日）

金秋九月，我们国家迎来了两件大事。9 月 3 日，隆重纪念中国人民抗日战争暨世界反法西斯战争胜利 70 周年，在北京举行了盛大的阅兵式，集中展示了我国国防建设和现代化建设的伟大成就。9 月 8 日，又高规格举办了西藏自治区成立 50 周年庆祝大会，全面展示了在党的领导下 50 年来西藏自治区发生的翻天覆地的变化。最近，全国地方志系统也迎来了一件具有里程碑意义的大事，国务院办公厅印发了《全国地方志事业发展规划纲要（2015—2020 年）》（以下简称《规划纲要》）。为全面贯彻落实《规划纲要》，全面推进西藏自治区地方志工作，根据第五次全国地方志工作会议、中国地方志指导小组五届二次会议、2015 年全国地方志机构主任工作会议的部署，中国地方志指导小组办公室在林芝举办这次援藏志鉴编纂业务培训班。自治区党委常委、区直机关工委书记多托等同志出席了今天的开班仪式，充分体现了自治区和林芝市党委、政府对地方志工作的高度重视。我代表中国地方志指导小组，向自治区和林芝

* 这篇讲话曾发表于中国方志网 2015 年 10 月 8 日。

市党委、政府表示衷心感谢，向参加此次培训班的各位学员表示热烈欢迎，希望你们通过这次学习，学有所获、学有所成，为西藏地方志工作发展作出更大的贡献。

党的十八大以来，以习近平同志为总书记的党中央从坚持和发展中国特色社会主义全局出发，实施“全面建成小康社会、全面深化改革、全面依法治国、全面从严治党”的“四个全面”发展战略。要实现“四个全面”，就必须始终坚定中国特色社会主义的道路自信、理论自信、制度自信和文化自信。在世界几大古代文明中，中华文明是唯一没有中断、延续五千多年发展至今的文明。中华民族的文化自信，植根于悠久的传统文化。优秀的传统文化是中华民族的精神之根、文化之魂，是民族繁衍生息的根基和血脉，是建设中华民族共有精神家园的重要支撑，凝聚着中华民族自强不息的精神追求和历久弥新的精神财富。作为古老的、绵延两千多年的中华民族优秀文化传统，作为传承文明、发掘历史智慧的重要载体，地方志为中华文明的代代相继、血脉相承，发挥了至关重要的作用。在新的历史时期，党中央、国务院高度重视地方志工作。自2014年以来，习近平总书记在考察首都博物馆和中央政治局第二十五次集体学习时两次提到地方志，分别强调要高度重视修史修志，整合地方志等部门和机构的力量深入开展中国人民抗日战争研究。李克强总理作出了“修志问道，以启未来”的重要批示。国务院分管地方志工作的刘延东副总理发表了重要讲话并作出了多次重要批示。这次又以国务院办公厅文件正式印发《规划纲要》。中央领导同志的重要讲话、批示和国务院办公厅文件，进一步明确地方志事业发展在实现“两个一百年”奋斗目标和中华民族伟大复兴中国梦进程中的地位与作用，把促进地方志事业发展作为协调推进“四个全面”战略布局在文化领域的一项重要工作来抓，提升到新的高度。推动地方志事业发展，既能展示中华文化的博大精深和无穷魅力，也能体现现代文明与历史文明的一脉相承。改革开放以来，在几代方志人的共同努力下，形成了以修志编鉴为主业，数据库、方志馆、地情网、开发利用、理论研究等各项工作协调开展的事业发展新格局；形成了以国务院《地方志工作条例》为核心，各地地方性法规规章为组成部分的依法治志法规体系；形成了“党委领导、政府主持、负责地方志工作的机构组织实施、社会各界广泛参与”的工作体制；形成了由7000多部省市县三级地方志书，20000多部行业志、部门志、军事志、武警志、专题志、乡镇（街道）志、村（社区）志，1900多种、15000多部地方综合年鉴，1000多种、7000多部专业年鉴以及大量地情文献资料组成的成果体系，地方志工作在国家文化建设中的地位日益突出，作为各地基础文化工程的作用日益凸显，存史、育人、资治功能日益显现。古老东方文明的修志传统，在新的时代焕发出强大的活力和魅力。

当前，全国地方志事业发展迎来极为重要的战略发展机遇，进入历史最好时期，“振奋精神，谋势而动，顺势而为，乘势而上”，是广大地方志工作者担负的重要责任。西藏自治区地方志工作在全国地方志事业发展大局中，有着重要的地位和作用。虽然在全国起步最晚，1997年西藏自治区才正式启动修志工作，但在全区地方志工作者的辛勤努力下，近几年出版了大量的三级综合志、行业志、地方综合年鉴、地情读物，修志编鉴工作有序推进，质量逐步提高；地方志工作机构从无到有，从小到大，不断发展，成绩来之不易。当然，与当前全国地方志事业发展的形势相比，与《规划纲要》确定的事业发展布局和要求相比，西藏自治区地方志工作要进一步发挥后发优势，迎头赶上，开创新局面。就下一阶段的地方志工作，我提几点意见。

第一，要全面贯彻落实中央领导同志的重要讲话批示精神和国务院办公厅印发的《规划纲要》。当前和今后一个时期，各级地方志工作机构的头等任务是全面贯彻落实习近平总书记关于修史修志的重要讲话精神，李克强总理和刘延东副总理关于地方志工作的讲话、批示精神，全面贯彻落实《规划纲要》。中央领导的重要指示、批示、讲话和《规划纲要》，明确了地方志工作在国家发展改革中的地位和作用，明确了地方志事业的发展方向、目标任务、工作范围，描绘了地方志事业未来的宏伟蓝图。西藏自治区各级地方志工作机构务必抓住有利时机，学好、学深、学透，用好、用足、用够。特别是这次参加培训的各位同志，有的是地方志工作机构的负责人，有的是业务骨干，一定要反复学，吃透精神实质，吃透目标内涵，吃透措施任务，吃透基本要求，结合工作实际提出贯彻落实方案，拿出本区域、本部门贯彻落实的时间表、任务书、路线图。贯彻落实的核心在一个“实”字，只有实实在在学，才能实实在在用，最终才能实实在在推动各项工作。

第二，要始终坚持正确的政治方向和党的西藏工作总方针、总要求。西藏作为民族自治区，有着独特的历史文化和民族文化，同时又处于与部分境外反动势力斗争的第一线，这决定了西藏地方志工作的特殊性和重要性。我们必须始终坚持习近平总书记提出的“治国必治边、治边先稳藏”的战略思想，按照“加强民族团结，建设美丽西藏”的要求，坚持“依法治藏、富民兴藏、长期建藏、凝聚人心、夯实基础”的重要原则，并运用于具体实践当中。西藏地方志工作必须始终坚持为党立言、为国存史、为民修志的准则，始终坚持辩证唯物主义和历史唯物主义，始终坚持正确的政治方向和党的西藏工作的总方针、总要求。编修西藏地方志，不仅是文化工程，更是政治工程、战略工程、固边工程。要通过地方志的编纂传承历史和文明，继承和发扬传统文化、民族文化，加强民族团结，增进民族自豪感。西藏自治区的地方志工作成果，不仅要真实记录历代王朝在西藏有效行使主权，展现西藏经济社会发展的历史脉络，还要真实记录西藏与祖国一脉相承、荣辱与共，西藏和平解放后中央政府关心西藏、全国支援西藏的历史进程，用无可辩驳的事实，展示在党的领导下西藏经济、社会、文化建设取得的巨大成就，展示西藏翻天覆地的变化和各族人民幸福安定的生活。

第三，要全面实施依法治志和“一纳入、八到位”工作要求，建立科学的工作保障体系。依法治志是依法治国在地方志工作领域的具体体现。截至目前，根据国务院《地方志工作条例》，全国已有27个省（区、市）由人大或者政府出台了地方志工作条例、规定、实施办法等地方志法规规章。实现依法治志，首先要做到有法必依。现在有了国务院的上位法，又有了全国其他省份出台的地方志法规规章作为参照，西藏有条件根据本地实际由人大或政府出台一部地方法规或规章，用法治手段全面推进地方志工作。坚持依法治志，要以贯彻落实“一纳入、八到位”为总抓手，即把地方志工作纳入各地国民经济和社会发展规划、地方各级政府工作任务之中，切实做到认识到位、领导到位、机构到位、编制到位、经费到位、设施到位、规划到位、工作到位。“一纳入、八到位”是被实践证明行之有效的地方志工作机制和工作要求，务必在实践中贯彻落实。坚持依法治志，还要建立“党委领导、政府主持、负责地方志工作的机构组织实施、社会各界广泛参与”的工作体制，充分利用执法检查、行政督查等管理手段，把依法治志的触角延伸到地方志工作的各个领域。全面推进西藏自治区地方志工作，当前一项重大的任务就是要建立起以依法治志为核心，以“一纳入、八到位”为总抓手，以“党委领导、政府主持、负责地方志工作的机构组织实施、社会各界广泛参与”为工作体制，以执法检查、行政督查为管理手段的地方志工作体制机制，形成科学的工作保障体系。从中国地方志指导小组办公室的统计和昨天调研的情况看，西藏地方志工作在机构、编制、经费等方面存在一些亟待解决的问题，希望自治区党委、政府继续关心支持，全面落实依法治志，妥善解决机构编制问题，进一步加大经费投入，提供必要的保障。

第四，要按照全国的总体部署扎实推进修志编鉴工作。按照全国的总体部署，到2020年要实现“两个全面”——全面完成第二轮修志任务、全面实现地方综合年鉴编纂的全覆盖。西藏因为修志工作起步较晚，首轮和第二轮修志合并开展。从目前的情况看，要实现“两个全面”的困难还比较多，地方志工作开展不平衡的矛盾比较突出，修志进度、综合年鉴编纂工作相对落后于其他兄弟省市，亟须通过各种措施加以推进。修志编鉴是地方志事业发展的主业，是根基所在，基础打牢了，事业才能稳固发展。西藏各级地方志工作机构要迎难而上，奋发有为，发扬刻苦精神，按照“两个全面”的要求布好局、谋作为。下一阶段，中国地方志指导小组及其办公室要进一步探索地方志对口支援机制，加大向西藏倾斜帮扶的力度，力争进一步加大人才、资金支持，采取点对点帮扶的方式，让未开展修志编鉴工作的地区启动起来，让已开展修志编鉴工作的地区把工作巩固下来，扎实推进修志编鉴工作。要始终坚持质量第一原则，以科学认真的态度、精益求精的学风，进一步完善资料收集、资料报送、志稿评审、质量评价、审查验收、出版等制度，严把政治、史料、体例、文字关，力争出精品志鉴。

第五，要因地制宜探索构建适应本地经济社会发展水平的地方志事业发展格局。经过三十余年的实践，“志、鉴、库、馆、网、开发利用、理论研究”等多业并举是被全国地方志系统广泛认同的地方志事业发展新格局，并发挥了重要的社会效益，成为各地公共文化服务体系的重要组成部分。就目前的情况看，要求西藏三级地方志工作机构完全按照事业发展格局要求形成多业并举的局面并不现实。但在条件成熟的地方，特别是那些修志编鉴主业已经扎实推进的地方，要自觉地把地方志工作纳入当地公共文化服务体系建设当中，结合本地实际，加快地情网站、数据库、方志馆等基础设施建设，加强对地情文献资料、地方志资源的研究，做好地方志资源的整合、共享与开发利用，用喜闻乐见的方式宣传地方志，弘扬方志文化。

第六，要加大人才培养力度，优化人才结构，进一步强化队伍建设。人才队伍始终是工作和事业发展的关键。近年来，通过本地举办培训、参加中国地方志指导小组办公室和其他兄弟省市举办的学习培训，或与援藏省市的地方志工作机构开展交流等，西藏培养了一批爱岗敬业的修志人才，普遍提高了修志人员的理论水平和业务能力。此外，还通过招录、选调等方式吸收高素质人才加入地方志工作队伍，补充了新鲜血液，增添了后备力量，壮大了修志队伍。但从总体上看，西藏自治区修志人才较为缺乏的矛盾还未彻底缓解。地方志工作专业要求高，对人才队伍建设有特殊的要求，尤其离不开人才的培训和培养。“闻道有先后，术业有专攻”，西藏自治区各级地方志工作机构要高度重视人才引进、培训和进修，进一步加大力度，通过一段时间的努力，打造一支政治素质高、业务能力强的地方志工作队伍，彻底扭转地方志专业人才贫乏的不利局面。

同志们，从事西藏地方志工作使命光荣，任务艰巨。“铁肩担道义，秉笔写春秋”，在座的各位不仅是西藏历史的见证人，更是西藏历史的记录人，要增强责任感、使命感，继续发扬“两路”精神，尤其是《规划纲要》刚刚确定的“修志问道、直笔著史”的方志人精神，自强不息，创新发展，为开创西藏地方志工作美好的明天而努力奋斗，创造新的辉煌。

最后，希望各位学员在林芝期间学习好、生活好，祝愿西藏的明天更美好，祝愿林芝的明天更美好，扎西德勒。

公心直笔著信史，阐善瘅恶引风气 *

——在全国地方志系统先进模范座谈会上的讲话

（2015 年 12 月 29 日）

今天，人力资源和社会保障部、中国地方志指导小组在庄严的人民大会堂联合召开会议，隆重表彰全国地方志系统先进集体和先进工作者，我代表中国地方志指导小组，向受到表彰的先进集体、先进工作者表示热烈祝贺和崇高敬意！这次会议得到了党中央国务院的高度重视，中共中央政治局常委、国务院总理李克强专门作出重要批示；会前，中共中央政治局委员、国务院副总理刘延东亲切接见与会代表并发表重要讲话。李克强总理和刘延东副总理的重要批示、重要讲话，内涵深刻，意义重大，对新时期地方志工作提出了要求、明确了定位、指明了方向，各级地方志工作机构和广大地方志工作者要认真学习，深刻领会，全面贯彻落实，不辜负党中央、国务院的重托，为实现 2020 年全国地方志事业发展目标砥砺前行，奋发有为，开启地方志事业发展的新篇章。

党的十八大以来，党中央从坚持和发展中国特色社会主义全局出发，作出全面建成小康社会、全面深化改革、全面依法治国、全面从严治党的战略部署，确立了实现“两个一百年”、

* 这篇讲话曾发表于《中国地方志》2016 年第 1 期。

实现中华民族伟大复兴中国梦的奋斗目标。刚刚召开的党的十八届五中全会，将今后五年确定为全面建成小康社会的决胜阶段。在举国上下为实现“两个一百年”奋斗目标、实现中华民族伟大复兴中国梦而奋力拼搏之际，全国地方志系统全面贯彻党的十八大和十八届二中、三中、四中、五中全会精神，全面贯彻习近平总书记关于修史修志的重要讲话精神，李克强总理和刘延东副总理关于地方志工作的讲话、批示精神，全面贯彻国务院办公厅印发的《全国地方志事业发展规划纲要（2015—2020年）》，紧紧把握重大战略发展机遇期，一心一意谋发展，千方百计求突破，迎来了事业发展的最好时期。地方志工作在国家文化建设中的地位日益突出，作为各地基础文化工程的作用日益凸显，存史、育人、资治功能日益显现。一是地方志工作得到各级党委、政府的高度重视，以依法治志为核心，“一纳入、八到位”为总抓手，“党委领导、政府主持、负责地方志工作的机构组织实施、社会各界广泛参与”为工作体制，执法检查、行政督查等为工作手段的地方志事业保障体系日益完善。二是修志编鉴主体地位进一步巩固，第二轮修志全面深入推进，综合年鉴编纂省市县三级全覆盖进程加快，以地方志书、综合年鉴编纂为龙头，部门志鉴、行业志鉴、专题志、乡镇村志等为有机组成部分的地方志编纂体系日益成型。三是地方志资源开发利用进一步加强，公共文化服务能力不断提高，社会效益不断提升，开发出一大批群众喜闻乐见的地方志文化成果，以方志馆、地情网站、微信公众平台、手机报、数据库为公共文化服务平台，地情读物、教育读本、快报简讯等为载体的资源开发利用体系日益完善。四是地方志学科建设进一步推进，理论研究的主动意识不断提升，以建立独立的方志学学科为目标，地方志基础理论、编纂理论、管理理论为主线的理论研究和学科建设体系日益成熟。五是机构队伍建设进一步强化，机构职能得到优化，队伍新老交替逐步解决，以各级地方志工作机构为核心，部门、行业、乡镇修志机构为延伸，专兼职修志人员相结合的地方志工作队伍日益壮大。面对大好形势，如何乘势而上，在新的伟大历史时期找准发展定位，在当前良好发展形势下继续开创地方志事业发展新格局，充分展示方志文化的博大精深和无穷魅力，在协调推进“四个全面”战略布局中继续发挥重要作用，为提高国家文化软实力，实现“两个一百年”奋斗目标和中华民族伟大复兴中国梦作出新的、更大贡献，是当前和今后一个时期摆在全国地方志工作者面前的重大命题。

同志们！

习近平总书记指出：“人事有代谢，往来成古今。历史研究是一切社会科学的基础，承担着‘究天人之际，通古今之变’的使命。”“重视历史、研究历史、借鉴历史，可以给人类带来很多了解昨天、把握今天、开创明天的智慧。”他强调，“历史是人类最好的老师”，要以史为鉴、知古鉴今，在对历史的深入思考中做好现实工作，更好走向未来。历史是前人的“百科全书”，方志是地方的“百科全书”。从学科属性上讲，方志自古即有属历史书说、地理书说、史地书说、资料书说、时政书说等多种说法，其中属历史书说为学界多数人所认可。北宋著名志家李宗谔指出：“地志起于史官，郡记出于风土。”地志、郡记均为地方志的先源，据此可知古人对方志为史的属性早有认识。梁启超即断言：“最古之史，实为方志。”自隋唐确立地方志官修制度以来，方志人始终承担着记录历史、保存乡邦文献的史家职责，承担着“公心直笔著信史，阐善瘅恶引风气”、探索和挖掘历史智慧的重要使命。改革开放以来，几代方志人正是秉持为党立言、为国存史、为民修志的崇高情怀，默默无闻，无私奉献，在艰苦、辛苦、清苦的工作岗位上，涌现了像山西燕居谦，河南郑永立等为修志奉献终生，以及人力资源和社会保障部、中国地方志指导小组三次联合表彰的一大批先进集体、先进工作者。这些先进模范，是时代的楷模，是精神的丰碑，是激励我们奋发向前的正能量，是鲜活的社会主义价值观和巨大的中国特色社会主义精神财富的模范，集中体现了方志人的精气神。

伟大事业需要伟大精神。有了精神的引领，才能信心十足，勇往直前，坚定不移地沿着正确的道路，瞄准既定的目标前进。有了精神的助推，才能前行不怠、开拓进取，不断破解前进道路上的各种难题，不断克服各种各样的困难。有了精神的滋养，才能一代又一代地涌现自觉担当大任、埋头苦干的优秀分子，才能让民族思想文化素质不断提升，才能让创造活力充分涌流。有了精神的凝聚，才能夯实团结奋进的思想基础，让无数人勠力同心，心往一处想，劲往一处使；才能形成“人心齐、泰山移”的态势，聚集起所有人的力量去成就震古烁今的伟大事业。干什么事都必须有精气神，方志人的精气神是什么？国务院办公厅印发的《全国地方志事业发展规划纲要（2015—2020年）》把“修志问道、直笔著史”作为方志人的精气神，明确为方志人精神，这既是对千百年来无数代方志人精神风骨和价值追求的总结凝练，又明确了方志人的时代自觉和当代使命，同时为地方志工作指明了方向和路径，词旨深远，意义重大。

一是党中央、国务院对广大地方志工作者的基本要求。2014年2月25日，习近平总书记在考察首都博物馆时强调要“高度重视修史修志”，“让文物说话、把历史智慧告诉人们，激发我们的民族自豪感和自信心”，坚定全体人民振兴中华、实现中国梦的信心和决心。4 月 16 日，李克强总理作出了“修志问道，以启未来”的重要批示。习近平总书记关于修史修志的重要讲话精神和李克强总理关于地方志工作的批示精神一以贯之，要求利用地方志挖掘历史智慧、探索历史发展规律，为现实提供借鉴，为未来提供参考。清代学者龚自珍说“欲知大道，必先为史”，正是从这种意义出发的。历朝历代和新中国成立以来，留下了卷帙浩繁的地方志成果，蕴含着大量的历史信息。广大地方志工作者不仅承担着为国存史的使命，还应在直笔著史的同时，挖掘历史智慧，修志问道，探索区域发展历史兴衰，弘扬优秀文化传统，宣扬先进人物事迹等，为各地经济、社会、文化建设提供历史镜鉴，真正做到“治天下者以史为鉴，治郡国者以志为鉴”，为实现“两个一百年”奋斗目标和实现中华民族伟大复兴中国梦添砖加瓦。

二是对中华民族史家传统的继承和发扬。梁启超说：“中国于各种学问中，惟史学最为发达；史学在世界各国中，惟中国最为发达。”我国自古有重视历史的传统，历史典籍汗牛充栋，诞生了一大批刚正不阿、秉笔直书的史家，形成了追求“书法无隐”“实录直书”的优良传统。如春秋时期晋国董狐记“赵盾弑其君”、齐太史直书“崔杼弑其君”，西汉司马迁虽遭宫刑，仍完成被誉为“史家之绝唱，无韵之离骚”的《史记》，直声动天下，英名耀古今。社会主义新编地方志工作开展以来，史家传统在方志人身上得到了继承和弘扬。一大批矢志不渝的方志人以强烈的责任意识和高度的担当精神，默默坚守，淡泊名利，甘于奉献，锲而不舍，笔耕不辍，以“板凳坐得十年冷，文章不写半句空”的精神，用事业心和热心肠，把“冷板凳”坐热，把“冷部门”做热，打造出数以百亿字计的地方志成果，形成了我国有史以来最大的社科成果群，为国家创造出一笔巨大的精神文化财富。“修志问道、直笔著史”，正是方志人继承、弘扬史家传统凝练形成的理想坚守和职业良知，是新时期方志人的历史担当和使命追求，是方志人对历史、对人民的庄严承诺。

三是社会主义核心价值观在方志人身上的直接体现。理想指引人生方向，信念决定事业成败。一个国家、一个民族要强盛，不能没有理想信念，不能没有精气神。社会主义核心价值观以马克思主义为指导思想，以共产主义远大理想为最高追求，以中国特色社会主义共同理想为实现目标，体现了以爱国主义为核心的民族精神和以改革创新为核心的时代精神，是社会主义核心价值体系的内核，是对社会主义核心价值体系的高度凝练与集中表达，代表的是国家、民族的理想信念及精气神。编修地方志已作为特有的文化基因融入中华民族的文化传统，为传承文明与社会进步发挥了不可替代的独特作用。广大地方志工作者肩负记录历史、弘扬文化、服务社会、借史鉴今、启迪后人的光荣使命，始终坚持爱国爱岗、恪尽职守、开拓进取，始终坚持文化自信，始终坚持弘扬优秀传统文化，始终坚持文化创新，促使绵延数千年的古老修志传统焕发出新的魅力和活力，充分体现了社会主义核心价值观的本质要求。

四是几代方志人上下求索、扬鞭奋蹄精神的传神写照。改革开放30多年来，新编地方志工作经过风雨洗礼，经历了不平凡的发展历程，几代方志人呕心沥血，奋发有为，敢于啃硬骨头，敢于涉险滩，才逐步形成以修志编鉴为主业、各项工作协调开展的事业发展新格局。回顾过去，一路征程，一路艰辛。从20世纪70年代末、80年代初老一辈方志人筚路蓝缕、奔走呼吁，寻人才、搭班子、建机构的事业开创，到90年代中后期为打破“一本书主义”局限而进行的上下求索、千辛万苦，再到进入21世纪以来为实施依法治志和推进地方志转型发展的锐意改革、开拓创新，一步一步走过来，尽管探索艰辛坎坷，但取得的成果是极其宝贵的，为新的历史时期开创事业发展新局面提供了宝贵经验、理论准备、物质基础。奋斗成就伟业。正是几代方志人的锲而不舍，才铸就了今天地方志事业发展的坚实基础；正是几代方志人的实践和智慧，才凝练出今天的方志人精神。

五是地方志事业发展的不竭动力。责任重于泰山，事业任重道远。在看到地方志事业发展面临重大战略发展机遇的同时，应居安思危，充分考虑面临的艰辛任务和复杂多样的矛盾、挑战，正所谓逆水行舟，不进则退。当前，地方志事业发展区域不平衡的局面还没有扭转，到2020年实现“两个全面”的发展目标还存在不少困难，地方志事业各业并举的根基还不够牢固，互联网、新媒体时代对传统志书编纂手段、表现形式、传播方式和发展样态的影响日益凸显，公共文化服务的路径和能力还需进一步创新和提升，热点难点问题不断出现等。要破解难题，化解挑战，创新发展，使方志之树枝繁叶茂、常绿常青，需要锲而不舍、驰而不息的艰苦努力，更需要一种精神作支撑。没有振奋的精神，没有高尚的品格，没有坚定的志向，我们的事业就不可能生生不息，就不可能朝气蓬勃地迈向未来。秉持弘扬“修志问道、直笔著史”的方志人精神，可以为新时期地方志事业发展注入不竭动力。

同志们！

习近平总书记指出：“历史是最好的教科书，也是最好的清醒剂。”一个民族的历史是安身立命的基础，总结和吸取历史教训，目的是以史为鉴、更好地前进。当前，党和国家建设事业进入了十分关键的时期，我们身处一个伟大的时代，大有可为，也可以大有作为。作为时代的记录员，作为民族文化的建设者，方志人承担着为民族写史、为时代立传的神圣职责。今天我们召开表彰会，既要表彰模范、先进，更要大力弘扬“修志问道、直笔著史”的方志人精神，以更好地担负起党和国家、人民和时代交付的新时期史家的职责。自古以来，史家职责大抵有两个方面：一是保存信史，以明鉴戒；二是从现实中提出问题，以史经世。为履职尽责，不辱使命，古人对史家提出“德、才、学、识”的要求和准则，字字珠玑，鞭辟入里。“学”反映了史家的功力，“才”与“识”反映了史家的思想和创造性，“德”反映史家的治史态度；学是基础，识是水平，才是学与识的表现。“德、才、学、识”，是古人对史家素养的最高标准，也是一个优秀史家所应具备的条件，历经锤炼，是古往今来治史经验的总结，于方志人同样适用，但必须赋予其新的时代内容。下面，我就如何弘扬“修志问道、直笔著史”的方志人精神，肩负起新时期史家职责，提几点希望：

一是要树立“志德”。史家所言的“德”，是指著史的道德修养，即章学诚所说的“著书者之心术”。“心术”是什么？章学诚解释说：“盖欲为良史者，当慎辨于天人之际，尽其天而不益以人也。”他说的“天”，用今天的话来说，就是历史的客观性；所谓“尽其天而不益以人”，就是说要尊重客观历史，不要用史家的主观好恶去影响对历史客观性的判断和反映。史家慎于心术，才谈得上史德。因此，古人所言的“史德”，就是要求史家在著史时，要有“好是正直，善恶必书”的直书精神和“善恶褒贬，务求公正”的高尚品德。今天我们提倡树立“志德”，也在于方志人的心术。而心术之慎，在于方志人的自我修养。树立“志德”，就必须坚持正确的政治方向，清醒认识肩负的政治责任和历史责任，自觉坚持和运用马克思主义的立场、观点和方法，高举中国特色社会主义伟大旗帜，坚持辩证唯物主义和历史唯物主义，坚持为人民服务、为社会主义服务，身体力行社会主义核心价值观。树立“志德”，就必须具备家国和事业情怀，爱国爱乡，心怀职业的神圣感、劳动的光荣感，常怀敬畏之心，热爱地方志事业。树立“志德”，就必须具备史家伦理道德修养，临文摄心，不使气，不恣情，做到情真而气平，达到传人者文如其人、记事者文如其事的境界。

二是要提高“志才”。所谓“志才”，指的是方志人的能力，主要是掌握文献、驾驭文献的能力，运用志书体裁、体例的能力和文字表述的能力等。刘知幾说：“夫有学无才，犹愚贾操金，不能殖货。”有了丰富的史料，如何进行分析、组织、整理、加工，“刊勒一家，弥纶一代，使其始末圆备、表里无咎”，是需要一定才能的。故章学诚说“非才无以善其文”。地方志编纂是一门学问，既不是简简单单的资料堆砌，也不是写议论文、编科普教材等，而是有着自身特殊的包括观点、体裁、体例、内容、记述、资料、行文等方面的要求，没有相应的文献功底，没有足够的知识技能，是无法胜任的。“求木之长者，必固其根本；欲流之远者，必浚其泉源。”唯有培根固本，增强文化底蕴，提高文化修养，培养、锻炼“志才”，才能做好地方志工作。当前，队伍新老交替基本完成，新加入地方志队伍的年轻同志更应注重提高“志才”，以先贤为范，向经典看齐，以方志人精神作激励，不断进行学习和创新，不断提高文化素质，培养、锻炼各种能力，做一个合格的方志人。

三是要丰富“志学”。这里说的“学”，是指各方面的知识，主要是历史知识，也包括社会知识以至自然知识。“有才无学，犹巧匠无楩柟斧斤，弗能成室。”地方志纵贯古今，横陈百科，上至天文，下至地理，自然、政治、经济、文化、社会等方方面面的信息无所不包，涉及多学科、多领域。如果不具备丰富的知识，在志书编纂过程中就容易犯这样那样的错误，尤其是知识错误，只能是“矮人看戏何曾见，都是随人说短长”。方志人应该是个杂家，知识要广博，“资之深，则取之左右逢其原”。当然，要求每个方志人做到博学通贯、多闻多识、行行精通、面面俱到也不现实，但至少要努力做个多面手。唯有了解相关学科和领域的基本知识，具有渊博的知识，掌握丰富的资料，博观约取，才能推出更多无愧于伟大民族、无愧于伟大时代的精品力作。

四是要增强“志识”。所谓“志识”，主要指洞察历史、揭示历史本质的能力。它包括史家的器局和胆识，即对客观事物的见解、鉴别判断能力，观察历史的器识，承担历史责任的胆识和评价历史问题的见识等。纵有极为丰富的知识，如果没有判别史料真伪、抵牾的能力，没有“好是正直，善恶必书”的胆识，那也是枉然。所以，章学诚说“非识无以断其义”。世事纷纷，地方志要发挥为国存史、育人资治的功能，关键在于方志人的“志识”。能否客观地看待事物的好与坏、曲与直、善与恶，秉笔直书，是方志人是否具备“志识”的判断标准。“夫《尚书》之教也，以疏通知远为主。《春秋》之义也，以惩恶劝善为先。”志书要作为信史留存后世，方志人的器局要辽远，必须身怀“独见之明”，正确理解历史现象，正确记述历史事物，疏通知远，劝善惩恶，才能为后人提供历史智慧和历史借鉴。

同志们！

时代潮流浩浩荡荡，历史车轮滚滚向前。中华民族正在新的历史起点走向伟大复兴，全国人民正在全面建成小康社会决胜阶段的征程中昂首迈进。“潮平两岸阔，风正一帆悬”，我们有幸处于一个千帆竞发、催人奋进的伟大时代，历史性机遇千载难逢。让我们紧密团结在以习近平同志为总书记的党中央周围，高举中国特色社会主义伟大旗帜，深入贯彻《全国地方志事业发展规划纲要（2015—2020年）》，着力弘扬“修志问道、直笔著史”的方志人精神，以今天受表彰的先进集体、先进工作者为榜样，凝心聚力，锐意进取，忠实履行反映时代面貌的神圣职责，切实肩负起为国存史的历史担当，编纂出更好更多的地方志精品，为推动文化大发展大繁荣、建设社会主义文化强国作出新的更大的贡献！

全面落实《全国地方志事业发展规划纲要（2015—2020年）》，大力推进地方志事业科学发展*

——在2016年全国地方志机构主任工作会议上的报告

（2015年12月30日）

现在，我代表中国地方志指导小组就2015年工作进行总结，对下一步工作提出要求。

一、2015年主要工作回顾

一年来，中国地方志指导小组及其办公室紧紧围绕党和国家事业发展大局，圆满完成《全国地方志事业发展规划纲要（2015—2020年）》（以下简称《规划纲要》）报批工作，全面谋划《规划纲要》的学习宣传和贯彻落实，引领地方志事业持续健康发展；深入基层开展调查研究，摸情况，理思路，做决策，破难题，全面推进各项工作；积极实施中国志书精品工程、民族地区与经济欠发达地区志书出版资助工程，开展全国第二轮省级志书编纂研讨，确保第二轮修志顺利推进；开展中华一统志编修可行性论证、方志学学科建设工程等重大研讨活动，

* 这篇报告曾发表于《中国地方志》2016年第2期。

发挥中国地方志学会、新方志论坛和《中国地方志》期刊等平台、阵地作用，加强地方志理论研究和方志学学科建设；积极推进年鉴工作试点，逐步实施中国年鉴精品工程，全力提升年鉴工作水平；大力推进“互联网 + 地方志”战略，启动全国信息方志与数字方志建设工程，成功开通中国地情网、中国方志网，引领地方志信息化大发展；稳步推进国家方志馆建设工程，积极筹备“方志中国”展览和国情展览，传播方志文化，扩大地方志影响；扎实推进中国名镇志文化工程、中华家训文化工程、中国官箴文化工程，编纂出版《中华家训精编100则》《中国古代为官箴言》等，进一步拓宽修志用志工作领域，提升服务大局能力；开展全国地方志系统表彰先进活动，举办地方志机构新任负责人培训、援藏培训、年鉴高级研修班等系列培训活动，加强人才队伍建设，努力提升人员素质；深入开展“三严三实”专题教育，完成中国地方志指导小组办公室机关党委、机关纪委换届，调整并增设内设处室，建立健全有关规章制度，着力抓好办公室内部建设。总体来看，中国地方志指导小组及其办公室始终围绕地方志事业发展实际和需要，依法履行统筹规划、组织协调、督促指导职能，锐意进取，开拓创新，工作有序、高效，成绩显著。但是，推进全国地方志事业科学发展任务依然艰巨、责任依旧重大，还需继续努力拼搏，奋力攻坚克难。

一年来，各地区各有关部门地方志工作机构和广大地方志工作者，锐意进取，开拓创新，圆满完成各项工作任务。其中，以下方面成绩突出：

（一）贯彻落实中央领导同志重要批示、重要讲话精神和《规划纲要》成效显著

全国各地继续贯彻落实习近平总书记关于修史修志的重要

讲话精神，李克强总理和刘延东副总理关于地方志工作的讲话、批示精神以及第五次全国地方志工作会议精神，福建、山东等省将修志编鉴工作列入省政府年度主要工作任务，广东、四川等省由省委办公厅、省政府办公厅联合印发关于进一步加强地方志工作的通知，安徽、山东、河南、广西、新疆等省（区）对落实情况进行调研督察。山东省省长郭树清年内就地方志工作作出 8 次批示。

《规划纲要》出台后，全国各地上下齐动，多措并举抓学习、抓宣传、抓落实，把贯彻落实工作引向深入。北京、河北、山西、黑龙江、江苏、江西、山东、河南、广东、云南、甘肃、青海等省（市）政府领导以及新疆生产建设兵团领导作出批示，要求大力推动《规划纲要》的贯彻落实。江苏省政府常务会议专题听取地方志工作汇报，山东省率先由省政府办公厅印发《山东省地方史志事业发展规划纲要（2016—2020 年）》，内蒙古、江苏、湖北三省（区）由省（区）政府办公厅出台贯彻落实《规划纲要》实施方案，广东省举办全省分管地方志工作的市、县长培训班。北京市对照《规划纲要》抓紧修订原有的地方志工作规划纲要，天津、山西、吉林、黑龙江、上海、安徽、福建、江西、河南、湖南、广东、广西、四川、贵州、云南、甘肃、青海等省（区、市）以及新疆生产建设兵团正在制定本地区地方志事业“十三五”规划，北京、河北、山西、安徽、江西、湖北、西藏、陕西等省（区、市）即将由省（区、市）政府出台贯彻《规划纲要》的实施意见或方案，江苏等省还把加强地方史志研究列入省委“十三五”规划建议。

（二）第二轮修志工作稳步推进

各地紧抓二轮修志进度，取得可喜成绩。截至 2015 年 10

月底，全国二轮志书年内共出版 240 部，累计出版 2200 多部。除广东省全面完成二轮修志规划任务外，吉林、江苏、安徽、山东、湖南、湖北、四川、宁夏等省（区）二轮省、市、县三级志书编修任务完成过半，个别省份的市、县级志书已完成 90% 以上。内蒙古自治区启动蒙古文志书翻译出版工作和《内蒙古志》（简编）编纂工作。江苏省成立省志总编室，加快推进省志各专业分志编纂工作。重庆市对工作滞后区县开展帮扶，促进区县修志工作平稳协调发展。部门志、行业志、专题志编修成果丰硕，截至 2015 年 10 月底，全国年内出版部门志、行业志、专题志 300 多部，累计出版 23000 多部。乡镇志、村志编修大规模铺开，截至 2015 年 10 月底，全国年内出版乡镇志、村志 197 部，累计出版 4500 多部。

各地还狠抓志书质量建设，通过加大跟踪指导力度、规范编纂流程、完善评审验收办法，严格志书质量管控和质量评价制度等，强化制度约束，强化流程管理，确保第二轮志书质量。

（三）年鉴编纂工作扩面提质

省、市、县三级地方综合年鉴覆盖面进一步扩大。截至 2015 年 10 月底，全国地方综合年鉴年内新创刊 39 种，共编纂出版 2300 多种。北京、上海、安徽、福建、广东、宁夏等省（区、市）实现三级地方综合年鉴全覆盖。吉林、江苏、浙江、福建、江西、湖北、广西、重庆、四川、云南等省（区、市）地方综合年鉴覆盖率达 80% 以上。黑龙江、福建、西藏三省（区）理顺地方综合年鉴工作管理体制。天津市已明确地方综合年鉴编纂工作划归天津市志办，正在推进后续工作。专业年鉴编修方兴未艾。截至 2015 年 10 月底，全国年内新创刊专业年鉴 3 种，编纂出版 1100 多种。广东省还大力推动乡镇年鉴编纂工作。在不断扩大覆盖面的同时，各地不断强化创新意识和质量意识。江苏省开展综合年鉴框架设计和条目质量评比，山东省举办学习优秀年鉴活动，广西壮族自治区实施年鉴精品工程。《上海年鉴》《江苏年鉴》英文版影响力持续扩大,《广东年鉴》英文版、《海南年鉴》英文版简本创刊。

（四）旧志整理工作成果显著

在广东省整体完成全省旧志整理工作基础上，2015 年，北京、上海、江苏、河南、四川、陕西等省（市）继续推进《北京旧志汇刊》《上海府县旧志丛书》《江苏历代方志全书》《河南历代方志集成》《四川历代方志集成》《陕西历代旧志文库》的编辑、出版工作，福建、山东、宁夏等省（区）分别启动《闽台历代方志集成》《山东省历代方志集成》《宁夏旧方志丛书》工程。天津、河北、山西、辽宁、上海、浙江、安徽、江西、湖南、广西、重庆、四川、云南等省（区、市）出版了部分旧志点校本、影印本。截至 2015 年 10 月底，全国地方志系统整理出版旧志累计 2500 多部。

（五）信息化和方志馆建设突飞猛进

各地积极推进“互联网＋地方志”工程，网、库建设迈上新台阶。山东、广东、广西等省（区）实现地情网省、市、县三级全覆盖，内蒙古、黑龙江、江苏、浙江、江西、湖北、陕西等省（区）实现地情网省、市两级全覆盖。上海、山东、海南等省（市）完成地情网改版升级，河北省地情网建设取得突破性进展。陕西省与百度公司合作建成百度百科·陕西数字方志馆，福建省启动“数字方志”项目，湖南省启动“湖南数字方志馆”项目。北京、山西、内蒙古、辽宁、吉林、黑龙江、江苏、安徽、山东、河南、四川、甘肃等省（区、市）不断完善地情资源数据库建设，江西、山东、河南、广东、广西等省（区）开设微信公众号，向社会公众读志用志提供服务，受到广泛关注。截至 2015 年 10 月底，全国地方志系统年内新建网站、网页 52 个，累计建设网站、网页 1073 个。

方志馆建设加速推进。运行中的北京、吉林、黑龙江、上海、江苏、江西、山东、广西等省级方（通）志馆不断丰富馆藏，举办各种专题展，提升服务力，增强影响力。广东省方志馆于 12 月中旬正式开馆。河北、山西、安徽、福建、河南、海南、重庆、四川、青海等地省级方志馆建设取得实质性进展。截至 2015 年 10 月底，全国年内新建市、县两级方志馆 23 个，累计建成方志馆 390 多个。

（六）地方志资源开发利用水平不断提升

各地围绕党委、政府中心工作，主动作为，积极为本地经济社会发展大局服务。各地深入学习贯彻习近平总书记 2015 年 7 月在中央政治局第二十五次集体学习时的重要讲话精神，“让历史说话，用史实发言”。山东省出版纪念抗战胜利 70 周年丛书并筹拍专题片，北京、天津、河北、山西、辽宁、上海、江苏、河南、海南、四川、陕西等省（市）也深挖方志资源，编写抗战题材丛书，深化抗战研究，弘扬抗战精神。北京、天津、山西、辽宁、上海、山东、河南、湖北、广东、贵州、云南、陕西、新疆等省（区、市）以及新疆生产建设兵团深入开展地情研究，通过编辑资政刊物，编写志书干部读本或地情书籍，为党委、政府科学决策提供信息咨询服务。北京市启动“北京城市居住建设开发”口述史项目。上海市接收管理上海地方文史刊物《上海滩》。福建省编纂的《福建家训》，出版后多次印刷，入选福建省第八届、第九届“书香八闽”全民读书月活动百种优秀读本，被评为“福建省社会科学普及优秀作品”“全国优秀社会科学普及作品”，成为第九届全球孔子学院大会代表读物。广东省启动自然村落历史人文普查工作，深度挖掘地方历史文化资源，服务文化建设。北京、上海、山东、广东、青海、新疆等省（区、市）积极扩大地方志宣传工作，开展志鉴进机关、进企业、进学校、进社区、进军营、进乡村活动，服务相关文化建设。

（七）地方志理论研究取得新成果

各地举办学术年会、理论研讨会、方志论坛，开展学术交流活动，推进地方志课题研究，组织优秀论文评选、编辑出版论文集，同时充分发挥地方志学会、地方志期刊等平台、阵地作用，努力推动地方志基础理论、应用理论、管理理论研究。其中，河北、安徽两省联合举办“2015 年冀皖方志理论研讨会”，吉林省推进“方志理论研究三百工程”，较有特色。截至 2015 年 10 月底，全国地方志系统年内共发表志鉴论文 1000 多篇，出版专著、教材、论文集 40 多部。

（八）依法治志格局逐步形成

2015 年，各地地方志法治建设取得新进展。山东省实现省、市、县三级地方志法规规章全覆盖。青海省政府出台《青海省地方志工作规定》，使得出台省级地方志法规规章的省份达到 27 个。北京市规范行政许可工作程序，加强执法检查调研工作；福建、江西、广东、广西、四川等省（区）政府正式公布本省（区）地方志工作机构权力清单、责任清单；四川省依法梳理行政执法依据，加强地方志行政权力依法规范公开运行平台建设。天津市地方志立法工作已列入 2016 年天津市立法计划，吉林省开展修订《吉林省地方志工作条例》调研和文本起草工作。河北、辽宁、黑龙江、江苏、山东、海南、四川、贵州等省依法对第二轮市县志编修工作进行督促检查，其中山东省由副省长带队开展督察工作。上海、福建、宁夏等省（区、市）开展地方志法规宣传活动，努力营造依法治志的社会氛围。

（九）地方志机构队伍建设扎实推进

江苏省 19 个尚无地方志工作机构的市辖区近期将全部挂牌并配给编制，实现省、市、县三级修志机构全覆盖；江西省志办由原来的“小厅小处”升格为“小厅大处”，提高了干部职工的积极性；广东省按照《规划纲要》要求迅速调整省志办内设机构，增设地方史处；四川省地方志编纂委员会更名为四川省地方志工作办公室，理顺依法治志体制；厦门市等一批市、县志办改名为人民政府地方志办公室。各地还认真组织开展“三严三实”专题教育活动，增强了党员干部履职尽责的进取意识；不断完善学习制度、交流制度，举办多种形式的培训，提高地方志机构工作人员的业务素质；开展评优活动，充分发挥先进组织和人物的模范带头作用，激发干部职工工作积极性，营造干事创业的良好氛围。

同志们！

2015 年各项成绩的取得，离不开党中央、国务院的高度重视和亲切关怀，离不开地方各级党委、政府的大力支持和强力推动，离不开有关部门和社会各界的协同配合和积极参与，更离不开各级地方志工作机构和广大地方志工作者同心同德的不懈奋斗努力。在此，我谨代表中国地方志指导小组，向长期以来关心、支持地方志事业发展的各有关方面、有关部门、有关人士表示衷心的感谢！向全国广大地方志工作者致以崇高的敬意！

回顾过去所取得的成绩，我们完全有理由因此而自豪，但我们自豪而不自满。在充分肯定成绩的同时，我们也要清醒地看到，地方志工作在前进道路上还有不少困难和问题，面临一系列矛盾和挑战，必须引起高度重视。责任重于泰山，事业任重道远。我们要以改革创新、开拓进取的精神，以“功成不必在我”的胸襟和“千磨万击还坚韧”的定力，勠力同心、接力奋斗，一个难题一个难题加以解决，一个困难一个困难进行克服。

二、面临的主要形势和任务

两个月前胜利召开的党的十八届五中全会，准确把握我国发展所处重要战略机遇期内涵的深刻变化，审议通过了《中共中央关于制定国民经济和社会发展第十三个五年规划的建议》，为“十三五”时期我国经济社会发展指明了道路、明确了航向。会议明确了全面建成小康社会新的目标要求，强调要坚持“四个全面”战略布局，坚持发展是第一要务，以提高发展质量和效益为中心，加快形成引领经济发展新常态的体制机制和发展方式，确保如期实现第一个百年奋斗目标——全面建成小康社会，为实现第二个百年奋斗目标——实现中华民族伟大复兴的中国梦奠定更加坚实的基础。

今年8月25日，国务院办公厅印发《规划纲要》，充分体现了党中央、国务院对地方志事业的高度重视和殷切期望。这是全国地方志系统千载难逢的重要战略机遇，我们必须以党的十八届五中全会精神为统领，围绕贯彻落实好《规划纲要》这个中心任务，在“十三五”期间全面建成小康社会的决胜阶段有所作为、有所突破。因此，今后一个时期开展地方志工作的指导思想是：高举中国特色社会主义伟大旗帜，全面贯彻党的十八大和十八届二中、三中、四中、五中全会精神，以马克思列宁主义、毛泽东思想、邓小平理论、“三个代表”重要思想、科学发展观为指导，深入贯彻习近平总书记关于修史修志的重要讲话精神，李克强总理和刘延东副总理关于地方志工作的讲话、批示精神，深入贯彻第五次全国地方志工作会议精神，紧紧围绕《规划纲要》总体目标和主要任务，坚持正确方向，坚持依法治志，坚持全面发展，坚持改革创新，坚持质量第一，坚持修志为用，努力至2020年基本形成“五位一体”的地方志事业发展综合体系，开创地方志事业发展新局面。

《规划纲要》是我国第一部全国地方志事业规划性文件，其颁布施行，标志着地方志从“一本书主义”向一项事业的转型，标志着全国地方志事业从此走上规划先行、以科学规划引领发展的道路。这是地方志事业发展进程中的重要里程碑，必将载入地方志发展史册。全国各级地方志工作机构和广大地方志工作者要充分认识《规划纲要》颁行的重大意义，深刻理解把握其科学内涵，并切实做好贯彻落实工作，确保规划任务圆满完成、规划目标顺利实现。

（一）认清形势，统一认识，增强全面落实《规划纲要》的责任感和使命感

2016年是全面实施“十三五”规划的开局之年，是全面深化改革的重要一年，也是全面落实《规划纲要》的关键之年。我们必须认清形势，统一认识，坚定信心，稳中求进，开拓创新，扎实开局。

第一，要贯彻落实好中央领导同志重要批示、重要讲话精神，全面落实《规划纲要》势在必行。党的十八大以来，新一届中央领导集体高度重视地方志工作。习近平总书记就传承弘扬中华传统文化发表了一系列重要讲话，2014 年 2 月在北京首都博物馆考察时强调要“高度重视修史修志”，12 月在澳门大学考察时赠送《北京大学图书馆藏稀见方志丛刊》等书籍；2015 年 7 月在中央政治局第二十五次集体学习时强调要协调党史、军史、地方志等部门和机构的力量对抗日战争进行系统研究，提出地方志工作机构要在抗战研究上发挥应有作用。这些重要指示，为全国地方志事业指明了发展方向，提供了根本遵循。李克强总理 2014 年 4 月就第五次全国地方志工作会议的召开专门作出重要批示，提出“修志问道，以启未来”的重要论断，11 月就《汶川特大地震抗震救灾志》出版工作作出重要批示；2015 年 12 月 28 日，又就此次表彰会议①的召开专门作出重要批示，要求各级政府都要关心和支持地方志事业发展，希望地方志工作者继续发扬方志人精神，志存高远，力学笃行，直笔著信史，彰善引风气，为当代提供资政辅治之参考，为后世留下堪存堪鉴之记述。刘延东副总理 2014 年 4 月在与第五次全国地方志工作会议部分代表座谈时发表重要讲话，2014 年 11 月、2015 年 1 月又分别就中国地方志指导小组上报的《当前全国地方志工作和事业发展情况报告》和编制《规划纲要》作出重要批示，昨天又在人民大会堂亲切接见了受到表彰的先进集体和先进个人，并发表重要讲话，要求切实采取有效措施，推动地方志事业迈上新台阶。中央领导同志的有关重要批示、重要讲话精神，是做好地方志工作的精神指引，是开展地方志工作的指导原则。《规划纲要》全面贯彻落实中央领导同志的重要

① 指 2015 年 12 月 29 日在北京人民大会堂召开的全国地方志系统先进模范座谈会。

批示、重要讲话精神，以“一纳入、八到位”为突出主线，立足弘扬优秀传统文化、服务经济社会发展的宗旨，对今后一个时期地方志事业平稳、有序、健康发展进行了顶层设计和统筹安排，是今后几年我们推进工作的“总抓手”和行动指南。要学习好、贯彻好、落实好中央领导同志关于地方志工作的重要批示、重要讲话精神，就既要内化于心，更要外化在贯彻落实《规划纲要》的实践中。“合抱之木，生于毫末；九层之台，起于累土。”要对照《规划纲要》提出的目标任务，一项一项实施，一项一项完成。

第二，要推动社会主义文化繁荣发展，全面落实《规划纲要》意义重大。习近平总书记2014年10月在文艺工作座谈会上指出：“中华优秀传统文化是中华民族的精神命脉，是涵养社会主义核心价值观的重要源泉，也是我们在世界文化激荡中站稳脚跟的坚实根基。”方志文化是中华民族的优秀传统文化之一，有鲜明的民族特色，有永不褪色的时代价值。一方面，地方志是中华民族特有的文化基因，是最具有民族特色的标志性传统文化形式之一，有其独特的魅力，对于提升国家文化软实力具有不可替代的重要作用。另一方面，地方志作为中华优秀传统文化的一大重要组成部分，也是社会主义核心价值观的源头活水之一，有着“治天下者以史为鉴，治郡国者以志为鉴”的生命价值，是中华民族生生不息、发展壮大的丰厚滋养，在教化人心、巩固信仰等方面发挥着不可替代的积极作用。《规划纲要》将地方志事业发展纳入国家“四个全面”战略布局，明确将地方志工作置于我国经济社会发展和社会主义文化强国建设的伟大实践中，作为国家战略实施在文化领域不可或缺的重要一环。贯彻落实《规划纲要》，不仅有助于有计划、有步骤、有重点地推动地方志事业不断向前发展，使地方志事业与我国经济社会发展需要相融相通、互助共进，还有助于我们用正确的历史观抵制历史虚无主义，破除其危害，以高度的文化自觉和文化自信推动中华优秀传统文化在新的历史时期取得新发展，在国家“四个全面”战略布局中作出新贡献。

第三，要推进地方志事业科学发展，全面落实《规划纲要》时不我待。新编地方志事业经过30多年的蓬勃发展，已经取得巨大成就，形成了以修志编鉴为主业，理论研究、开发利用、信息化建设、方志馆建设、旧志整理等工作协调开展的事业格局。但不能忽视的是，前进的道路上仍有不少困难、挑战，还存在一些制约事业发展的问题。主要有部分地区和部门对地方志工作的重要性认识不够，地区之间发展不平衡，国务院《地方志工作条例》以及各地地方志法规规章落实不到位，机构不健全，编制、人员和经费不足，等等。妥善解决上述制约事业发展的难题，推动地方志事业顺利发展，还需要爬一道道的坡、过一道道的坎。而规划先行，谋定后动，无疑是做好工作的有效方法。要解决发展难题，就不能“头痛医头，脚痛医脚”，东一榔头西一棒槌，而要从国家层面理清发展思路，通过科学规划，加强统筹安排。《规划纲要》直面地方志事业发展形势和发展难题，明确了“十三五”时期全国地方志事业发展的总体目标和主要任务，提出了明晰的任务书、时间表、路线图。当前及今后一段时期，要不断推进地方志由“一本书主义”向一项事业的转型升级，不断推进由“依法修志”向“依法治志”的转型升级，不断蓄积后劲，迸发活力，就必须统一思想、协调行动，凝聚力量、攻坚克难。我们的事业没有终点，只有一个接一个的新起点。

（二）理清思路，提升理念，增强全面落实《规划纲要》的科学性和能动性

思想是行动的先导，理念是实践的指南。要增强落实《规划纲要》的科学性和能动性，增强发展的全面性、协调性、可持续性，厚植发展优势，破解发展难题，就必须结合党的十八届五中全会倡导的创新、协调、绿色、开放、共享五大发展理念，把握发展规律，创新发展理念。

第一，树立创新驱动理念。党的十八届五中全会指出，“创新是引领发展的第一动力”，“必须把创新摆在国家发展全局的核心位置”。创新是民族进步的灵魂，是一个国家兴旺发达的不竭源泉，也是推动地方志事业长远发展的强大驱动力。《规划纲要》顺应时势要求，将创新放在地方志事业发展全局的核心，明确提出要坚持改革创新，正确把握发展规律，深化改革，与时俱进，不断拓展地方志工作领域，丰富地方志成果表现形式。同时,《规划纲要》在编制过程中，也始终坚持创新，明确了地方志事业走“体系化”建设的思路；在《地方志工作条例》规定的职责基础上，适当拓展了地方志工作的范围；创造性地提出了“为国存史”“修志问道、直笔著史”等概念；首次提出硬性指标，限定完成任务的时间，明确到2020年，全面完成第二轮修志规划任务，实现省、市、县三级综合年鉴全覆盖（以下简称“两全目标”）。为此，我们要树立“创新驱动发展”理念，敢于担当、勇于超越，不断推动地方志理论创新、实践创新、制度创新、管理创新、方法创新，做到思想上不断有新突破，理论上不断有新发展，工作上不断有新举措，确保地方志事业永葆发展活力。

第二，树立协调发展理念。党的十八届五中全会指出，“协

调是持续健康发展的内在要求”。只有协调发展，才能行稳致远。协调也是有序推进地方志事业发展综合体系建设的关键。《规划纲要》强调以修志编鉴为主业，各项工作协调可持续发展，到2020年，基本形成地方志编修体系、理论研究和学科建设体系、质量保障体系、资源开发利用体系、工作保障体系建设“五位一体”的地方志事业发展综合体系。我们要胸怀全局、把握大势、着眼长远，着力解决发展不平衡、不协调、不可持续等问题，在协调发展中拓展发展空间，在加强薄弱领域中增强发展后劲。一方面，要从全局的高度、长远的角度思考和研究工作，把握工作主动权，观大势、重运筹；另一方面，要用联系、整体的观点思考和研究工作，加强开展工作的针对性，打基础、谋长远。这就要求我们，必须立足于全国地方志事业发展大局，既大处着眼、登高望远，又小处着手、积微成著，不断增强发展整体性，提高发展协调性，重点促进各地区地方志事业协调发展、促进修志编鉴等各项工作协调开展。独木不成林，“一花独放不是春，百花齐放春满园”。如果只有一个或几个地区的工作做好了，如果只有某一项或几项工作做好了，这不是真的好，只有协调一致、齐头并进，大家好、各方面都好才是真的好！

第三，树立开放治志理念。党的十八届五中全会指出，“开放是国家繁荣发展的必由之路”。坚持实施互利共赢的开放战略，是改革开放以来我国的一项基本国策。开放也是地方志事业健康发展的重要保障。开放才能“致广大而尽精微”，才能兼容并蓄、海纳百川。《规划纲要》强调要健全地方志工作机构主导、社会各界有序参与修志编鉴的途径和方式。地方志工作不能单打独斗，要避免“闭门造车”；要坚持合作共赢原则，加强与高等院校、科研院所、档案与图书馆等机构、单位的交流与合作，引导社会各界更加广泛地参与地方志工作，在更大范围、更宽领域、更深层次上提升事业发展水平。文化因交流而多彩，文化因互鉴而丰富，只有交流互鉴，一种文化才能充满生命力。因此，我们还要充分挖掘、阐发、展示方志文化的当代价值和永恒魅力，加强国际传播能力建设，配合国家文化“走出去”战略，推介一批高质量地方志成果。通过“走出去”，讲述好中国故事，传播好中国声音，阐释好中国特色，塑造好中国形象，推动方志文化走向世界，增强中华文化凝聚力、影响力和国际竞争力。

第四，树立共享方志理念。党的十八届五中全会指出，“共享是中国特色社会主义的本质要求”。社会成员共享改革发展的成果，既是现代社会文明的标志，也是现代化进程中的客观需要，对于社会的正常运行和健康发展有着多方面的重大意义。共享也是地方志事业平稳发展的基本要求。只有全体人民共享地方志成果，地方志工作的价值才能得以充分体现，地方志事业发展才有源源不竭的动力。《规划纲要》强调修志为用，呼应时代要求，全面提升开发利用水平；要求拓宽用志领域，提升服务大局能力，为党政机关、社会各界和人民群众服务；要求加大宣传力度，提高全社会读志用志水平。全国地方志工作者要树立“共享方志”理念，重点抓好两件事：一是积极主动地将地方志工作放在服务经济社会发展大局中，围绕中心服务大局，做到经世致用；二是适应信息化社会发展趋势，大力推进“互联网 +”，推动地方志信息化建设，传统手段与互联网新媒体结合，承载乡愁，延续文脉，做到与时俱进。

（三）明确要求，从严从实，切实抓好《规划纲要》的全面落实

真抓才能攻坚克难，实干才能梦想成真。发展蓝图有了，现在的关键是把蓝图一步步变为现实。今后五年，我们的中心任务就是全面贯彻落实《规划纲要》。各地区、各有关部门要明确要求，发扬钉钉子的精神，驰而不息抓落实，久久为功促发展。

第一，要坚持正确的政治方向。地方志事业是党领导的中国特色社会主义事业的有机组成部分，具有意识形态性质，一刻也不能放松和削弱为国存史、为党立言、为民修志的使命意识。地方志工作者必须始终高举中国特色社会主义伟大旗帜，始终坚持马克思主义的世界观和方法论，在事关大是大非和政治原则问题上进一步增强主动性、掌握主动权，这是对地方志工作最大的政治要求。一方面，要始终坚持为人民服务的修志立场，牢固树立人民至上的价值观、人民是真正英雄的历史观，始终围绕“为谁修志、修什么志、怎样修志”这一根本问题来开展工作。“为谁修志”，是个方向问题，必须时刻保持清醒的头脑。有了这样的修志立场，才能够坐住、坐稳、坐热“冷板凳”，把工作做好。另一方面，要始终坚持走中国特色社会主义文化发展道路，把马克思主义的立场、观点、方法贯穿于地方志工作之始终，在思想上、政治上、行动上同以习近平同志为总书记的党中央保持高度一致，筑牢思想根基，站稳政治立场，传导正能量。

第二，要坚持落实“一纳入、八到位”。“一纳入、八到位”是刘延东副总理在与第五次全国地方志工作会议部分代表座谈时提出来，中国地方志指导小组在第五次全国地方志工作会议工作报告中作为重要经验加以强调的，是新时期做好地方

志工作的根本原则。这一原则的提出，是对 30 多年来地方志工作实践经验的总结、凝练，是对修志历史智慧的精确归纳，是为推动解决地方志事业发展面临的突出矛盾和主要问题而提出的。“一纳入”，就是把地方志工作纳入各地国民经济和社会发展规划、各级政府工作任务之中；“八到位”，就是认识、领导、机构、编制、经费、设施、规划、工作到位。《规划纲要》以贯彻落实“一纳入、八到位”为突出主线，对 2015—2020 年的全国地方志事业发展和地方志工作推进作出了顶层设计。要贯彻落实《规划纲要》，确保各项目标任务圆满完成，就必须按照“一纳入、八到位”要求，逐条逐项找差距，扎扎实实抓落实。各地要依法开展行政督察，逐级检查“一纳入、八到位”的落实情况，为地方志事业的平稳、有序、健康发展创造条件、提供保障。

第三，要坚持依法治志。依法治志是依法治国方略在地方志事业上的重要实践。我们要以“一纳入、八到位”为总要求，推动地方志从依法修志到依法识志、依法修志、依法用志、依法管志、依法存志和依法传志等的转型发展。一方面，要强化依法治志思维。国务院《地方志工作条例》和《规划纲要》明确了各级政府、各级地方志工作机构在地方志工作中的法定职责。按照“法定职责必须为”的要求，地方志工作不是想不想干、要不要做的事，而是必须完成的一项法定职责。各级政府依法对地方志工作负有主体责任，就有责任落实“一纳入、八到位”，在人财物上给予支持，为地方志工作机构开展工作提供保障，明确地方志工作机构的权力清单和责任清单。各级地方志工作机构依法承担开展工作的具体责任，就要切实承担主导作用，认真履职尽责。另一方面，要转变工作模式。要将地方志工作放在国务院《地方志工作条例》和《规划纲要》规定的轨道上、框架下运行，用法治思维破解发展难题，用法治手段保障《规划纲要》的贯彻落实。

第四，要坚持全面统筹。“不谋万世者，不足谋一时；不谋全局者，不足谋一域。”随着地方志事业的升级发展，地方志工作格局实现由“一本书主义”向“兴一方事业”的转变，地方志成果实现由数量增长型向质量效益型转变，工作职能实现由志鉴编纂向全面治志的转变。面对新形势，我们要准确把握地方志事业发展的指导方针、主要目标、重点任务、重大举措，既登高望远，又脚踏实地，多管齐下、综合施策，全力把既定的科学目标、好的工作蓝图变为现实。一方面，要全面统筹《规划纲要》规定任务。“两全目标”是具有约束性的硬任务，加快信息化和方志馆建设、做好第三轮修志工作准备、加强对社会修志的指导和管理等也是必须做好的工作。我们要认真梳理工作任务，充分发挥指标导向作用，统筹兼顾，协调推进，远近兼顾，确保各项目标任务都能按时、保质、保量完成。另一方面，要全面统筹地方志编纂力量。党委领导、政府主持、负责地方志工作的机构组织实施、社会各界广泛参与，是改革开放30多年来地方志工作形成的基本工作体制，也是一条重要经验。我们要运用新思路、推出新举措、创建新机制，统筹地方志系统内与系统外两种力量，既不断增加内生动力，又不断强化协作力度，推动形成良性互动、共同发展地方志事业的大好局面。

第五，要坚持弘扬方志人精神。人无精神不立，一个人要有点精神，一个群体也要有点精神，否则就容易迷失方向。地方志工作不但辛辛苦苦、默默无闻，而且清清贫贫，更是需要有点精神。《规划纲要》提出了“修志问道、直笔著史”的方志人精神，蕴含着方志人“爱岗敬业、淡泊名利、甘于奉献”的价值追求，“经世致用、秉笔直书、锲而不舍”的史官风范，“恪尽职守、真抓实干、开拓进取”的职业操守，体现了方志人的精神追求。我们要进一步弘扬方志人精神，不为任何风险所惧，不被任何干扰所惑，勇做时代的弄潮儿，在“冷”部门做出一番“热”事业，在“小”单位干出一番“大”成就。一是要进一步增强对地方志工作重要性的认识。要明确地方志的功能定位，明确地方志事业在“四个全面”战略布局中的重要作用，进一步增强责任感、使命感、紧迫感，牢记宗旨、提高本领、锤炼作风，讲奉献、敢担当、勇创新，把规划蓝图变为现实。二是要充满对地方志事业的激情。只有充满激情、淡泊明志、甘于奉献，才能踏石留印、抓铁有痕，才能克服各种各样的困难，扎扎实实地贯彻落实《规划纲要》，圆满完成各项任务。三是要始终坚持存真求实。广大地方志工作者承担着为民族写史、为时代立传的职责使命，必须秉持“修志问道、直笔著史”的方志人精神，以“好是正直、善恶必书”的胆识，不唯书、不唯上、只唯实，不断编修出经得起实践、历史、人民检验，具有鲜明时代特征和浓郁地域特色的地方志成果。

三、2016年主要工作部署

下一步要着力完成好以下工作：

（一）继续深入学习贯彻习近平总书记等中央领导同志重要批示、重要讲话精神和第五次全国地方志工作会议精神，使《规划纲要》的目标任务落到实处

当前和今后一个时期，全国地方志系统的首要任务仍是深入学习贯彻习近平总书记关于修史修志的重要讲话精神，

李克强总理和刘延东副总理关于地方志工作的讲话、批示精神，全面贯彻落实第五次全国地方志工作会议精神，进一步增强做好地方志工作的责任感、使命感和自觉性；进一步提高用辩证唯物主义和历史唯物主义的立场、观点、方法分析问题、解决问题的能力；进一步坚定中国特色社会主义的道路自信、理论自信、制度自信和文化自信，全面推动全国地方志事业繁荣发展。中国地方志指导小组（以下简称指导小组）及其办公室要以《规划纲要》为总抓手，切实加强分类指导，加大组织推动力度，定期对《规划纲要》落实、执行情况进行督促检查，还要与国务院办公厅督察室联系，力争将《规划纲要》纳入其督察范围。省、市、县三级地方志工作机构要积极争取当地党委、政府的支持，制定出台本地的地方志事业发展规划，力争将地方志工作列入本地“十三五”发展规划。同时，各地区、各有关部门还要制定本地区、本部门贯彻落实《规划纲要》的实施意见或方案，确保贯彻落实到位，按时保质完成任务。

（二）全面推进修志工作，确保进度与质量

又好又快地推进二轮修志工作，是《规划纲要》提出的“两全目标”之一。规划任务已经完成的地区，要认真总结首轮、第二轮修志经验教训，做好第三轮修志启动前的准备工作；规划任务未完成的地区，应倒排工期，量化程序，细化责任，强化督导，确保按时完成任务。指导小组及其办公室要实施好民族地区与贫困地区志书出版资助工程，支持民族地区做好地方志编纂工作；要加强业务指导，通过组织召开业务研讨会，全面梳理把握第二轮修志面临的困难和问题，适时制定加强二轮修志工作的相关指导性文件，特别是提高志书质量的措施办法；要开展调查研究，建立全国地方志系统二轮修志规划任务

进展情况备案制度。在此基础上，建立中国地方志指导小组办公室（以下简称指导小组办公室）督察通报制度和年度工作督察制度，适时通报进度，强化责任落实，确保第二轮志书编纂质量与编纂进度。继续深入推进中国名镇志文化工程、中国志书精品工程，启动中国名村志文化工程。配合中国名镇志丛书项目，举办首批名镇志出版成果发布会及名镇论坛。做好《汶川特大地震抗震救灾志》出版工作，开好座谈会、办好首发式，做好宣传总结工作。要继续开展编修一统志的可行性研究，制定可行性方案。进一步推动《地方志书质量规定》的贯彻落实，制定质量管理、质量监督等规定，严把质量关。加强与港澳台有关机构、学者的联系，互学互鉴，从业务上对香港、澳门修志工作予以支持。

（三）继续加强年鉴工作，创造更多精品年鉴

指导小组及其办公室要组织起草《地方综合年鉴工作管理规定》，规范年鉴工作管理；修订《地方综合年鉴编纂出版规定（试行）》，建立健全年鉴编纂评议机制；大力推进年鉴试点工作，以点带面，从线到面，充分发挥试点工作的示范引领作用；推动实施中国年鉴精品工程，组织开展全国年鉴质量评比活动。各地区要继续高度重视年鉴工作，尚未理顺地方综合年鉴工作管理体制的，要加大工作力度，做到地方综合年鉴由地方志工作机构组织编纂；坚持一年一鉴，公开出版，积极推进地方综合年鉴编纂覆盖工作，争取尽早实现全国省、市、县三级综合年鉴编纂全覆盖。

（四）深入开展旧志整理工作，抢救保护优秀文化遗产

指导小组及其办公室要有计划、有步骤地推动全国旧志整理、保护工作，积极稳妥地开展海外藏中国旧志的引进工作，继续做好与哈佛大学哈佛燕京图书馆善本中国地方志数字化项目后期加工工作，积极推动旧志数字化建设。各级地方志工作机构要继续有计划、高质量地集中整理本地历代方志，让优秀遗产方便于用。要分类整理旧志资料，做到古为今用。要加强与国内外高等院校、科研院所、公共图书馆、档案馆等单位的交流、合作，开展旧志点校、提要、考录、辑佚等工作。

（五）稳妥推进地方史研究、编写工作，拓宽地方志工作领域

指导小组及其办公室要深入调研，组织开展地方史编写研讨活动。要开展地方史理论研究，在《中国地方志》期刊增设地方史研究栏目，深化对地方史编写的认识，指导地方史编写实践。要开展地方史编写试点工作，着手制定地方史编写规划与规范。条件成熟的地区，要将地方史编写纳入地方志工作范畴，统一规范管理。

（六）扎实推进理论研究和学科建设，夯实地方志理论研究基础

指导小组及其办公室要以重大理论问题和实践问题为导向，抓紧制定全国地方志科研工作规划，编制课题研究指南，推进理论研究；要继续开展清代方志整理与研究，做好《方志理论学习通典》编辑出版工作，着手编写《方志学通论》《方志编纂学》《方志管理学》《中国历代方志导读》等通用教材，为方志学学科建设打牢基础。要发挥中国地方志学会的平台作用，办好中国地方志学术年会、中国地方志学会城市区志专业委员会学术年会、新方志论坛和地方志国际学术研讨会，做好中国地

方志学会年鉴工作专业委员会换届工作。继续开展与中国社会科学院研究生院、有关高等院校合作办学，与暨南大学联合举办方志学理论与实践学术研讨会。要加强方志期刊的理论引导作用，大力推进《中国地方志》名刊建设，筹备《史志集刊》创刊工作，筹办《国家方志馆馆刊》。

（七）不断强化人才队伍建设，激发事业发展源动力

要重视人才选拔、培养和使用。要完善教育培训制度，分级实施对地方志工作机构新任负责人、志鉴主编（总纂）的专项培训，分类组织地方志信息化、方志馆建设等方面的业务培训。支持地方志工作人员接受专业继续教育，努力培养一支素质更高、视野更广、技能更强的现代化、专业化人才队伍。建立国家级、省级地方志专家库，选拔一批方志和年鉴专业领军人才。

（八）大力推行资料年报制度，强化地方志资料建设

要进一步加大依法征集地方志资料的力度，建立和完善地方志资料收（征）集、保存、管理制度，推行地方志资料年报制度并形成常态机制。要创新方式，大力拓展资料收（征）集范围和渠道，建立能够全方位适应地方志编纂、地方志事业发展和方志文化建设需要的地方志资料保障机制。

（九）进一步加快信息化建设步伐，提高服务水平

指导小组及其办公室要统筹协调全国地方志信息化建设工作，制定《全国地方志信息化发展规划（意见）》《全国信息方志与数字方志建设工程方案》，推动信息标准化建设；着手研究制定信息化制度规范，不断提高管理的规范性和可操作性；搭

建国家数字方志馆框架，并上线试运行；加强中国地情网、中国方志网的日常维护和安全管理，进一步扩大方志中国微信、手机报的影响力，创刊并办好《中国方志》报；召开全国地方志信息化工作会议，总结“十二五”期间全国地方志信息化工作，研究部署“十三五”时期全国地方志信息化工作。加快各级地方志信息化建设步伐，支持民族地区地方志信息化建设。

（十）加强方志馆建设，提升服务能力

强化国家方志馆馆藏资源建设，以志鉴收藏为中心，充实馆藏量，初步完成国家方志馆图书编目上架工作，着手编制《国家方志馆馆藏图书总目》，夯实方志馆提供公共文化服务的基础。稳步推进“方志中国”展览、国家方志馆国情展览的设计和布展工作，加强方志馆服务能力建设。开展《全国地方志系统方志馆建设标准》制定工作，推动方志馆建设的规范化，并加强国家方志馆分馆建设和管理。

（十一）深入挖掘地方志资源，提高开发利用水平

继续深入学习贯彻习近平总书记2015年7月在中央政治局第二十五次集体学习时的重要讲话精神，指导小组及其办公室要抓好《抗日战争研究中长期规划实施方案》落实工作，启动《中国地方志抗日战争资料汇编》《中国抗日战争人物志》编辑工作，配合做好抗战研究工作；适时启动以《中国地情报告》为主体,《中国方志发展报告》《中国年鉴发展报告》为两翼的“一体两翼”工程。各级地方志工作机构要加强对地方志资源的深加工，做好抗战研究相关工作。继续编辑信息简报、编写地方史和地情书籍、开展专题研究，进一步拓宽服务渠道，增强服务功能，创新服务手段；要发挥地方志资源在地方公共文化

服务中的重要作用，利用各类媒体广泛宣传地方志成果，推动方志文化进机关、进农村、进社区、进校园、进企业、进军营。

（十二）实施依法治志，推进地方志事业法治化进程

指导小组及其办公室要推动国务院《地方志工作条例》的修订完善，开展《中华人民共和国地方志法》立法可行性研究，提高地方志工作的法律地位。各地要加强《地方志工作条例》的贯彻落实，强化地方志法规规章的执行力度，推动执法监督检查常规化，依法纠正、查处执行不力和违法行为。开展《地方志工作条例》颁布十周年主题纪念活动，加大地方志工作法规规章的宣传力度。完善地方志法规规章体系，没有制定或正在制定地方志工作法规规章的地方，要力争早日出台；已经出台的，要抓好贯彻落实。

（十三）加强组织领导，为地方志事业发展提供保障

指导小组及其办公室要团结带领各级地方志工作机构和广大地方志工作者，深刻学习领会《规划纲要》，明确今后几年事业发展的战略重点、优先顺序、主攻方向、工作机制、推进方式和时间表、路线图。继续开展调查研究，全面掌握全国地方志工作情况，及时总结、推广各地好的经验，定期向党中央、国务院报告工作进展情况，对地方志工作中涉及的重大方针政策问题及时请示、汇报。县级以上人民政府要根据新形势、新任务、新要求，依法加强对本行政区域地方志工作的领导，通过制度安排、法律规范、政策支持，切实落实“一纳入、八到位”。各级地方志工作机构要提高运用法治思维和法治方式的能力，依法履职，尽责有为，抓好各项工作的督促落实。

（十四）加强指导小组办公室自身建设，进一步提高工作水平

指导小组办公室要继续紧密结合“三严三实”专题教育，密切联系群众，切实改进工作作风。要不断加强办公室思想政治建设、组织建设、作风建设，进一步完善以办公室党组为领导核心、以机关党委为依托、以党支部为战斗堡垒的组织体系，培育“齐心聚力、开拓创新、攻坚克难”的风气，提高驾驭全局、统筹谋划、指导督查能力。要认真学习《中国共产党廉洁自律准则》和《中国共产党纪律处分条例》，全面贯彻落实党中央和中央纪委关于党风廉政建设的各项部署，建立科学完善的责任制度。要结合办公室工作实际，不断加强制度建设，通过建章立制，列出制度清单，建立长效机制，规范工作责任，强化刚性执行。

“古之立大事者，不惟有超世之才，亦必有坚忍不拔之志。”地方志事业的宏伟蓝图已经绘就，我们也踏上了新的征程。2016年的中心工作，说到底，就是“落实”二字。让我们拿出习近平总书记要求的“一件事情接着一件事情办、一年接着一年干，锲而不舍向前走”的韧劲儿，咬定青山不放松，一张蓝图干到底，全力完成《规划纲要》确定的各项目标任务，全力推进地方志事业科学发展，为实现“两个一百年”奋斗目标和中华民族伟大复兴的中国梦作出更大贡献！

以创新驱动地方志事业发展转型升级 *

——在首届全国名镇论坛暨中国名镇志丛书出版座谈会上的讲话

（2016 年 5 月 12 日）

在“十三五”开局之年，今天在北京人民大会堂召开首届全国名镇论坛暨中国名镇志丛书出版座谈会，意义重大。刚才，播放了名镇志宣传片，冀祥德同志代表中国地方志指导小组办公室作了名镇志文化工程的阶段性总结，周庄镇作了经验交流，等一下徐匡迪同志还要发表重要讲话。名镇志文化工程自启动以来，在中国地方志指导小组办公室和各级地方志工作机构的共同努力下，取得了重要阶段性成果，我代表中国地方志指导小组对取得的成绩给予充分肯定。名镇志文化工程是地方志工作的重大创新，在组织模式、编纂形式、内容记述等方面有重大突破，用喜闻乐见的方式推广地方志成果，延伸了地方志工作的触角，提升了社会效益，希望大家继续努力，将其打造成为地方志系统标志性文化品牌，成为国家文化软实力的重要载体，走进寻常百姓家，走向全国，走向世界。借此机会，专门讲一讲地方志事业发展创新问题。

习近平总书记指出：“创新是一个民族进步的灵魂，是一个国家兴旺发达的不竭动力，也是中华民族最深沉的民族禀赋。

* 这篇讲话曾发表于《中国地方志》2016 年第 6 期。

在激烈的国际竞争中，惟创新者进，惟创新者强，惟创新者胜。”党的十八届三中全会作出了《中共中央关于全面深化改革若干重大问题的决定》，十八届五中全会明确“创新、协调、绿色、开放、共享”五大发展理念，创新居于首位。创新已经成为我国在“十三五”期间，乃至更长时期内的发展思路、方向和着力点，是推动国家、民族向前发展的第一动力。地方志源远流长，两千余年赓续不断，是我国独有的文化传统。深厚的历史积淀，孕育和铸就了地方志深沉的文化底蕴与不可磨灭的文化价值。时代在变，形势在变，地方志正是在发展中通过不断创新和完善，才让这一古老文化传统在各个历史时期熠熠生辉，历久弥新。新时期地方志工作，要把创新摆在发展大局的核心位置，以创新驱动地方志事业的转型升级。

一、创新是地方志事业发展的不竭动力

马克思主义认为，物质生活资料的生产及其生产方式制约着整个政治生活和文化生活的过程。回顾地方志发展史，都是在不断适应经济、政治、社会、文化的发展中找准定位，通过创新和进化，才演变出今天地方志事业发展的欣欣向荣。

创新孕育了地方志的传承。“苟日新，日日新，又日新。”从两汉、魏晋南北朝地记，隋唐图经，再到宋代方志定型，延续至明清古代方志的繁荣，地方志每一次跨越都是一次蜕变。地记的产生，缘于郡县制的建立、两汉时期地方经济文化的发展和魏晋时期门阀制度的形成；图经则是伴随着世家大族的式微和中央集权的加强而应运而生；方志的定型和古代方志的繁荣、方志学的创立，更是为适应经济、社会、政治形势变化而顺势而为。地方志的每次传承和发展，无不洋溢着创新的气息。

创新造就了地方志的转型。民国时期是中国历史发展的转折期，也是地方志发展的重要转型期。地方志能够以新姿态屹立于历史潮流，成为文化园地的奇葩，创新是关键中的关键。正是在组织编纂模式上官修机制的完善，体例、内容等方面的兼容并蓄和创新，志书科学性、实用性的不断提高，才促使古代方志向现代方志的华丽转身。

创新迎来了地方志事业的繁荣。新中国成立后，社会主义地方志事业走过了不平凡的发展历程。在毛泽东、周恩来、邓小平、陈云等老一辈无产阶级革命家的关心和支持下，新中国成立初地方志工作实现新发展。改革开放以来，地方志事业经历了恢复、发展、繁荣三个重要阶段。20 世纪 80 年代初到 90 年代中期，方志人筚路蓝缕、栉风沐雨，地方志编纂工作在全国全面铺开，奠定了坚实的发展基础。90 年代中期到 21 世纪初，方志人披荆斩棘、攻坚克难，“一纳入、五到位”的提出，党委领导、政府主持、负责地方志工作的机构组织实施、社会各界广泛参与的工作体制的建立等，开辟了事业发展新局面。2006 年国务院《地方志工作条例》颁布后，方志人开拓进取、奋斗不息，依法治志不断深入、多业并举不断巩固、工作体制机制不断完善、社会效益不断提高，迎来了事业全面发展的新春天。回顾每个阶段的发展和跨越，无不渗透和记录着创新的智慧与荣光。

二、创新是新时期地方志事业转型升级的核心

在新的历史时期，党中央、国务院高度重视地方志工作，习近平总书记、李克强总理、刘延东副总理作出系列重要指示、批示、讲话，“加强修史修志”被纳入国家“十三五”规划，国

务院办公厅印发了《全国地方志事业发展规划纲要（2015—2020年）》，赋予了地方志事业发展新的高度、新的禀赋、新的使命。今年4月25日，李克强总理在视察成都宽窄巷时对同行的地方负责人提出“把过去的历史资料、成都志，特别是有关宽窄巷子的历史脉络梳理清楚”，“宽窄巷子要有根基，要有历史的脉络。只有守住历史传统的根脉，才能打开面向世界的门窗”的要求，这既是对地方志工作者的鞭策和鼓励，又提出了新的更高的要求。宋代诗人黄庭坚说：“随人作计终后人，自成一家始逼真。”时代在召唤，形势比人强，方志人使命光荣、责任重大，要留住地方志事业发展的春天，必须以创新为精神内核，才能让方志文化焕发新的魅力和活力。

创新是地方志事业发展的时代要求。党的十八大以来，创新发展渗透到我国经济社会、百姓生活的方方面面。创新驱动，成为中国发展的核心战略之一，成为时代的最强音。适应新常态，离不开创新精神；解决新问题，必须走创新道路；实现新发展，需要增强创新能力。方志人要适应时代，把握时代脉搏，就必须敢于创新、善于创新、乐于创新。地方志事业发展应借全国上下改革创新的东风，策马扬鞭，不断突破，才能创造新的辉煌。

创新是地方志事业发展的内在禀赋。马克思主义实践观指出，人类实践既是一种物质运动的客观过程，又是能动性、创造性的活动过程。人类的进化、文明的提升、民族的昌盛、文化的繁荣，都与创造力的发展息息相关。“周虽旧邦，其命维新。”编修地方志虽然是古老的文化传统，在新时期却扮演着越来越重要的文化角色。与古代、近代，乃至改革开放以来到21世纪初的情况相比，当前地方志事业发展不论是内容还是形式，都有本质的区别，需要有创新的理念、创新的方法、创新的举措，才能够适应经济社会发展需要并满足人民群众日益增长的文化需求，才能够提质增速、做大做强。

创新是地方志事业发展的价值转换。地方志事业之所以能够常变常新，在于其在不同历史时期表现出的历史价值、社会价值和文化价值。“满眼生机转化钧，天工人巧日争新。”新时期的地方志事业发展，必须不断创新，不断发展，才能在“四个全面”战略布局中找准定位，在全面建成小康社会和实现中华民族伟大复兴中国梦的进程中体现价值，肩负起方志人的历史使命和责任担当。

三、当前和今后一个时期地方志工作创新需要把握的几个问题

习近平总书记指出：“纵观人类发展历史，创新始终是推动一个国家、一个民族向前发展的重要力量，也是推动整个人类社会向前发展的重要力量。创新是多方面的，包括理论创新、体制创新、制度创新、人才创新等，但科技创新地位和作用十分显要。”地方志事业发展创新，绝非推倒重来，而是立足传统、突破传统，依托现实、推动变革，在继承的基础上创新，利用创新驱动，不断深化改革、优化发展，确保地方志事业发展永葆活力。

一是理念创新。“问渠哪得清如许，为有源头活水来。”理念引领观念，观念引导行动。地方志的创新，首先是要树立崇尚创新的发展观，把认识和行动凝聚到创新发展上来，形成抓创新就是抓发展、谋创新就是谋未来的共识。历史是最好的教科书，地方志悠久的发展历史是创新肥沃的土壤和牢固的根基，我们要在全面总结历朝历代、新中国地方志事业发展理念的基

础上，在经济、社会、文化发展大局中谋发展，在丰富的工作实践中求突破，筑牢创新引领地方志事业发展的思想基础。

二是理论创新。实践是理论的基础，理论是实践的指导。理论创新既是对以往实践经验的提炼和升华，又是对出现的新情况、新问题的理性分析和理性解答，是对认识对象或实践对象的本质、规律和发展变化趋势的揭示和预见。地方志理论的前瞻性、系统性、科学性，深刻影响着地方志事业的发展方向、发展质量。地方志理论研究不是可有可无，地方志理论创新不是无足轻重，而是地方志事业发展的基本支撑。当前，有不少地方的地方志工作还存在重实践、轻理论研究现象，甚至忽视理论研究，必须切实改正，把理论研究、理论创新摆在更加突出的位置，引领地方志工作实践迈上新台阶。

三是体制机制创新。体制创新是改革发展的重点，破除体制障碍，才能迸发出事业发展的活力和动力。越是在新的起点上深化改革，越要创新和完善体制机制。经过多年的实践，地方志工作基本形成以依法治志为核心，党委领导、政府主持、负责地方志工作的机构组织实施、社会各界广泛参与的工作体制；形成将地方志工作纳入各地国民经济和社会发展规划、地方各级政府工作任务，认识、领导、机构、编制、经费、设施、规划、工作到位的“一纳入、八到位”工作机制。但同时，也面临着依法治志落实不到位，有些地方领导对地方志工作重视不够，“一纳入、八到位”贯彻落实失位、缺位现象时有发生等困难和问题。到2020年要基本形成地方志编修体系、理论研究和学科建设体系、质量保障体系、资源开发利用体系、工作保障体系“五位一体”的地方志事业发展综合体系，建立科学、高效的体制机制必不可少，是重中之重。

四是制度创新。科学、严密、完备、管用的制度对于固化工作经验、规范工作行为、促进工作实效、强化工作执行、保证各项任务圆满落实和完成，具有不可替代的作用。地方志工作制度建设任重道远，必须在全面梳理和总结现有制度基础上不断创新，摸索出包括目标考核责任制度、行政督查通报制度、地情资料收（征）集及管理制度、修志编鉴业务指导制度、主编（总纂）责任制度、志稿评议制度、志书出版审查验收制度、地方志工作成果报送备案制度等一系列规章制度，做到有章可循、有据可依。

五是人才创新。“国以才立，政以才治，业以才兴。”“致天下之治者在人才。”事业发展，关键在人，关键在人才。当前，地方志队伍建设正处于关键时期，实现新老交替，培养一批素质高、能力强、有担当、讲奉献的地方志业务骨干迫在眉睫。各级地方志工作机构要有强烈的人才意识，让优秀人才脱颖而出，不断探索地方志人才培养、引进等措施；建立国家级、省级地方志专家库，分级实施专项培训，实现岗前培训全覆盖、培训工作常态化；积极与高等院校、科研机构联合，不断完善地方志工作人员接受专业继续教育的机制；定期开展先进集体和先进工作者评选表彰活动，不断完善干事创业的激励机制，营造良好氛围。

六是服务创新。地方志的优势在于掌握大量的地情资源，是一座文化宝藏。服务创新是近几年地方志事业发展的亮点，但也面临着“藏在深山无人识”的尴尬。新时期地方志工作，应该接地气，始终坚持修志为用，全面提升服务水平。地方志服务创新，要紧紧围绕“资治、育人”两大目标，拓宽服务渠道，增强服务功能，创新服务手段，更好地贴近经济社会发展实际，贴近人民群众需要。在服务路径方面，要加快方志馆建设，把方志馆建设成为地方公共文化服务的重要基础设施；要引进先进的科技手段，充分利用“互联网+地方志”平台，以数字方志馆、网站、数据库、微信公众号、手机报等为载体，加快地方志信息化建设步伐，加强对不同载体的地方文献收（征）集、保护和开发利用，提高方志服务的时效性、普及性。在服务手段方面，要通过编纂地情丛书、干部读本、简便地情读物、资政简报、举办地情讲座等，利用各类媒体广泛宣传地方志成果，推动方志文化进机关、进农村、进社区、进校园、进企业、进军营等。

同志们，创新引领国家和民族发展的未来，地方志事业创新发展正当其时，希望大家开拓思路、勇于进取、顽强拼搏，真正使创新创造落地生根、开花结果，迎接地方志事业发展的新明天。

一项重大的国家基础性文化工程 *

——在《汶川特大地震抗震救灾志》出版座谈会上的讲话

（2016 年 5 月 12 日）

今天是汶川特大地震发生八周年纪念日，在这个特殊的日子里，我们在人民大会堂隆重召开《汶川特大地震抗震救灾志》出版座谈会，向党中央、国务院和全国人民交上答卷，有着非常特殊的意义。在此，我代表中国地方志指导小组和汶川特大地震抗震救灾志编纂委员会，对各位领导、各位来宾、各位同志来参加这个座谈会，表示热烈的欢迎和衷心的感谢！

《汶川特大地震抗震救灾志》是中华人民共和国成立以来第一部由国家层面组织编纂的专题性志书，编纂工作自 2008 年 11 月启动以来，在国务院有关领导同志的关怀下，在全志编委会和各分卷编委会的有力领导下，在各部门、单位和地方的积极支持、大力配合下，经过编纂人员的艰苦努力，圆满完成了编纂任务，今天终于面世了。编纂《汶川特大地震抗震救灾志》，既是国家层面的一项重大基础性文化工程，又是社会主义新方志编纂历史上一件具有里程碑性质的大事，具有非常重大的意义。翻阅这部志书，回顾那段与灾区人民同呼吸、共命运，与全国人民一道携手并肩、众志成城的难忘历史，让人感动，

* 这篇讲话曾发表于《中国地方志》2016 年第 8 期。

令人难忘！

下面，借这部志书出版之机，我谈四点意见。

一、这部志书体现了改革创新的发展取向

党的十八大以来，新一届中央领导集体高度重视地方志工作。习近平总书记就传承中华传统文化发表了一系列重要讲话，还就修史修志工作作出一系列重要指示。李克强总理就地方志工作三次作出重要批示，包括这次专门就《汶川特大地震抗震救灾志》公开出版作出重要批示。刘延东副总理也就地方志工作两次发表重要讲话、两次作出重要批示。中央领导同志的这些重要指示、重要批示、重要讲话，充分肯定了地方志工作的重要作用，并对地方志工作提出新任务、新要求。2015年8月，国务院办公厅印发《全国地方志事业发展规划纲要（2015—2020年）》（以下简称《规划纲要》），今年3月发布的国家“十三五”规划又明确提出“加强修史修志”，将贯彻落实中央领导同志重要指示、重要批示、重要讲话精神明确体现在国家政策层面，为地方志事业发展提供了强有力的政策保障。面对新机遇、新形势，地方志工作只有牢固树立创新驱动理念，坚持改革创新，正确把握发展规律，深化改革，与时俱进，才能担负起历史使命，推动地方志事业不断向前发展，在国家“四个全面”战略布局中作出更大贡献。

《汶川特大地震抗震救灾志》的出版发行，可谓适逢其时，不仅是宣告我们能够胜任并且圆满完成了党和国家交办的重大任务，更是用事实证明改革创新是推动地方志事业长远发展的强大驱动力，只有不断改革创新，地方志事业才能不断迸发活力，实现科学发展。之所以这样说，是因为大规模、全方位地

记述一场抗震救灾和灾后恢复重建斗争，在历史上没有先例可循，没有现成经验可以借鉴，无论是组织还是编写，都是一次全新的尝试。

面对巨大的困难，全志编委会及其办公室和各分卷编委会抱持敬畏之心、戒惧之感，不断改革创新，在理论创新、制度创新、管理创新、方法创新等方面都取得了很大成绩，不仅成功创造出了一个全新的编纂模式，还创造出了很多行之有效的工作制度与工作方法。在理论创新方面，在记述时既坚持发挥志书这种传统文化载体形式的优点和特点，又兼顾考虑重大灾害和抗震救灾工作的特点，作出适度的突破与变通。在制度创新方面，在充分借鉴地方修志经验的基础上，制定了一系列重要的指导性文件，有效指导和规范了编纂工作的有序推进。后来，这些文件又反过来被各地广为参考和借鉴。在管理创新方面，在全志编委会的领导下，志书编纂工作基本上形成一套完整的工作体制，并按照“谁主管、谁负责”的原则，明确分工，落实责任，确定人员，保障经费，精心组织实施。在方法创新方面，这部志书立足于国家全局的高度，立足于事后总结的角度，妥善处理全志整体性和各分卷独立性之间的关系，既保证了志书的全面性、系统性，又充分突出重点、亮点，反映出特色。

二、这部志书体现了深挚浓烈的家国情怀

汶川特大地震，是中华人民共和国成立以来破坏性最强、波及范围最广、救灾难度最大的一次地震灾害。面对这场特大地震灾害，全党全军全国各族人民在党中央、国务院和中央军委的坚强领导下，在国务院抗震救灾总指挥部的直接指挥下，

众志成城，迎难而上，开展了中国历史上救援速度最快、动员范围最广、投入力量最大的抗震救灾斗争，最大限度地挽救了受灾群众的生命，最大限度地降低了灾害造成的损失，夺取了抗震救灾斗争的伟大胜利。在随后进行的恢复重建斗争中，全国人民在党中央、国务院的坚强领导下，全面落实党和国家关于灾后恢复重建的方针政策和工作部署，在全国支援和灾区人民的共同努力下，仅用3年时间便完成了恢复重建各项任务，取得了灾后恢复重建的全面胜利。抗击汶川特大地震、取得灾后恢复重建胜利的伟大壮举，充分展示了中国共产党的坚强领导，充分展示了中国特色社会主义制度的优越性，充分展示了中华民族压倒一切困难而不被任何困难所压倒的勇气与中华儿女团结一致、共赴时艰、创造历史的伟大力量。

这部志书，在全面反映上述宏大历史场景的基础上，还非常生动、细致地记述了很多感人的故事，充分展现了中国人在重大灾害面前以国家为重、牺牲小我成就大我的高尚情操和英雄事迹。如地震发生时，北川县县长经大忠正在县委礼堂参加全县青年创业表彰大会，他大呼："让学生先走，党员干部留下！"掩护学生安全撤离后，他立即到县城各处察看灾情，组织群众转移。再如地震发生后，通江县洪口镇永安坝村小学年轻教师苟晓超，用身躯挡住坠落物从而保护了两个学生，身受重创。被救出时，他还用手指向顶楼，断断续续地说："先救楼上的孩子。"而自己在被送往县医院抢救途中因伤势过重去世。又如地震发生后，彭州市公安局民警蒋敏在得知10名亲人已被确认在地震中遇难后，毅然选择了坚强，一直忙碌在抗震救灾第一线，维持震后社会秩序，后因劳累和悲伤在临时安置点晕厥过去，醒过来就立即要求回安置点。又如执行任务返航途中不幸失事的邱光华机组，因抢救群众牺牲的牛玉新，以及对口援建阶段不分“白 + 黑”（白天夜间）、“晴 + 雨”（晴天雨天）、“5+2”（工作日和周末），以最快的建设速度使灾区浴火重生的各方面专家和建筑工人，等等。还有青川县黄坪乡枣树村村民，他们在自建住房上贴上“出自己的力，流自己的汗，自己的事情自己干”“有手有脚有条命，天大的困难能战胜”的标语，展现出灾区群众自力更生、乐观向上的良好精神风貌。他们职业不同，身份各异，是党员干部，是教师，是解放军指战员，是农民，还是医护人员、工人、志愿者……无一例外的是，他们个个舍小家为大家，与灾区人民共抗危难、不畏艰险，将国家责任勇挑肩上、同进共退，展露出一种浓厚的家国情怀。这种情怀，令我们震撼，令我们感动，令我们鼓舞，让我们认识到自己的责任，也激励我们更加坚定地担负起历史的使命，不断努力，不断前进。

为记录好这段历史，参与这部志书编纂工作的各级领导、有关专家、编纂人员同样身怀浓厚的家国情怀，并将这种情怀转化为扎实、细致的工作，体现在志书的字里行间。国务院领导同志高度重视，批准编纂这部志书，并一直关注编纂工作进展。国务院应急管理办公室的领导和同志们始终关心、支持编纂工作，对遇到的重大事项积极进行协调、指导，帮助解决困难与问题。各分卷承编牵头单位的领导以及参编单位的领导，为编纂工作从组织到经费提供最大的支持，有的还身体力行，亲自撰写和修改志稿。有关专家在培训队伍、指导修志等方面表现了感人至深的高度责任意识，发挥了重要作用。据了解，这些专家平均年龄在 67 岁以上，几年里，他们不顾年迈、体弱和多病，不辞辛苦，不计名利，奔波往返，涌现出许多感人事迹。有的在参加全志办会议的途中腿骨摔伤，有的在编写志稿的工作中突然中风，有的在评读志稿时心脏病突发，有的家中妻子病故……但是，他们在医院接受手术后，或是处理完家中丧事后，都立即返回岗位继续工作。各分卷编纂人员及参编人员承担了繁重的编写任务。几年间，他们许多人都没有休双休日，没有度节假日，没有时间陪伴家中老人，没有时间与爱人团聚，没有时间照顾子女。正是这种浓厚的家国情怀，让所有参与编纂工作的人员都满怀热情，全心全意地投入编纂工作，为我们奉献了这部沉甸甸的成果。

三、这部志书体现了质量至上的使命意识

编纂《汶川特大地震抗震救灾志》，是一项规模宏大的系统工程，涉及的部门多、专业性强、工作量大，编纂难度极大。2008年11月，时任国务委员兼国务院秘书长马凯同志在《汶川特大地震抗震救灾志》编纂委员会成立大会暨第一次全体会议上讲话指出，志书编纂要把好“四关”：“一要把好政治关。全面贯彻党的路线、方针、政策，避免出现政治性和科学性差错。二要把好内容关。志稿篇章结构、章节内容务求翔实、准确。三要把好文字关。志稿文字表述务求严谨、生动。四要把好体例关。要密切联系抗震救灾工作，同时确保符合志书的编纂体例和规范要求。总之，要通过我们的努力，使这部志书成为高质量的传世之作，经得起实践和历史的检验。”全志编纂人员对照马凯同志的要求，按照国务院《地方志工作条例》以及中国地方志指导小组《地方志书质量规定》关于志书编纂质量的规定，始终本着对历史、对人民负责的态度，高标准、高质量地完成了编纂工作。

质量是志书的生命，坚持质量第一的原则，是编纂志书的基本要求。更何况，编纂《汶川特大地震抗震救灾志》是国务

院交办的一项重要任务，社会关注度高，历史影响久远，对质量的要求更非一般志书可比。为编纂好这部志书，确保质量，全志编委会及其办公室和各分卷编委会不断制定、完善各项规章制度，组织采用多种方法和途径开展有针对性的修志业务培训，精心选择方志专家加强指导，并根据阶段性工作要求，召开了一系列协调调度会、业务研讨会、征求意见会等，研究解决不同阶段遇到的理论和实践问题。志稿编写完成后，全志编委会及其办公室和各分卷编委会又组织力量进行反复修改和打磨，仅志稿复审后就组织一批优秀方志专家和统计专家对各分卷志稿进行三次较大规模的统稿、校核，特别是邀请了四川、陕西两省地方志工作机构以及四川省 6 个地震灾害严重的市（州）地方志工作机构的专家参与统稿、校核。志稿终审完成后，又不断对志稿进行修改完善，对一些敏感事件和人物进行了必要的处理。

经过艰辛的努力，这部志书在质量上达到了一个较高的水平，在评审环节和终审验收环节得到了有关领导与专家的肯定及认可。第一，在严肃性上，这部志书牢牢把握正确的政治方向，各卷引用领导人讲话、官方文件等，均以公开发表者为准，与党中央、国务院正式文件的表述一致，部分文献还经中共中央办公厅、国务院办公厅确认并协助解密。涉及党和国家领导同志的记述，专门报送了各领导同志办公室进行审核，各领导同志办公室还补充提供了很多珍贵资料。《图志》卷选用党和国家领导人的照片全部经过新闻出版总署（现国家新闻出版广电总局）报请中共中央办公厅及各位领导同志办公室审定。第二，在结构上，这部志书大致按述、记、志、传、图、表、录等体裁形式设计，综合运用这几种体裁形式进行谋篇布局，最大限度地发挥了各种体裁之长，全面、系统、客观地记述了抗震救灾和灾后恢复重建的历史。第三，在资料上，这部志书依托全志编委会办公室与各分卷编委会办公室、灾区省市建立的资料共享机制、资料收集长效机制，可资选用的资料数以亿字计，资料基础非常扎实。而且，这部志书在选用资料时反复进行鉴别、核实，最大程度保证编纂选用资料的权威性、准确性。第四，在数据上，这部志书经过反复校核、修改，统一了主要灾情数据和其他数据使用标准、办法，确保了数据记述准确，前后一致。第五，在敏感、涉密等问题上，这部志书凡涉及国防军工领域和外事、港澳台、华人华侨等方面的内容均请有关部门进行审核，按照国家有关规定以及维护国家统一的原则予以记述，涉及民族、宗教等方面的内容也都严格遵循国家有关政策予以记述。

四、这部志书体现了修志编鉴的强大生命力

地方志是传承中华文明、发掘历史智慧的重要载体，在当今改革发展的伟大时代，其存史、育人、资政功能日益彰显，其与时俱进的独特魅力也日益焕发出来。习近平总书记强调要“高度重视修史修志”，把历史智慧告诉人们，使人们了解过去、把握现在、开创未来；指示要统筹协调包括地方志在内的多个部门和机构的力量，深入开展中国人民抗日战争研究。李克强总理强调“修志问道，以启未来”，要求“为弘扬优秀传统文化、服务经济社会发展作出新的贡献”；指出地方志“贵在史识，重在致用”，要求“为当代提供资政辅治之参考，为后世留下堪存堪鉴之记述”。编纂《汶川特大地震抗震救灾志》，就高度契合了总书记、总理对地方志工作的殷切期望，很好适应了时代发展对地方志工作的更高要求，也充分证明了修志编鉴在

当今时代的强大生命力。

《汶川特大地震抗震救灾志》，全景式地记录了党中央、国务院、中央军委带领全国人民沉着应对特大地震灾害、夺取抗震救灾斗争和灾后恢复重建伟大胜利的历史过程，为国家保存了非常全面、系统的珍贵历史资料。这对于系统总结抗震救灾经验，进一步弘扬伟大抗震救灾精神，提高我国防灾减灾工作水平，为全世界提供应对突发事件、抗击特大自然灾害的宝贵经验，促使人类更加自觉地去认识和把握自然规律、增强抵御自然灾害能力，进而推动人类文明进步，都具有重大的现实意义和深远的历史意义。

正因为志书体现的巨大史料价值，受编纂这部志书辐射影响，国务院很多部门和四川、陕西、甘肃等省份以及一些社会团体，在优先为这部志书保障资料的同时，还编纂出版了自己的抗震救灾志及援建志，形成了一个庞大的抗震救灾志系列。比如国土资源部、农业部、水利部、国家质检总局、国资委、国务院侨办、电监会、全国总工会等以及陕西、甘肃两省的抗震救灾志均已经出版，四川省抗震救灾志共 8 卷即将出版；四川省全部受灾市（州）、县（市、区）的抗震救灾志均已经出版，部分地方在抗震救灾志之外还出版了抗震救灾图志、抗震救灾影视志；上海、江苏、山东等对口援建省（市）以及一些对口援建地级市出版了本地的抗震救灾志或对口援建志;《玉树大地震救灾重建志》《芦山强烈地震雅安抗震救灾志》编纂工作均已启动，进入关键阶段。这不仅创立了一个地方志的新种类，丰富和拓展了地方志的内涵，还使得地方志工作者就如何编纂“大事件志”这一新生事物进行了积极的理论研讨和实践探索，在赓续传统、创新理念方面向前迈出了一大步。与此相应的，《北京奥运会志》《上海世博会志》《第十一届全国运动会志》等

“大事件志”近年也陆续编纂出版，取得了良好的社会效益，地方志工作对经济社会发展的“溢出效应”越来越大，影响越来越广。

修志为用，存史资鉴。与2006年5月国务院颁布施行的《地方志工作条例》相比，2015年8月国务院办公厅印发的《规划纲要》强化了地方志工作机构对地方史编写、乡镇村志书编纂以及行业、部门、单位等志鉴编纂工作的业务指导和管理，明确拓展了各级地方志工作机构的职责范围。这是党和国家在实施“四个全面”战略布局大背景下作出的一种制度性安排，给地方志工作者提供了更加广阔的舞台。《汶川特大地震抗震救灾志》的出版发行，正好给我们提供了一个契机，启示我们要牢牢把握时代发展脉搏，主动着眼于为国家实施“四个全面”战略布局提供历史智慧，创造性地开展地方志工作。一直以来，各地围绕党委、政府中心工作，主动作为，积极探索，如编写抗战题材丛书、深化抗战研究，如开展地情研究、编写资政刊物，如深度挖掘地方历史文化资源、服务相关文化建设等，做了大量工作。近来，为贯彻落实《规划纲要》，中国地方志指导小组办公室组织编写出版《中华家训精编100则》《中国古代为官箴言》，正在推进中国名镇志文化工程，即将启动中国名村志文化工程，以及根据全国社科规划办《中国人民抗日战争研究中长期规划及分工落实方案》的要求，正在筹划《中国地方志抗日战争资料选编》《中国抗日战争人物志》《中国抗日战争志》等丛书编纂工作；尤其是四川省地方志工作办公室为贯彻落实李克强总理2016年4月25日夜访成都宽窄巷子时提出应该把有关宽窄巷子的历史脉络梳理清楚的要求，迅速启动了《走向世界的宽窄巷子》编写工作，都反映了这种努力。我相信，随着全国二轮修志工作进入收官阶段，这种势头会越来越强劲！

同志们,《汶川特大地震抗震救灾志》编纂工作历时七年多时间，今天终于面世了。我相信，这部鸿篇巨制的问世，必将引起社会各界的广泛关注，必将发挥出精品佳志的独特效应，成为一部不朽的传世之作。

加快功能建设，提升服务能力*

——在国家数字方志馆揭牌暨“方志中国”展览开展仪式上的讲话

（2016年5月13日）

在这春和景明的时节里，我们隆重举行国家数字方志馆揭牌及“方志中国”展览开展仪式，这是全国地方志系统一件富有意义的大事，标志着国家方志馆建设进入了崭新的阶段。在此，我代表中国地方志指导小组对国家数字方志馆揭牌和“方志中国”展览成功开展表示热烈的祝贺！

党的十八大以来，在党中央、国务院的亲切关怀下，全国地方志事业实现了跨越式发展，形成了以修志编鉴为主业、各项工作协调开展的格局，在提升国家文化软实力、建设社会主义文化强国进程中发挥了独特而不可替代的重要作用。其中，方志馆作为集藏书、展示、科研、学术交流、资源开发利用、爱国主义教育等多种功能于一体的公共文化基础设施，作为推动地方志事业前进和发展的重要阵地，得到了党和国家的高度重视。2014年4月，中共中央政治局委员、国务院副总理刘延东同志在与第五次全国地方志工作会议部分会议代表座谈时指出，各地要自觉把地方志工作纳入公共文化服务体系建设当中，加快方志馆、地情网站、数据库等基础设施建设。2015年8月，

* 这篇讲话曾发表于《中国地方志》2016年第7期。

国务院办公厅印发《全国地方志事业发展规划纲要（2015—2020年）》（以下简称《规划纲要》），对全国地方志事业发展进行了顶层设计，明确将“加快信息化和方志馆建设”确定为全国地方志事业发展的总体目标之一。方志馆建设面临着前所未有的历史机遇。

在全国地方志事业发展和各级方志馆建设不断深入推进的大好形势下，国家方志馆作为国家级公共文化基础设施，如何加快自身功能的建设，如何更好地发挥在各级方志馆建设中的引领示范作用，是需要认真思考并不断做出探索的重大命题。借此机会，我想对国家方志馆的建设和发展谈几点要求与希望：

第一，要进一步加强馆藏资源建设。馆藏资源是方志馆的立身之基，是方志馆实现可持续发展的前提。国家方志馆要立足于全国地方志系统，放眼于整个人文社会科学领域，把馆藏资源建设作为一个重要课题加以研究，制定切实可行的建设方案。要注重搜集种类的多元化，积极开拓购买、征集、报送、捐赠等多种搜集渠道；要注重资源形式的多样化，不仅要强化以志鉴收藏为中心，还应注重历史学、文学、社会学、政治学、经济学、法学等相关学科资料的入藏；不仅要入藏图书资料，影像、音频、实物等资源也应开展专题化搜集。通过努力，全面扩大志鉴和地情图书资料的收藏种类与数量，力争后来者居上，占据全国志鉴收藏的领先地位。同时，不断优化馆藏资源体系，确立国家方志馆的馆藏特色和资源优势，以更好地满足社会各界的文化需求，最大程度地发挥馆藏资源的社会效益。

第二，要进一步加快推进信息化建设。当今世界信息化已成为不可逆转的潮流。今天，国家数字方志馆正式揭牌，标志着国家方志馆信息化建设开始起步。国家方志馆的信息化建设要依托国家数字方志馆来进行。数字方志馆建设作为全国信息方志与数字方志工程建设的重要内容，在建设中要注重与实体方志馆的协调发展与共同推进，注重传统和现代相得益彰与融合发展。要深刻认识大数据、“互联网+”时代带来的冲击，以及同时带来的难得机遇，树立创新意识，发挥后发优势，注重与科技前沿接轨，在馆藏资源的收藏、整理、开发利用及服务社会等各方面，积极引进计算机技术、网络技术和通信技术等先进技术与新兴传播媒介，最大限度地发挥信息化带来的便捷和高效，提高国家方志馆资源的开发能力和传播效率，切实提升公共文化服务能力。

第三，要进一步推进展览陈列工作。展览陈列是方志馆的基本功能之一。“方志中国”展览比较成功，实现了传播方志历史、普及方志知识、展示方志事业、宣传方志文化等预期效果，为第二个展陈项目“魅力中国”展览提供了宝贵的经验。但是，“魅力中国”展览在主题、立意、内容等方面要求更高、难度更大。要充分认识任务的艰巨性，立足于把国家方志馆建设成为国情馆，深入挖掘国情信息，准确把握中国魅力和时代特点，精心撰写展陈大纲，反复推敲设计方案，努力把“魅力中国”展览办成一个样板，为各级方志馆的地情展览提供重要参考。

第四，要进一步提高理论研究水平。国家方志馆的建设与发展，离不开业务知识和理论水平的提升。国家方志馆的理论研究要重点从三个方面推进：一是尽快启动《国家方志馆馆刊》创刊工作。筹办刊物要循序渐进，充分兼顾人文社会科学研究相关要求，注意借鉴《中国国家博物馆馆刊》《故宫博物院院刊》《国家图书馆学刊》等文博、图书馆系统的办刊经验，合理设置框架栏目，积极开展组稿工作，建设理论研究平台，引导方志馆研究，并带动与方志馆相关的史志理论研究和地情研究。二是要扎实开展《方志馆概论》《方志馆发展史》《中国历代方志导读》等相关著述的编写工作，通过开展理论研究，有效提升国家方志馆工作人员的理论水平和业务素质。三是要创新理念，加强国际国内交流与合作，汲取各地办馆先进经验，努力宣传方志文化，在社会主义文化强国建设进程中发挥独特的作用。

第五，要进一步提高组织指导全国方志馆建设的能力。与其他各级方志馆和公共图书馆不同，国家方志馆的建设不仅包括自身的软硬件设施建设，还承担着指导全国各级方志馆建设与发展的重要职能。

为适应当前全国方志馆建设不断深入推进的形势，近期国家方志馆要重点抓好三个方面的工作：

一是推动方志馆建设的科学化、规范化。要启动《全国地方志系统方志馆建设标准》制定工作，立足地方志工作实际，突出方志馆建设特色，参考《公共图书馆建设标准》《博物馆建设标准》等相关领域或行业的建设规范，吸收其他各类场馆的建设经验，争取为各级方志馆建设提供一个定位科学、设计合理、易于操作的全国方志馆建设统一标准和规范。同时，根据各级方志馆建设与发展的实际，制定出台《国家方志馆分馆准入标准和管理规定》，稳步推进国家方志馆分馆的申报和建设工作。

二是拟制适合方志馆馆藏特点的馆藏资源管理规范。国家方志馆在馆藏资源管理方面要发挥典型示范作用，研究拟制包括馆藏图书编目规则在内的一系列的管理制度与规范，确保方志馆各类藏品收藏的科学性、合理性、安全性，创立一套独具地方志特色的藏书规范和藏品保管规范，并在此基础上形成一种科学、高效的方志馆馆藏资源管理体系。

三是推进中国地方志学会方志馆研究会筹办工作。方志馆研究会是组织各级方志馆开展理论研究、业务交流的重要平台。要做好前期准备工作，设计好发展思路，搭建好组织架构，制定好工作方案。今年3月，国家方志馆在广西南宁成功举办首届全国方志馆业务培训班，为方志馆研究会的成立创造了有利条件。国家方志馆要本着组织交流、服务建设的宗旨，以方志馆研究会工作为抓手，有针对性地开展相关研讨、培训等活动，密切各级方志馆之间的馆际交流与合作，整合全国各级方志馆的智慧和力量，推动全国方志馆建设再上一个新台阶。

最后，我对今天下午将要召开的纪念国务院《地方志工作条例》颁布实施10周年座谈会讲两点意见。一是高举依法治志的旗帜，不断推进地方志法治化建设。依法治志是实现全国地方志事业发展的基本保障。国务院《地方志工作条例》颁布实施以来，全国地方志工作逐步走上了依法修志的轨道。2015年《规划纲要》的出台，将坚持依法治志确定为基本原则。要紧密结合地方志发展实际，充分认识依法治志在包括依法治国在内的“四个全面”战略布局中的重要地位，坚持事业发展从法治中找依据，从法治中找思路，切实提高依法治志的自觉性和主动性。中国地方志指导小组及其办公室要适时启动《中华人民共和国地方志法》立法可行性研究，推动《地方志工作条例》修订工作，不断建立健全法规规章体系，确保全国地方志事业在依法治志的旗帜下，实现持续、健康发展。二是以“一纳入、八到位”为抓手，不断将依法治志落到实处。刘延东副总理提出“一纳入、八到位”的要求，是依法治志理念的重要体现，也是实现依法治志的重要抓手。今年，加强修史修志已经被纳入国家“十三五”规划，各地也在陆续跟进，这是一个非常可喜的局面。各级地方志工作机构要把握历史机遇，继续牢牢抓住“一纳入、八到位”不放松，把能否真正落实“一纳入、八到位”作为考量地方志工作的最主要依据，积极争取各级党委、政府的支持，积极联合政府法制部门依法开展执法监督检查，确保各项要求和规定落地生根，为地方志事业发展保驾护航。

同志们，国家方志馆是全国地方志工作者共有的家园，离不开大家的关心和爱护。希望各级地方志工作机构和全国广大地方志工作者一如既往地支持和参与国家方志馆建设，出谋划策，积极捐赠，在大家的共同努力下，争取把国家方志馆建成能够代表全国地方志事业发展水平、体现国家级方志馆气派的公共文化服务设施。

坚定自信，放大格局，拓展功能，助推实现中华民族伟大复兴中国梦*

——在“南海主权与地方志论坛”上的讲话

（2017年1月14日）

今天在美丽的“椰城”——海口召开“南海主权与地方志论坛”，这是全国地方志系统围绕国家重大发展战略、服务中心工作的一项重要举措。海南省委、省政府高度重视本次论坛的举办，论坛还得到了全国地方志系统和有关科研机构、高等院校的大力支持和积极配合，在此，我代表中国地方志指导小组向有关方面和人士表示衷心的感谢与诚挚的问候！

我国一贯致力于维护南海地区的和平稳定，坚定维护自身在南海的主权和相关权利，始终坚持将南海建设成为和平之海、友谊之海、合作之海。论坛的举办，目的是通过整理、挖掘历朝历代和当代关于南海的史料，以志书为载体，全面梳理中国人民发现、开发利用、管辖南海的资料，用无可辩驳的事实，证明南海诸岛自古以来就是中国的领土，铁证如山，神圣不可侵犯。同时，也是进一步明确地方志事业发展在全面贯彻落实习近平总书记系列重要讲话精神和治国理政新理念新思想新战略，紧紧围绕统筹推进“五位一体”总体布局和协调推进“四

* 这篇讲话曾发表于《中国地方志》2017年第2期。

个全面”战略布局，坚持文化自信，激发民族自豪感和自信心，坚定全体人民振兴中华的信心和决心，实现“两个一百年”奋斗目标和中华民族伟大复兴中国梦进程中不可或缺的地位和作用，以及地方志如何围绕国家经济社会发展战略与时俱进、创新发展的一次重要研讨会议。

当前，在党中央、国务院的关心支持下，全国地方志事业发展正处于转型升级的关键时期。新时期的地方志事业发展，最显著的成就是转型发展，最突出的标志是与时俱进，最鲜明的特征是更加富有生命力、创造力、感召力。数千年的积累沉淀，留存了汗牛充栋的地方志成果；前赴后继的方志人，创造了不可磨灭的文化财富。据不完全统计，全国留存的古志有8000多种、10万多卷，约占现存古籍的1/10；新中国成立以来，推出了数以百亿字计的地方志成果，打造了我国有史以来规模最大的社会科学成果群，成为中华文化弥足珍贵的地情资料宝库。新时期的地方志工作，必须按照国务院办公厅印发的《全国地方志事业发展规划纲要（2015—2020年）》和“一纳入、八到位”的要求，牢牢把握优势，找准定位，创新方法路径，让地方志这一独一无二的文化宝藏，迸发出新的生机与活力。

一、坚定自信，明确方志文化的“五个定位”

习近平总书记指出：“坚定中国特色社会主义道路自信、理论自信、制度自信，说到底是要坚定文化自信。文化自信是更基本、更深沉、更持久的力量。”当今世界，国与国之间的竞争日趋激烈，“你方唱罢我登场”。除了经济实力、科技实力、国防实力外，文化软实力越来越成为综合国力的重要因素，越来越成为民族凝聚力和创造力的重要源泉。一个没有精神力量的民族难以自立自强，一项没有文化支撑的事业难以持续长久。文化战略不仅走向历史的前台，而且越来越进入国家政策的中心，成为国家发展战略的重要组成部分。面对错综复杂的国际国内形势，我们党始终坚持社会主义先进文化的前进方向，以坚定的文化自信和高度的文化自觉，大力建设社会主义文化强国，不断提升国家文化软实力。地方志作为中华民族绝无仅有的文化瑰宝，理应以更加清晰的定位、更加积极的姿态、更加坚定的信心，在文化强国建设中发挥更加突出的作用。

一是要进一步明确方志文化在传承中华优秀传统文化中的定位。中华民族创造了源远流长的中华文明，薪火相传，代代相承，成为国人安身立命的精神家园。地方志反映了不同地域的自然地理、风土物产、民风习俗、文学艺术、行为规范、价值追求等，记录了中国人民自古以来自强不息的奋斗历程，留存了丰富多彩的地域文化。在博大精深、浩如烟海的中华文化中，作为传统文化的精华，方志文化独树一帜，价值卓著，承载着传承中华文明、弘扬历史传统的重任，是中华民族延续文脉的重要载体。

二是要进一步明确方志文化在服务经济社会发展中的定位。当前，国家发展正处于大变革时代，改革已经进入深水区，步入新常态，站在新起点。党中央审时度势，推出了一系列重大发展战略，如“一带一路”“京津冀协同发展”“长江经济带”等，各地、各领域具有“四梁八柱”性质的改革主体框架已经基本确立。历史是一个民族、一个国家形成、发展及其盛衰兴亡的真实记录，是前人的“百科全书”。今天的发展，需要向历史学习，从历史中汲取营养、吸收智慧。经世致用，是方志文化的价值取向。各级地方志工作机构要充分发挥好智库的作用，以服务全国和各地的改革发展为目标，不仅要当好各级党委、政府的宣传员、服务员、记录员，还要当好参谋和助手，让地方志成果成为最好的历史教科书与营养剂，为治国理政提供源源不断的历史智慧。

三是要进一步明确方志文化在弘扬社会主义核心价值观中的定位。社会主义核心价值观以马克思主义为指导思想，以共产主义远大理想为最高追求，以中国特色社会主义共同理想为实现目标，体现了以爱国主义为核心的民族精神和以改革创新为核心的时代精神，是社会主义核心价值体系的内核，是对社会主义核心价值观的高度凝练和集中表达，代表的是国家、民族的理想信念与精气神。培育和弘扬社会主义核心价值观，必须立足中华传统文化。方志学家章学诚说："史志之书，有裨风教者，原因传述忠孝节义，凛凛烈烈，有声有色，使百世而下，怯者勇生，贪者廉立。"不论是古代志书，还是当代方志，不仅蕴含着尊士、崇德、向善、忠义、孝亲等传统价值，还旗帜鲜明地弘扬爱国、敬业、诚信、友善等社会主义核心价值观，反映了中华民族宝贵的精神品格和崇高的价值追求，应该成为培育和弘扬社会主义核心价值观的肥沃土壤。

四是要进一步明确方志文化在中华文化"走出去"战略中的定位。"只有民族的，才是世界的。"地方志作为中华民族独有的文化载体，引起世界各国的广泛关注，包括美国国会图书馆、哈佛燕京图书馆、日本国立国会图书馆等世界各国图书馆大量收藏地方志。而作为资料性文献，志书以其横排门类、纵述史实、述而不论、生不立传等本质特征和体例规范，述、记、志、传、图、表、录等多种体裁运用的编纂形式，客观、全面地展现了事物的全貌，成为反映事物发展过程与现状的信史，体现了鲜明的继承性和真实性、全面性，为社会各界和国际社会所广泛接受。利用方志文化服务国家文化“走出去”战略，用地方志成果发声，展示中国智慧，讲好中国故事，事半而功倍。

五是要进一步明确方志文化在宣示中华人民共和国国家主权中的定位。我国幅员辽阔，疆界绵长。因为历史的原因，在部分地区出现了边界争端。中国坚持和平发展，坚决捍卫主权，老祖宗留下来的基业我们不能丢。任何侵犯中国主权和相关权益的行为，中国人民都不会答应。任何指望我们拿自己的核心利益做交易，指望我们吞下损害主权、安全、发展利益苦果的企图，都只会破灭。地方志自古以来就是“官修”，是一种政府文化行为，也是一种软实力。作为权威的历史文献，通过文化搭台、志书唱戏，用传统文化载体发声，用软实力宣示我们对边界行使国家主权和行政管辖权，具有十分重要的意义，是让历史说话并传至后世最好的介质。因此，编修地方志不仅是文化工程，更是政治工程、战略工程、固边工程。

二、放大格局，强化地方志的“三种意识”

地方志资源极为丰富，但从现状来看，社会影响力还不够大，还处于有资源没开发，有理说不出，说了传不开的境地。“凡贵通者，贵其能用之也。”广大地方志工作者不能“不识庐山真面目，只缘身在此山中”，要走出深山看世界，面向社会出成果。开发利用好地方志资源，关键是要方向正确。真正做到有所作为，重点是要强化发展地方志应秉承的“三种意识”。

一是要有政治意识。“夫道不欲杂，杂则多，多则扰，扰则忧，忧而不救。”地方志资源开发利用，不能迷失方向，不能丢失灵魂，要始终保持清醒的政治头脑、敏锐的政治观察力和鉴别力，坚持以马克思列宁主义为指导，全面贯彻落实习近平总书记系列重要讲话精神和治国理政新理念新思想新战略，坚持理论同具体实际相结合，运用马克思主义的立场、观点、方法了解地情，用实事求是的态度研究问题、解决问题，真正做到围绕中心、服务大局，真正做到深入基层、扎根百姓，让方志文化产品有感召力、吸引力、亲和力，形成地域文化品牌，让最广大人民群众共享方志文化成果。

二是要有学术意识。地方志成果要真正做到堪存堪鉴，推得开、叫得响，关键在于学术质量。“为学之道，必本于思。”“不深思则不能造于道，不深思而得者，其得易失。”一部部地方志，不仅仅是资料性文献，更是一部部信史。强本才能固基，成果的学术质量，决定了地方志资源开发利用的社会价值和影响力、生命力。因此，对地方志资源的开发利用，要有敬畏之心，要有崇尚精品、严谨治学、注重诚信、讲求责任的优良学风，要有博学、审问、慎思、明辨、笃行的价值追求，要有“板凳要坐十年冷，文章不写一句空”的执着坚守，要把学术思考、学术品味、学术精品等内化为价值追求，以学术为本、质量求胜。

三是要有服务意识。地方志资源开发利用不到位，开发水平较低，归其一个重要原因还是服务意识不足，服务手段单一，服务面较窄。要实现地方志事业的转型升级，关键是要实现方志文化公共服务的转型升级。新时期地方志事业发展，必须自觉将各项工作纳入国家和各地经济社会发展战略当中，纳入本地的公共文化服务体系当中，提高服务意识，加强顶层设计，转变工作作风，创新服务方式，拓宽服务领域，把服务作为推进地方志事业发展的本能动力。要以问题为导向，查找薄弱环节，深入分析症结所在，拉伸长板，补齐短板，转被动为主动，全面提升方志文化的公共服务能力和水平。

三、拓展功能，坚持利用地方志“五个拓宽”

地方志资源开发利用是一篇大文章。最近几年，各级地方志工作机构紧紧围绕“存史、资治、教化”功能，努力构建和完善开发利用模式，收到了良好的社会效益。新时期的地方志资源开发利用，要以改革图发展，以创新为动力，不断提高思想认识，不断提升服务水平，不断拓宽开发路径，建立起真正适应世情、国情、党情、民情的资源开发利用体系。

一要拓宽资政辅治路径。地方志要为治国理政服务，其服务的主体是党和国家、各级党委和政府机关。地方志资源开发利用要紧紧围绕国家的重大发展战略，围绕各级党委、政府在政治、经济、文化、社会、生态等领域建设的重大决策，提供资政辅治之参考，推动方志成果进机关，让各级党委、政府领导在决策时了解历史，从当地发展历史中汲取智慧，紧扣地情，符合规律，以便做到科学决策。

二要拓宽地情教育路径。“以古为镜，可以知兴替；以人为镜，可以明得失。”地方志资源，不仅全面系统记述了本行政区域方方面面的历史和现状，还记录了本地的名人贤士、公序良俗、民风民情等。读史使人明智，鉴往才能知今，爱乡才能爱国。地方志资源开发利用，要通过推广干部读本、乡土教材，开展地情培训等，在广大干部群众、中小学生中开展地情教育，让他们了解当地历史之厚重、山水之迤逦、人物之贤达、民风之淳朴，用真实的历史教育人，用身边的榜样感召人，让当地的名特优势、传统的道德礼仪、先进人物的事迹功业等入脑入心，培育爱国、敬业、诚信、友善等社会主义核心价值追求。

三要拓宽社会服务路径。当前，以方志馆、报刊、通讯等为平台，通过举办地情展览、提供咨询服务，围绕重大活动、重大节庆开展地情宣传，赠送地方志成果给部队、企业、社区等，已经成为地方志服务社会的多种路径，取得了良好的效果，要继续坚持。但还应看到，这些服务手段还比较单一、比较碎片化，受众面还不够广泛，还没有形成成熟的服务体系。需要针对不同的群体，开发出不同的文化产品，以不同的服务形式、服务手段吸引更多的受众，不断拓宽社会服务领域。

四要拓宽科研利用路径。从记述内容看，地方志资源包罗万象，不论是对于政治学、经济学、历史学，还是社会学、法学、人类学等社会科学学科研究，甚至是对于自然科学研究，都有基础性作用，都可以在地方志中找到素材和依据，可资利用。但目前，地方志还存在对科研利用工作重视不够、学术能力和水平不高、人才储备不足等问题，总体为科研服务能力还较弱。要拓宽地方志资源的科研利用路径，一方面，要勤修内功，在地域文化研究、方志学学科建设等方面出成果、出精品；另一方面，要提高地方志资源的学术质量，让学界能用、爱用，才能吸引更多的专家、学者，才能受到更广泛的关注。

五要拓宽数字化开发路径。当今社会，数字化、网络化成为不可逆转的潮流。近几年，“互联网＋地方志”、微信公众号、地方志数据库等数字化建设成果成为推介、宣传、普及方志文化十分重要的媒介。但相比于社会需求和数字化发展步伐来说，地方志数字化开发工作才刚刚起步，资源整合力度还不够，社会效益还不够明显，结合地方志特性开发的数字产品还不多，社会影响力还不够大，还应进一步加强。

同志们，拥有数千年历史积淀和独一无二的地方志资源，是中华文明屹立于世界文化之林的深厚底蕴和坚实根基，地方志资源开发利用已经整装待发，一定要以时不我待、只争朝夕的精神，早日形成完善、高效的开发利用体系，为全面建成小康社会，实现“两个一百年”奋斗目标和中华民族伟大复兴中国梦作出新贡献。最后，希望大家高度重视此次论坛的举办，紧紧围绕党中央关于南海的战略部署，深入挖掘南海诸岛及其海域的史料，为把南海建设成为和平之海、友谊之海、合作之海，为维护好我国的主权和相关权利建言献策，提供历史智慧。

加强方志馆建设，树立方志文化自信，为建设社会主义文化强国而努力*

——在第二次全国方志馆工作会议上的讲话

（2017 年 9 月 1 日）

今天，非常高兴来到山水秀丽、生态宜居的浙江省丽水市参加第二次全国方志馆工作会议。首先，我代表中国地方志指导小组（以下简称中指组）向各位代表，并通过你们向全国广大方志馆工作者表示诚挚的问候！

丽水物华天宝，人杰地灵，龙泉宝剑、龙泉青瓷、青田石雕闻名于世。特别是丽水作为“国家级生态示范区”“中国最佳生态发展城市”，生态环境保护更是全国学习的样板。习近平总书记在浙江工作期间，曾经八次深入丽水调研，并提出了“绿水青山就是金山银山，对丽水来说尤为如此”的重要论断，强调了保护生态环境、实现“绿色发展”的重大战略意义。十年来，丽水市深入贯彻落实“两山”重要思想，初步走出了一条“绿水青山就是金山银山”的绿色生态发展之路，实践充分证明了习近平总书记关于丽水发展重要论断的英明和正确。今天，我们在丽水召开全国方志馆工作会议，同样是要把习近平总书

* 这篇讲话曾发表于 2017 年 10 月 16 日“方志中国”微信公众号、2017 年 10 月 18 日中国方志网。

记系列重要讲话精神和治国理政新理念新思想新战略，把习近平总书记“7·26”重要讲话精神深入贯彻到全国地方志事业发展中去，加快建设中国特色方志文化，为党的十九大献礼，因此具有十分重要的意义。

党的十八大以来，党中央国务院高度重视地方志事业发展。习近平总书记、李克强总理、刘延东副总理多次就地方志工作作出重要指示、重要批示。2015年8月，国务院办公厅印发《全国地方志事业发展规划纲要（2015—2020年）》（以下简称《规划纲要》），对全国地方志事业发展作出了科学的顶层设计。2016年3月，“加强修史修志”被写入国家“十三五”规划。2017年1月，中共中央办公厅（以下简称中办）、国务院办公厅（以下简称国办）联合印发《关于实施中华优秀传统文化传承发展工程的意见》，特别提出要“做好地方史志编纂工作，巩固中华文明探源成果，正确反映中华民族文明史”。2017年5月，中办、国办印发的《国家“十三五”时期文化发展改革规划纲要》，明确强调“加强地方史编写和边疆历史地理研究。完成省、市、县三级地方志书出版工作。开展旧志整理和部分有条件的镇志、村志编纂”。2017年5月，中共中央印发《关于加快构建中国特色哲学社会科学的意见》，提出坚持马克思主义在哲学社会科学领域的指导地位，加快构建中国特色哲学社会科学学科体系、学术体系、话语体系，对于作为中国特色哲学社会科学组成部分的地方志，具有重要指导意义。在党中央、国务院的亲切关怀和高度重视下，全国广大地方志工作者坚持以马克思主义为指导，坚持党的领导，坚持正确政治方向，坚持依法治志，坚持“一纳入、八到位”，坚持志、鉴、馆、网、库、用、会、刊、研、史“十业并举”，坚持发扬“修志问道，直笔著史”的方志人精神，按照中央、中指组的顶层设计，抢抓机遇，锐意进取，实现了全国地方志事业的跨越式发展，并保持高位运行态势，取得了显著的发展成就。

在地方志事业发展的大格局中，作为事业发展重要依托和新的增长点的全国各级方志馆建设，可以说是异军突起，如火如荼。为指导、规范全国各级方志馆建设，2017 年 6 月，中指组印发《方志馆建设规定（试行）》，对各级方志馆建设的功能定位、申报立项、设计布局、建设发展等加以明确规定。与此同时，中国地方志指导小组办公室（以下简称中指办）、国家方志馆、中国地方志学会还组织开展了全国方志馆业务培训，成立了中国地方志学会方志馆研究会，大力推进国家方志馆分馆建设，积极做好方志馆建设的引导、服务和保障工作。在全国各级地方志工作机构的共同努力下，截至 2017 年 8 月，全国已经建成各级方志馆 470 余家。建筑面积 2 万多平方米的现代化国家方志馆黄河分馆布展工作全面展开；占地面积 200 多亩、突出园林式特色的国家方志馆长江分馆已经正式批复，进入实质性建设阶段。两个分馆在各级方志馆建设中发挥出了引领、示范作用。河北、山西、内蒙古、吉林、上海、安徽、福建、海南、四川、西藏、新疆等省级方志馆获得立项或正在施工建设中。其他各地各级方志馆也在积极申报筹建。已经建成的各级方志馆，坚持围绕中心、服务大局，以完善自身职能、提高业务水平、提升服务能力为导向，不断加强馆藏资源体系建设，充分展示地情特色，全力参与当地公共文化服务体系建设。全国各级方志馆建设呈现出建设速度不断加快、自身实力日益提升、社会影响力不断提高的良好发展势头。

为进一步推动全国各级方志馆建设，切实发挥各级方志馆在社会主义文化强国建设中的重要作用，今天，中指办、国家方志馆组织召开第二次全国方志馆工作会议，总结一年来的工作成绩，共商方志馆建设大计，值得充分肯定。在此，我就方志馆建设与发展问题谈几点意见。

一、方志馆建设要立足增强国家文化软实力，坚持正确发展方向，全力助推社会主义文化强国建设

习近平总书记指出："中华文化是我们提高国家文化软实力最深厚的源泉，是我们提高国家文化软实力的重要途径。"地方志事业发展是社会主义文化建设的重要组成部分，全国各级方志馆是社会主义文化建设的重要平台。方志馆建设与发展，要深入学习贯彻习近平总书记系列重要讲话精神和治国理政新理念新思想新战略，特别是要把习近平总书记关于弘扬优秀传统文化、加强社会主义核心价值观建设、加强哲学社会科学工作等方面的重要论述，自觉地运用到方志馆建设与发展的实践中去，牢牢把握社会主义文化发展方向不动摇，紧紧围绕"四个全面"战略布局不放松，坚持以人民为中心，坚持服务群众与教育引导群众相结合，更好地保障人民群众基本文化权益，不断满足人民群众日益增长的文化需求，大力提升人民群众的文化自信和文化认同，全力助推社会主义文化强国建设。

二、方志馆建设要立足构建公共文化服务体系，秉持服务至上理念，全面提升公共文化服务水平

习近平总书记指出："要紧紧围绕建设社会主义核心价值体系、建设社会主义文化强国，完善文化管理体制和文化生产经营机制，建立健全现代公共文化服务体系、现代文化市场体系来做好工作，以此推动社会主义文化大发展大繁荣。"党的十八大明确将公共文化服务体系建设作为全面建成小康社会的重要内容。2015 年，中办、国办专门印发《关于加快构建现代公共

文化服务体系的意见》，对构建现代公共文化服务体系作出全面部署。各级方志馆作为集收藏保护、展览展示、编纂研究、专业咨询、信息服务、开发利用、宣传教育、业务培训、文化交流等功能于一身的公共文化服务机构，决定了方志馆积极参与公共文化服务体系建设，大力提升公共文化服务水平，让人民群众共享社会主义文化发展成果，是方志馆建设与发展的重要使命所在。因此，各级方志馆建设要着力强化办馆特色，突出全方位地情展览展示和地情信息服务特点，把方志馆建设成为真正的地情信息中心；着力提升方志馆服务能力，大力开拓服务空间，积极开发多层次、多样性的服务形式，广泛开展和参与公益性文化活动，加快方志馆数字化、网络化、信息化建设步伐，不断提高公共文化服务现代传播能力，建立健全需求反馈机制，为社会各界提供具有地方志特色的切切实实的文化享受；着力构建从国家到省、市、县的方志馆服务网络，集中塑造方志馆服务品牌，在全国公共文化服务体系建设中充分发挥出全国各级方志馆的能量和作用。

三、方志馆建设要立足展示国情地情，培育家国情怀，切实践行社会主义核心价值观

习近平总书记指出：“要在展览的同时高度重视修史修志，让文物说话、把历史智慧告诉人们，激发我们的民族自豪感和自信心，坚定全体人民振兴中华、实现中国梦的信心和决心。”国家方志馆是国情馆，是国情信息中心，各级方志馆是地情馆，是地情信息中心。方志的地域性特点和方志馆作为国情馆、地情馆的基本定位，决定了方志馆的建设与发展必须紧紧围绕国情、地情加以展开。各级方志馆要在充分掌握国情、地情资源的基础上，深入挖掘馆藏文物、古籍、文字资料、音像资料等

各种资源蕴含的重要信息，努力提升对国情、地情资源的研究咨询、开发利用、展示推介水平，积极传播地情信息、宣传地域文化，为本区域之外的人们了解当地地情提供服务窗口和资源保障，为当地群众更加全面、深刻地认识自己生活的这片热土提供认知平台与文化支撑。特别是要以此为依托，注重用地域文化、优良传统的魅力去教育、感染、鼓舞人们，留住乡思乡愁、乡音、乡俗，培育家国情怀，凝练文化认同，增强文化自信，激发人们热爱家乡、建设家乡的激情和热情，大力营造出积极践行社会主义核心价值观的良好社会氛围，为实现中华民族伟大复兴的中国梦提供强大的精神动力。

四、方志馆建设要立足弘扬中华优秀传统文化，树立方志文化自信，全力打造中国方志文化传播平台

习近平总书记指出：“中华优秀传统文化是中华民族的精神命脉，是涵养社会主义核心价值观的重要源泉，也是我们在世界文化激荡中站稳脚跟的坚实根基。增强文化自觉和文化自信，是坚定道路自信、理论自信、制度自信的题中应有之义。”地方志全面、翔实地记录了中华民族自强不息、绵延辉煌的悠久历史，记录了中国共产党领导全国各族人民谋求民族独立解放、国家繁荣昌盛的奋斗历程，记录了我国革命建设和改革开放的宏伟历程，记录了中国特色社会主义发展的伟大历程，是展示当代中国风范的载体，是中华民族优秀文化的瑰宝。弘扬中华优秀传统文化，特别是弘扬中国方志文化，是各级方志馆存在的基本依据之一，是方志馆建设与发展的根本职责所在。方志馆建设要注重讲清楚方志文化的历史渊源、发展脉络、基本走向，注重讲清楚方志文化在中华优秀传统文化中的独特地位、鲜明特色、价值理念等，特别是要注重向社会各界展示社

会主义新编地方志的辉煌成果，展示地方志的新思想、新理念、新观点、新材料、新内容，切实提高方志文化的社会认知度和社会影响力，并通过方志文化的传播，有力提升方志文化自信。同时，方志馆建设与发展要着眼未来、放眼世界，积极开展对外学术交流，实施中国方志文化走向世界工程，开展与国外相关机构的学术交流与业务合作，宣传方志文化，讲好中国故事，传好中国声音，进一步扩大我国方志文化的国际影响力。

五、方志馆建设要立足推动地方志事业长远发展，坚持乘势而上，不断夯实地方志事业发展基础

经过近年来的建设与发展，方志馆已经成为地方志工作的重要延伸和地方志事业实现长远发展的重要阵地。各级地方志工作机构要在充分认识方志馆功能、定位的基础上，进一步树立并强化建设方志馆的“阵地意识”、责任意识和发展眼光，既不能在方志馆建设和发展问题上模模糊糊，更不能将方志馆建设视为可有可无之事；要在各级党委、政府领导、支持下，深刻领会并严格依照《规划纲要》提出的总体目标和《方志馆建设规定（试行）》提出的建设要求，将方志馆建设纳入当地经济社会发展、文化建设和城市建设总体规划加以统筹推进，所需经费列入同级人民政府财政预算，不断加大对实体方志馆与数字方志馆的建设投入，同时确保机构人员到位，做好规划布局，有序施工建设，全力推动方志馆在公共文化服务体系建设中“弯道超车”，迎头赶上。中指办、国家方志馆要加强组织引导，注重方志馆体系建设，推动沟通交流，形成整体合力，努力实现方志馆在我国各类文化场馆建设中独树一帜，健康发展。

刚才，我们还举行了方志出版社绍兴工作站揭牌仪式。2013 年 8 月以来，作为全国唯一以出版志鉴类图书为主的国家级出版机构，方志出版社围绕建成全国地方志专业出版基地的目标，凝心聚力，开拓创新，发生了根本性变化，实现了社会效益和经济效益双丰收，成绩有目共睹。目前，已经在四川成都、山西太原、湖南长沙、黑龙江哈尔滨、山东潍坊设了5个工作站。绍兴工作站的设立，标志着方志出版社向建成全国地方志专业出版基地的目标又迈进了坚实的一步。希望方志出版社继续保持良好发展势头，为进一步推动全国地方志事业发展提供更加优质的编辑保障。

同志们，习近平总书记多次强调，抛弃传统就等于割断了自己的精神命脉。方志文化是中华民族优秀传统文化的重要组成部分，方志馆正是地方志工作传承、弘扬中华民族优秀传统文化的重要载体，是展示国情地情文化、开展爱国爱乡爱家教育、培育社会主义核心价值观的重要媒介。希望广大方志馆工作者继续坚持科学办馆、特色办馆、开放办馆的理念，解放思想，开拓创新，争取在我国公共文化服务体系建设和社会主义文化强国建设进程中，在实现中华民族伟大复兴中国梦的进程中，最大限度地展示出中国方志馆的巨大能量和独特魅力，以优异成绩向十九大献礼！

加强方志馆建设，让地方志立起来 *

——在首届全国方志馆建设经验交流会上的讲话

（2018 年 5 月 29 日）

今天，在中国最美湿地之一，同时也是我国重要的石油基地、古代军事家孙武故里的山东省东营市召开首届全国方志馆建设经验交流会，我代表中国地方志指导小组（以下简称中指组）向各位代表，并通过你们向全国广大方志馆工作者表示诚挚的问候！

这次会议的主题是：以马克思主义、毛泽东思想、中国特色社会主义理论体系为指导，深入学习贯彻习近平新时代中国特色社会主义思想和党的十九大精神，按照《全国地方志事业发展规划纲要（2015—2020 年）》（以下简称《规划纲要》）要求，总结开展方志馆建设，特别是党的十八大和第五届中指组成立以来全国方志馆建设取得的经验及其不足，研究中国特色社会主义进入新时代方志馆建设事业发展的新形势、新内涵、新要求，统一思想，凝心聚力，在新的、更高起点上，进一步推动全国方志馆建设事业持续快速发展，让地方志“立”起来，为全国地方志事业转型升级作出新的、更大的贡献。

---

* 这篇讲话曾发表于 2018 年 6 月 1 日“方志中国”微信公众号、2018 年 6 月 4 日中国方志网。

党的十八大以来，党中央、国务院高度重视地方志事业发展。习近平总书记、李克强总理、刘延东副总理多次就地方志工作作出重要指示、批示。2015年8月，国务院办公厅印发《规划纲要》，对全国地方志事业发展作出了科学的顶层设计。2016年3月，“加强修史修志”被写入国家“十三五”规划；2017年1月，中共中央办公厅、国务院办公厅《关于实施中华优秀传统文化传承发展工程的意见》出台，地方志工作被纳入中华优秀传统文化传承发展工程；2017年5月，《国家“十三五”时期文化发展改革规划纲要》出台，地方志工作被纳入社会主义文化强国建设任务之中；2017年10月，党的十九大胜利召开，开启了决胜全面建成小康社会、全面建设社会主义现代化国家的新征程，为地方志事业发展指明了前进方向。地方志在国家文化建设中的作用愈加明显，地位愈加突出。

在党中央、国务院的亲切关怀和高度重视下，第五届中指组及其办公室牢记使命，勇于创新、敢于担当、夙夜在公、勤勉工作，认真履行统筹规划、组织协调和督促指导职责，带领全国地方志系统深入学习贯彻习近平新时代中国特色社会主义思想和党的十九大精神，全面贯彻党的十八大精神，贯彻习近平总书记关于修史修志的重要讲话精神，李克强总理和刘延东副总理关于地方志工作的讲话、批示精神，要求各级机构突出地方志政治性这一主题，将宪法修正案和深化党和国家机构改革的决定落实到地方志工作中去；深刻领会习近平新时代中国特色社会主义思想、中国共产党领导是中国特色社会主义最本质的特征等载入宪法的重大意义，紧紧把握历史脉搏，在新的历史起点上，不断开拓创新。中指组及其办公室立足地方志工作实际，充分认识党的十九大精神对全国地方志事业转型升级的重大指导意义，提出树立文化自信、不断铸就中华文化新辉煌、以我为主加强中外人文交流、在历史进步中实现文化进步等新论述对地方志工作的新期待、新要求，进一步明确方志人在把我国建成富强民主文明和谐美丽的社会主义现代化强国过程中所肩负的新使命，深入探索并着力实践全国地方志事业进入新时代的具体内涵，提出“一纳入、八到位”的总要求，把2015年确定为调研年，2016年确定为顶层设计年，2017年确定为督查落实年，把2018年确定为攻坚年、质量年。凝心聚力，久久为功，坚定不移地推进和落实“两全目标”，大力拓展地方志事业发展格局，摒弃“一本书主义”，开拓志、鉴、史、馆“四驾马车”并驾齐驱，志、鉴、库、馆、网、用、会、刊、研、史“十业并举”新局面，在全国范围内全面推动地方志从一项工作向一项事业转型升级。

一、勇于担当，敢于创新，方志馆建设成效显著

在我国，方志馆建设是新生事物。方志馆作为全国地方志事业发展的重要依托和新的增长点，在各级党委、政府的关心、支持下，在各级地方志工作机构的积极努力下，取得了一系列重要的、阶段性的成就。

第一，注重顶层设计，为各级方志馆建设提供方向指引。中指组及其办公室积极推进顶层设计和规划部署，狠抓落实，严格督查，坚定不移地推进和落实“两全目标”，并结合实际大力拓展地方志事业发展格局，认真研究解决制约方志馆事业发展的重点、难点问题，始终坚持正确方向、坚持规划引领、坚持依法治志、坚持改革创新、坚持质量标准，在顶层设计、法治建设和行业规范建设方面，不等待、不观望、不懈怠，开创了全国方志馆建设全面开花的新局面。

为指导、规范全国各级方志馆建设，2017年6月，中指组

印发《方志馆建设规定（试行）》（以下简称《规定》），对各级方志馆建设的功能定位、申报立项、设计布局、建设发展等作出明确规定。《规定》出台时间虽然不长，但已经发挥了巨大作用，比如在山西省方志馆、内蒙古方志馆、洛阳市方志馆的立项申报、建筑面积规划等过程中，在广西方志馆重新启动二期建设工程中，《规定》发挥了关键性作用，实现了各馆顺利立项和功能升级。

与此同时，各级地方政府和地方志机构也出台一系列相关规定。2017年6月，北京市出台《关于加强北京市方志（地情）馆（室）建设的指导意见》；2017年11月，山东省人民政府办公厅印发《全省方志馆建设管理规范》；《江苏省地方志工作条例》被列入江苏省政府2018年正式立法项目，等等。各级相关规定的出台，有力保障了方志馆建设的规范化、标准化。

第二，推进方志馆建设，让地方志“立”起来。近年来，经过各方面的共同努力，全国方志馆建设战略布局、落成数量、建成面积、馆藏规模呈几何级数增长，方志馆迅速跻身于博物馆、文化馆、图书馆等重要文化机构之列，并日益成为国家公共文化服务体系的重要组成部分。方志系统不仅启动了国家、省、市、县四级体系的方志馆建设，还开创性开展了国家方志馆分馆建设、方志馆合作基地、驿站等多种探索模式，例如今天开馆的国家方志馆黄河分馆暨东营市方志馆面积达2万平方米，河南省和郑州市联合申报的国家方志馆中原分馆建筑面积达35850平方米，广州市方志馆建成全国首批6所高校地方志分馆和全国首批27个方志驿站，北京市方志馆挂牌北京市首个离退休干部活动基地，等等。另外，还有2万平方米的山西省情馆、1.7万平方米的内蒙古方志馆已经立项；天津市、河北省档案方志馆正在立项申报中，辽宁省的方志馆图书馆共建、吉林省档案馆方志馆共建正在项目招标中；特别是山东，2万～3万平方米的山东省方志馆新馆建设已经获得省政府领导同意，正在积极推进，率先提出方志馆建设省、市、县三级全覆盖，到2020年方志馆全部建成达标等，可喜可贺。截至今日，全国已经建成各级方志馆597家。随着各级方志馆建筑规模的扩大和分布于全国各地的方志馆数量规模的激增，方志的形象从千百年来的“平面”纸质书籍，向有独立空间、兼具地情展示等多功能的“立体”转变，地方志在新时代“立”了起来。

第三，深挖方志馆功能，让地方志“活”起来。五年来，全国方志馆馆藏建设力度、资金投入力度逐年加大，功能挖掘不断深化，精品展陈不断涌现，专题展交错纷呈。2016年和2018年，国家方志馆“方志中国”和“魅力中国”展览先后开展；2017年8月，哈尔滨市方志馆与市国资委联合举办“马迭尔·老哈尔滨之魂暨哈尔滨俄侨历史文化展”，推动与俄罗斯的交流合作；2017年9月，北京、天津、河北三地机构联合举办“京津冀运河文化展”，文化惠民、地情传播深入基层，实现了展览进机关、进社区、进军营和进学校；公开观览性地情资料著述走出国门，中俄文双语对照《哈尔滨观览》在中俄博览会和世界原居哈尔滨人交流大会上被作为伴手礼赠予中外嘉宾；口述史专题入藏成为特色，北京、上海、广东、福建、山东、黑龙江、陕西等地观众通过方志馆的市民录音棚，或与电视台等媒体合作录音，或拍摄微型纪录片，讲述熟悉的本地故事、民俗、掌故，为城市发展保存珍贵的历史资源与影像资料；由国家方志馆主办，广东省方志馆、广州方志馆协办的“贯彻落实十九大精神　中国梦·方志情——首届全国方志馆讲解员大赛”，成为全国各地不同区域方志文化集中展示的展演会和传播地情文化的公益讲坛。借助展览、影像志及口述史、纪录片录制、动漫、技能大赛等形式，结合纸媒、网站、微信公众号、电子政务等各种平台加强宣传，通过方志馆功能挖掘，地方志由束之高阁的“死书”摇身一变成为有“影”有“声”、能“展出”的活体，不仅能“说话”，会“走路”，甚至可“交流互动”。

第四，推进数字方志馆建设，让地方志事业“热”起来。中指组及其办公室适应新形势、新情况，有计划、分步骤地推进数字方志馆建设。2015年，为贯彻落实《规划纲要》，中指组及其办公室推出“全国地方志十大工程”，将实施“全国信息方志与数字方志建设工程”作为落实《规划纲要》中“加强方志馆建设”要求的具体抓手。2017年，中指组下发《全国信息方志与数字方志建设工程实施方案》，推进中国方志网、中国地情网、中国国情网、国家数字方志馆、地方志综合办公平台、地方志新媒体传播平台的建设，并致力通过数字方志馆开发全国地方志资源管理系统，把全国的数字化志书、年鉴、地情资料、旧志、史志期刊、音视频、图片等资源集中起来，建设地方志数字资源中心。利用虚拟技术，对“方志中国”“魅力中国”展览以及各省特色展览进行三维全景展示，打造全国地情教育网上展厅。文件下发后，各地迅速加快推进数字方志馆建设步伐。内蒙古、上海、江苏、浙江、福建、山东、湖南、广东、广西、四川、新疆等省（区、市）打造“互联网+地方志”模式，推动志鉴信息化和数字化建设步伐。哈尔滨市方志馆推出720度全景地情展馆；内蒙古经过数年努力，通过购买服务方式，完成以内蒙古区情网汉文网站、蒙古文网站、手机网站，内蒙古地情网站集群，方志内蒙古微信公众平台，多功能数据库等为主要内容的“四网、两平台、双系统、一库（馆）”的发展战略格局。随着各种方志媒介的纷纷建立和数字方志馆建设事业的不断延伸、拓展，地方志逐步走进千家万户，地方志由不为人知或鲜为人知一跃成为广为人知、大众接受，地方志的社会“知名度”日益提升，地方志事业逐渐由“冷”变得“热”了起来。

二、总结经验，明确目标，致力推动方志馆可持续发展

五年来，全国各级方志馆坚持围绕中心、服务大局，着力充分发挥地情展示功能，不断加强馆藏资源体系、信息平台建设，工作开展卓有成效，也积累了大量宝贵经验。概括地讲有以下几个方面：

第一，坚持正确的政治方向是方志馆建设的基本原则。五年来，在第五届中指组的带领下，各地坚持以习近平新时代中国特色社会主义思想和党的十九大精神为统领，从战略全局的高度深刻认识做好方志馆建设工作的特殊重要性，按照《〈全国地方志事业发展规划纲要（2015—2020年）〉的实施意见》等法规文件要求，切实把包括方志馆建设工作在内的地方志工作纳入重要议事日程，当成一项重大的政治工程、战略工程、文化工程和固边工程来抓，为开展地方志工作创造了良好条件。

第二，争取各级领导充分重视是方志馆建设的重要保障。经过五年来的建设与发展，方志馆已经成为地方志工作的重要延伸和地方志事业实现长远发展的重要阵地。各级地方志工作机构在充分认识方志馆功能、定位的基础上，进一步树立并强化建设方志馆的阵地意识、责任意识和发展眼光，深刻领会并严格依照《规划纲要》提出的总体目标和《规定》提出的建设要求，将方志馆建设纳入当地经济社会发展、文化建设和城市建设总体规划加以统筹推进，确保了方志馆建设从立项选址、

经费保障、设计施工、展览展示、收藏利用等方面得以顺利推进，并通过地情展示讲好中国故事，展现真实、立体、全面的中国，为当代提供资政辅治之参考，为后世留下堪存堪鉴之记述，更好地实现地方志工作的时代价值和历史价值。

第三，“四个中心”是方志馆建设的时代定位。习近平总书记指出：“要紧紧围绕建设社会主义核心价值体系、建设社会主义文化强国，完善文化管理体制和文化生产经营机制，建立健全现代公共文化服务体系、现代文化市场体系来做好工作，以此推动社会主义文化大发展大繁荣。”2015年，中共中央办公厅、国务院办公厅专门印发《关于加快构建现代公共文化服务体系的意见》，对构建现代公共文化服务体系作出全面部署。各级方志馆作为集地情展示、收藏保护、编纂研究、专业咨询、信息服务、开发利用、宣传教育、业务培训、文化交流等功能于一身的公共文化服务机构，决定了积极参与公共文化服务体系建设，大力提升公共文化服务水平，让人民群众共享社会主义文化发展成果，是方志馆建设与发展的基本定位。因此，各级方志馆建设要着力强化办馆特色，突出全方位地情展览展示功能，建成“地情展示中心”；加大收藏保护力度，建成“地情文献收藏中心”；加快方志馆数字化、网络化、信息化建设步伐，着力构建从国家到省、市、县的多级方志馆服务网络，建立健全需求反馈机制，积极开发多层次、多样性的服务形式，建成“数字地情服务中心”；深入推进地域文化研究与交流，充分发挥平台、阵地作用，建成“地域文化研究中心”。不断提高公共文化服务现代传播能力，集中塑造方志馆服务品牌，在全国公共文化服务体系建设中充分发挥出全国各级方志馆的能量和作用。

第四，让方志“立起来、活起来、热起来、强起来”是新时代方志人的使命担当。作为集地情展示等功能于一身的公共文化服务机构，积极参与公共文化服务体系建设，大力提升公共文化服务水平，让人民群众共享社会主义文化发展成果，是各级方志馆建设与发展的职责、使命。因此，方志馆区别于博物馆、图书馆等其他场馆，成为公共文化服务体系不可或缺的重要一环，必须摒弃“一本书主义”，把方志从传统的书面纂修拓展为多功能空间聚合体的方志馆建设，实现方志从纸质平面到立体呈现的“立起来”，借助展览、影像志及口述史、技能大赛、晚会等形式，让方志“活起来”；以方志馆为对外服务窗口，结合纸媒、网站、微信公众号、电子政务等各种平台加强方志馆宣教服务，让方志“热起来”。方志人凝心聚力，在加快推进地方志事业转型升级过程中，必须明确新任务，牢记新使命，认清新形势，在国家第一个一百年目标——全党全国人民决胜全面建成小康社会之时，地方志要决胜“两全目标”；在第二个一百年目标——本世纪中叶建成富强民主文明和谐美丽的社会主义现代化强国之际，地方志要实现上至中华人民共和国国志，中至省、市、县三级志书编修，下至乡镇志、村志、社区志的全覆盖，用地方志这一中华民族文化的特有载体，记述国家、民族、社会以及所有行政区域内的自然、经济、政治、文化、社会的历史与现状，把以习近平同志为核心的党中央团结带领全国各族人民实现中华民族伟大复兴中国梦的过程真实记录并传承下去。

当前全国方志馆建设形成了一定规模，积累了一定经验，方志馆队伍不断壮大，社会影响力日益扩大。但是，由于各地区对“一纳人、八到位”的认识程度不同，经济社会发展程度、地理环境等差异大，一些地方还存在对建设方志馆的重要性认识不足、“四个中心”定位把握不到位、方志馆建设工作进度进程不一等情况。当前方志馆事业正处于繁荣发展的大好机遇期，从严从高要求，改进和提升的空间很大。我们要以此次会议的召开为契机，进一步解放思想，深入思考、研究解决带有全局性、根本性、普遍性的问题，认真谋划好方志馆事业的未来可持续发展之路。

三、高举旗帜，久久为功，在新时代全力开创方志馆建设新局面

2018年是贯彻落实十九大精神的开局之年，是改革开放40周年的纪念之年，是决胜全面建成小康社会、实施“十三五”规划承上启下的关键之年，全国方志人要进一步凝聚共识、提振信心，开疆辟土、开拓创新，进一步推进地方志事业全面转型升级，进一步加大优秀传统文化的保护与弘扬力度，开创新时代地方志工作新局面。下面，结合当前全国地方志工作及方志馆建设情况，我谈几点意见。

第一，要坚持以习近平新时代中国特色社会主义思想为指导，推动方志馆事业可持续发展。当前和今后一个时期，全国地方志系统要结合地方志工作实际，深入贯彻十九大精神，深刻认识中国特色社会主义进入新时代给地方志事业发展带来的历史性机遇，深刻认识中国特色社会主义进入新时代给方志馆建设工作提出的历史性课题，深刻认识中国特色社会主义进入新时代给方志馆事业带来的历史性变革，树立强烈的时代性、创新性和人民性。明确方志人在把我国建成富强民主文明和谐美丽的社会主义现代化强国征程中所肩负的新使命和新担当；明确地方志事业发展的“两个一百年”奋斗目标。方志馆建设

工作应坚持聚焦主业，夯实地方志的存史功能；应坚持围绕中心，强化地方志的资政功能；应坚持服务社会，拓展地方志的育人功能。

第二，要树立方志文化自信，为传承发展中华优秀传统文化和文化惠民、文化强国作出方志人的贡献。要从地方志与文化、传统文化的关系入手，深刻领会树立方志文化自信建立的时代价值，明确建立方志文化自信不仅对方志馆高质量建设有着重要意义，而且对于文化自信的进一步增强、对于社会主义文化强国的建设、对于中华民族伟大复兴中国梦的实现都有着非比寻常的意义。全国地方志机构要认真贯彻落实中共中央办公厅、国务院办公厅《关于实施中华优秀传统文化传承发展工程的意见》，努力发挥主力军作用，坚持“创造性转化、创新性发展”方针，立足为当前服务，着力围绕弘扬传统文化中的“优秀”部分下功夫、做文章。大力推动流动方志馆设施建设，实现阵地服务与流动服务相结合，建立灵活机动、惠及基层群众的服务网络，推动方志馆服务向基层、社区延伸；不断完善服务体系，创新服务模式，建立阅读、观展激励计划，加强推广，研究用户需求和行为习惯，提高服务效率；抓住重点环节，推动中华传统优秀文化与当代社会主义先进文化相融相通；主攻高峰，重点打造行业有亮点、全国有影响的品牌活动项目。

第三，要有红线意识，坚持文化安全、信息安全及自身建设安全不动摇。当今时代，国际格局发生了深刻的变化，国际间的竞争已经不再局限于传统的军事、政治、经济等“硬实力”的竞争，而更多包含了文化、外交等“软实力”的竞争。在此背景下，世界上许多国家在对外交往过程中越来越重视维护本国文化安全。古人说：“灭人之国，必先去其史。”国内外敌对势力往往就是拿中国革命史、新中国历史来做文章，竭尽攻击、丑化、污蔑之能事。一个民族的历史是一个民族安身立命的基础，各级地方志工作机构应通过实体方志馆和数字方志馆建设，组织群众、宣传群众、引导群众，正本清源，还历史之本来面貌。在实体方志馆基础建设方面把好安全关，在文献收藏保护上切实加强规范化管理，进一步提高方志资料的安全性、保密性和规范性；在数字方志馆信息安全方面坚持以预防为主的方针，弘扬主旋律，激发正能量，大力培育和践行社会主义核心价值观，把握好网上舆论引导的时、度、效，使网络空间清朗起来，确保文化的长治久安。

第四，要因地制宜开展方志馆建设，强化质量第一意识。众所周知，我国地域辽阔，各地地情、民情差异较大，方志馆建设一定要密切联系当地实际，避免“一刀切”。要在不违背脱离《规划纲要》指导精神前提下，充分尊重和发挥地方政府、地方志工作机构和方志馆人的积极性与创造性。同时，要谨记“质量是一切事业发展的根基”，方志馆建设要树立“质量第一”意识，各级地方志工作机构和方志馆应主动融入经济社会发展大局，努力解决方志馆建设不充分、不平衡发展的问题，致力推动方志馆体系建设，完善方志馆定级、运行评估制度，开放共享信息资源，加强馆藏文献文物预防性保护和数字化保护利用，发展智慧方志馆，引导重点方志馆向国际先进场馆行列迈进，支持基层中小馆提升办馆、办展水平，积极推进馆际交流、区域协同发展，与相关领域跨界融合、引入社会力量广泛参与，整体推进，多措并举，推动方志馆建设从高速度增长走向高质量发展。

第五，要开展智慧方志馆建设，从向世界展现中华文明转向为世界贡献中国智慧。数字化时代使方志馆建立与观众紧密联系的纽带和施展创新的平台成为可能，建设由方志馆、物联网、大数据和云计算等构成的智慧方志馆是未来方志馆事业发展的重要工作内容。智慧保护使文献文物永久保存，智慧管理应对庞杂数字信息，智慧服务以公众需求为核心。我们要在实践中创建业务协同系统：一是基于系统性的方志馆业务整体解决方案，包括标准规范设计、共享式的业务服务框架、先进合理的技术架构来构建智慧方志馆平台技术支撑体系，避免信息孤岛、重复性信息化建设；二是基于共享型的业务框架，业务可以不断开展，系统不再无限扩张，可以汇聚平台上关于人、物、财、数据等资源，以项目的目标管理、里程碑设定、信息管理的新型组织模式，建立起适用于方志馆特点的标准化、流程化、一体化的业务管理机制，建设馆藏文献文物数据库系统和智慧管理平台，实现编目账、影像账、保管账、保护账、资料账五账合一的管理体系以及文物文献的数字化保护；三是智慧型服务系统，包括大数据中心统计与智能分析，同时物联网把传感器、控制器、机器、人和物等通过新方式连在一起，借助多媒体、虚拟现实、工程技术等提升手段，为观众、读者创建人性化、动态化的地情信息咨询和地情观展环境。

功崇惟志，业广惟勤。过去的成绩和经验已成为历史，站在新时代，使命呼唤担当，使命呼唤未来！地方志的未来正需要全体地方志人凝心聚力、不负重托、顽强拼搏、砥砺奋进，向世界奏响我们前进的号角，为历史写下我们这代人浓墨重彩的一笔！今天，全国方志馆界同仁齐聚一堂，召开首届全国方志馆建设经验交流会议，这在方志馆建设史上，乃至在中国方志发展史上都具有开创性意义。我预见，百年之后，方志馆将成为中华民族伟大复兴的中国梦实现的历史见证馆。人们在这里，就会看到今天的我们，是如何在以习近平同志为核心的党中央的坚强领导下，带领全国各族人民以坚定的信心和非凡的勇气，攻坚克难，锐意进取，开辟治国理政新境界、开创中国特色社会主义事业新局面，并最终实现中华民族伟大复兴的中国梦的！

为方志事业存史，为方志人立言

——在《中国方志志》编纂座谈会上的讲话

（2018 年 7 月 4 日）

“仙山隔云海，霞岭玉带连”。时值盛夏，我们来到了有“海上仙山”之称的长岛，讨论《中国方志志》的编纂，在此我代表会议主办方对百忙之中与会的专家、同仁表示热烈欢迎，对会议承办方、协办方山东省地方志史志办公室、烟台市地方史志办公室以及长岛县人民政府表示衷心感谢，感谢大家对地方志事业、对《中国方志志》编纂的大力支持。

2018 年，我们将迎来改革开放 40 周年。以党的十一届三中全会为标志，我国开启了改革开放的历史进程。经过 40 年的探索实践，全国上下都认识到改革开放是当代中国发展进步的必由之路，是实现中国梦的必由之路。从农村到城市，从试点到推广，从经济体制改革到全面深化改革，40 年来，我们众志成城，砥砺奋进，创造了一个又一个历史奇迹。历史是最好的见证者，人民是最大的受益者。40 年来，我们以上下求索的勇气和气吞山河的豪气，书写了国家和民族发展的壮丽史诗，中国从“一穷二白”的落后面貌一跃成为世界第二大经济体、第一大工业国、第一大货物贸易国、第一大外汇储备国，取得了举世瞩目的成绩，成功开辟出一条中国特色社会主义道路。党的十八大以后的 5 年多来，党和国家事业更是取得了历史性成就，经历了历史性变革，中国特色社会主义进入了新时代，我国社会主要矛盾也已经转化为人民日益增长的美好生活需要和不平衡不充分的发展之间的矛盾。党的十九大召开以后，学习贯彻十九大精神，准确把握习近平新时代中国特色社会主义思想是当下的首要任务，地方志工作者更应该当仁不让，奋力书写方志人的新时代华章。

盛世修志，志载盛世。编修地方志是中华民族的优秀文化传统，历史悠久，连绵不绝。新中国成立后，特别是改革开放以来，地方志工作取得了巨大成就。特别是在2006年国务院《地方志工作条例》、2015年国务院办公厅《全国地方志事业发展规划纲要（2015—2020年）》颁布施行以来，地方志工作逐步走上了依法治志的轨道，在为党立言、为国存史、为民修志方面开创了崭新的工作局面，为新时代中国特色社会主义文化发展作出了重要贡献。

在党中央、国务院的亲切关怀和高度重视下，第五届中国地方志指导小组（以下简称中指组）及其办公室牢记使命，勇于创新、敢于担当、夙夜在公、勤勉工作，认真履行统筹规划、组织协调和督促指导职责，带领全国地方志系统深入学习贯彻习近平新时代中国特色社会主义思想和党的十九大精神，贯彻习近平总书记关于修史修志的重要讲话精神、李克强总理关于地方志工作的批示精神，要求各级地方志工作机构突出政治性这一主题，深刻领会习近平新时代中国特色社会主义思想，紧紧把握历史脉搏，在新的历史起点上，不断开拓创新。中指组及其办公室立足地方志工作实际，充分认识党的十九大精神对全国地方志事业转型升级的重大指导意义，认真领会树立文化自信、不断铸就中华文化新辉煌、以我为主加强中外人文交流、在历史进步中实现文化进步等新论述对地方志工作的新期待、新要求，进一步明确方志人在把我国建成富强民主文明和谐美丽的社会主义现代化强国过程中所肩负的新使命，深入探索并着力实践全国地方志事业进入新时代的具体内涵，提出“一纳入、八到位”的总要求，坚定不移地推进和落实“两全目标”，大力拓展地方志事业发展格局，摒弃“一本书主义”，开拓志、鉴、史、馆“四驾马车”并驾齐驱，志、鉴、馆、网、库、用、会、刊、研、史“十业并举”新局面，在全国范围内全面推动地方志从一项工作向一项事业转型升级。

存史、资政、育人——地方志的三大功能，在新时代条件下，将会发挥越来越重要的作用，地方志工作在国家发展战略中定位更加清晰，要求更加明确，顶层设计更加完善，工作任务更加明确，蓬勃发展的地方志事业经过全体方志人的不懈努力，也逐渐为社会大众所知。各级地方志工作机构和广大地方志工作者，应围绕“为谁修志、修什么志、怎样修志”这一根本问题，坚持正确方向、履职尽责、真抓实干，以修志编鉴为核心，统筹兼顾地方志各项工作，把既定的科学目标、绘好的工作蓝图变为现实，努力实现地方志事业全面可持续发展。我们常说，地方志要翔实记录改革开放40年来我国经济社会发展过程中发生的翻天覆地的变化。同样的道理，今天的地方志已经不是昨天的地方志，我们不光要记录别人，也要记录自己，记录我们自己这些年积累的经验、所做的工作、取得的成绩，甚至走过的弯路。所以我们应该也必须编纂一部忠实记录地方志事业发展历程的《中国方志志》，既为方志事业存史，也为方志人立言。

编写《中国方志志》是全国地方志系统深入学习贯彻习近平新时代中国特色社会主义思想和党的十九大精神的需要。方志人应该充分认识新时代中国特色社会主义思想和党的十九大精神对全国地方志事业转型升级的重大指导意义。习近平总书记在十九大报告中提出，中国特色社会主义文化要“坚持创造性转化、创新性发展”。编纂《中国方志志》，是忠实记录地方志事业的新发展、新变化的一项重要举措，也是方志人在把我国建成富强民主文明和谐美丽的社会主义现代化强国过程中的自我展现。

编写《中国方志志》是传承弘扬方志文化的需要。中华民族世世代代形成地方志编修传统，承载了中华文化的精华和魅力，积淀了中华民族最深沉的家国情怀，是中华文化屹立于世界文化之林的独特文化标识，是赓续中华文明的重要载体之一。忠实记录这一独特的中华文化传统，是方志人义不容辞的责任和义务。记录这一文化传统，是对植根于五千年华夏文明中的方志文化自信最直接的传承和弘扬。

编写《中国方志志》是忠实记录方志人大力拓展地方志事业发展格局的需要。党的十八大以来，方志人深入探索实践全国地方志事业发展路径，拓展工作领域，实现了志、鉴、史、馆“四驾马车”并驾齐驱，开创了志、鉴、库、馆、网、用、会、刊、研、史“十业并举”新局面，极大拓展了事业发展格局。在决胜全面建成小康社会关键时期，忠实记录方志人开创新时代地方志工作新局面的历程，是对所有为地方志事业发展作出贡献的人们的肯定，更是对当下矢志从事地方志事业的人们的激励。

作为这个时代和地方志事业发展的见证者，我认为编纂《中国方志志》恰逢其时，意义重大。下面我从编纂角度简单提几点意见。

一是要注重导向，观点正确。《中国方志志》编纂首先坚持正确的政治方向和学术导向。只有把政治意识贯穿于志书编纂之中，牢牢把握正确的政治方向和学术导向，始终坚持以马克思主义的世界观和方法论为指导，把马克思主义基本原理和贯穿其中的立场、观点、方法运用到实践当中，指导《中国方志志》编纂，才能将方志文化发展和传统文化传承发展、文化强国建设高度结合，编出一部具有正确的政治导向和学术价值的佳志，宣介推广中国方志文化。

二是要立足长远，精心谋划。《中国方志志》不能编成一部方志成果简介，而是要从事业发展高度，编出一部通贯古今、含纳诸业的地方志事业志。虽然我们有厚重的事业积淀，但《中国方志志》的编纂也不是一蹴而就的事，更不能作急就章，愧对前人、贻误后人的事不能做。因此，必须从长远出发，站位要高、工作要实，积极调动地方志系统内外的专家学者，扎实做好基础工作，编出一部可以传之后世的精品。

三是要忠于史实，完整记录。《中国方志志》的编纂要站在为方志事业存史、为方志人立言的角度，不夸大、不隐讳，秉笔直书，完整记述地方志事业的发展、开拓过程和所取得的丰硕成果。两千年的方志编纂传统、数万部的方志文献、几十万人的修志大军、诸业并举的事业规模，都是值得我们大书特书的辉煌成就，让后世看到我们的成果、我们的工作、我们的情怀，既是我们编纂《中国方志志》的初衷，也是最终目标。

希望通过此次座谈，能为今后《中国方志志》的编纂开好局、带好路，在不远的将来编写出一部能全面反映地方志事业发展历程和成就的《中国方志志》。

加强分馆建设，推动文化融合

——在全国方志馆建设工作研讨会上的讲话

（2018 年 8 月 14 日）

今天，非常高兴来到“龙江丝路带”上重要节点城市——黑龙江省黑河市参加全国方志馆建设工作研讨会。

党的十八大以来，在党中央、国务院的亲切关怀和高度重视下，全国地方志系统深入学习贯彻习近平新时代中国特色社会主义思想和党的十八大精神、十九大精神，抢抓机遇，锐意进取，实现了全国地方志事业跨越式发展。第五届中国地方志指导小组（以下简称中指组）及其办公室注重顶层设计，坚持规划引领，立梁架柱，出台了一系列新规划、新制度、新规范；在地方志系统提出依法治志，助推依法治国战略目标实现，推动全国地方志工作纳入法治化轨道；坚持改革创新，按照国家全面深化改革的战略布局，围绕“三大方向”开拓创新，陆续推出全国地方志“十大工程”；统筹兼顾、突出重点，强力推进志、鉴、馆、网、库、用、刊、会、研、史“十业并举”；坚持文化自信，树立方志文化自信，宣传中国方志文化，讲述中国故事，传播中国声音，推动中国方志文化走向世界。总结几年来全国地方志事业发展取得的成绩，可以说令人鼓舞，催人奋进。

当前，正值全国上下满怀热情，为全面建成小康社会、为实现中华民族伟大复兴中国梦而努力奋斗之时，广大地方志工作者更要统一思想，凝聚共识，在新的、更高起点上，进一步推进全国地方志事业全面转型升级，努力开创新时代地方志工作新局面。下面，我就全国地方志事业发展和方志馆建设谈几点意见。

一、切实提高政治站位，自觉用习近平新时代中国特色社会主义思想指导地方志工作

习近平新时代中国特色社会主义思想覆盖全面、内涵丰富，具有鲜明的继承性、创新性、人民性、科学性，是一个系统、完整的科学理论体系，是当代鲜活的马克思主义，是新时代党和人民共同奋斗的精神旗帜，是实现中华民族伟大复兴的行动指南。全国地方志系统要继续深入学习和全面贯彻落实习近平新时代中国特色社会主义思想，特别是习近平总书记关于修史修志的重要讲话精神，着重把握其精神实质、基本内涵和主要观点，坚持理论联系实际，深刻领会习近平新时代中国特色社会主义思想对全国地方志事业转型升级的重大指导意义，准确理解全国地方志事业进入新时代的内涵与外延，全面推进地方志事业发展的“两个一百年”奋斗目标的顺利实现。

二、努力提升责任担当，按时保质完成“两全目标”

《全国地方志事业发展规划纲要（2015—2020年）》明确提出，到2020年全面完成第二轮修志规划任务，实现省、市、县三级综合年鉴编纂出版的全覆盖。这是党中央、国务院赋予各级党委、政府光荣而艰巨的任务，也将是全国地方志系统向全面建成小康社会献上的一份厚礼。因此，按时、保质完成

“两全目标”，不仅是一种法定责任，而且具有重要的现实意义和政治意义。现在距离2020年只剩下不到两年时间，完成“两全目标”已经全面进入冲刺阶段，全国各级地方志工作机构要以事业发展大局为重，把“两全目标”作为当前的中心工作和首要任务，进一步增强紧迫感、责任感、使命感，采取得力措施，确保“两全目标”如期、保质完成。中国地方志指导小组办公室要加强统筹指导，严格督促检查，及时沟通解决工作中遇到的问题和困难。各地要将“两全目标”完成情况纳入政府督查工作内容，建立督促机制，强化督察手段，明确责任追究，提升工作效能，确保“两全目标”在全国的实现，一个县都不能少，全力打赢“两全目标”攻坚战。率先完成“两全目标”的各级地方志工作机构，要先行一步，认真总结第二轮志书编修经验和教训，结合本地工作实际，精心做好第三轮修志的规划与准备工作。

三、稳步推进方志馆建设，真正让地方志“用起来、立起来、活起来、强起来”

经过近年来的努力，方志馆已经成为彰显地方志价值、提升方志文化自信、扩大地方志社会影响力的重要平台。各级地方志工作机构要从地方志事业长远发展的高度充分认识方志馆建设的重要意义，积极推动方志馆建设，整合方志馆力量，全力构建具有中国特色的方志馆体系。要围绕建成地情展示中心、地情文献收藏中心、数字地情服务中心、地域文化研究中心等时代定位，夯实发展根基，强化办馆特色，挖掘馆藏资源，推动学术研究，积极打造方志馆的文化品牌，特别是要加快方志馆数字化、网络化、信息化建设步伐，努力构建多层次、立体化方志馆服务网络，开发多样性、高效便捷的服务形式，为经济社会发展改革提供丰富的信息资源，为各级党委、政府提供科学的决策依据，为广大人民群众提供高质量的文化成果，全面推动地方志“用起来、立起来、活起来、强起来”。

国家方志馆分馆建设是中指组及其办公室积极探索方志馆建设新路径的有益尝试。今天，国家方志馆知青分馆即将举行揭牌仪式，这是国家方志馆发展进程中值得纪念的大事。黑龙江是我作为千万知青中的一分子曾经奋斗、生活、成长的地方。这段知青下乡的人生经历，磨炼了意志，洗礼了灵魂，已经深深地铭刻在了我的心中。令我感到无比欣慰的是，今天知青博物馆将正式成为国家方志馆分馆的一员，这体现了对知青精神和知青文化的认可和尊重，为更好地实现方志文化与地域文化和特色文化的协同发展树立了典范。国家方志馆分馆建设要认真总结黄河分馆和知青分馆经验，积极探索分馆建设的体制机制，在稳步推进分馆申报建设的基础上，实现方志文化和地方特色文化深度融合，推动国家方志馆与各分馆建设的健康、可持续发展。

四、充分切实重视人才队伍建设，为全国地方志事业发展提供重要保障

党的十九大报告指出:“人才是实现民族振兴、赢得国际竞争主动的战略资源。要坚持党管人才原则，聚天下英才而用之，加快建设人才强国。”习近平总书记反复强调，强起来要靠创新，创新要靠人才。当前，地方志事业正处于转型升级的关键期、推进“两全目标”的攻坚期、实现地方志“两个一百年”奋斗目标的历史交汇期。百年大计，人才为本。人才队伍是地方志事业健康发展的重要基础，是地方志事业创新发展的根本驱动。要坚定不移将加强人才队伍建设摆在重要位置，注重对

地方志高端人才的培养储备，建立国家级、省级地方志专家库，选拔一批方志和年鉴专业领军人才；完善各级各类教育培训制度，加强对基层地方志工作者的培训；拓宽、加大与高等院校、科研机构人才培养及合作的方式和力度，搭建合作交流平台，合力推进方志理论和学科建设；重视人才的选拔、引进及任用，探索适合地方志事业发展的人才政策和机制。努力培养一支政治素质过硬，业务技能精湛，能力强、有担当、讲奉献的人才队伍，为地方志事业的长远发展奠定坚实基础。

同志们，党的十九大吹响了新时代的号角，地方志事业迎来了前所未有的发展机遇。让我们以习近平新时代中国特色社会主义思想为引领，在新的历史起点上，与时俱进、开拓创新，振奋精神、积极作为，创造无愧于党、无愧于人民、无愧于时代的新业绩，不断书写全国地方志事业发展的华彩乐章。

二、调研讲话

修史立志　稳定史学阵地*

——听取当代所、方志办负责同志落实院工作会议精神暨深化管理体制机制改革工作情况汇报时的讲话

（2009年6月24日）

当代所、方志办在贯彻落实院工作会议精神，推进管理体制机制改革的工作中有不少新举措和做法。史学片各所要积极支持和配合当代所、方志办做好相关研究工作，加强合作。科研局要加强协调。修史立志是立党立国的重要的基础建设，关系到党和国家的方向和发展，一定要把修史立志工作抓好。院党组和陈奎元同志高度重视修国史、立地方志工作，作为中国社会科学院的代管单位，当代所、方志办由陈奎元同志和朱佳木同志直接领导，应积极做好修史立志工作。要把修史立志提高到意识形态的高度来认识。龚自珍说过“灭人之国，必先去其史”，就是说要想灭掉一个国家，必然首先要在其历史问题上做文章，虚无其历史。戈尔巴乔夫、叶利钦等人彻底搞垮了列宁缔造的社会主义苏联，他们的一个重要手段就是抹杀整个苏联共产党的历史，抹杀列宁，抹杀斯大林。苏联解体和苏共垮台的经验教训充分说明了史学阵地的极端重要性。现在许多所谓的“民主斗士”也试图通过在“史”上下功夫来搞垮共产党，来改变国家性质，譬如，为了达到否定我们党的历史，否定中

* 这篇讲话根据录音整理，曾发表于《中国社会科学报》2009年7月2日。

华人民共和国历史的目的，把新中国成立后前30年和改革开放30年对立起来，抓住我们党在建设时期的失误不放并将其无限制地扩大化和绝对化，采取历史虚无主义和否定一切的极端错误荒谬的历史态度。这些人的目的就是要推翻共产党的执政地位、亡党灭国，其手段就是虚无我们的党史和国史。史学阵地是意识形态领域争夺的重要阵地，特别是国史和党史。当代所、方志办和史学片各所要把修史立志工作提高到坚持党在意识形态的指导地位，坚持党的执政地位，坚持马克思主义基本原理和人民民主专政等基本原则的高度来认识，认真做好修史立志工作。

当前，推进我院工作，必须大力实施人才强院和科研强院战略，积极推进管理体制机制改革创新。2009年，我院在科研强院战略方面提出了课题制改革的重要措施，人才强院战略方面，推出并开始实施《人才强院战略实施方案》，推行聘用制改革。科研体制改革重点是解决课题制的不足，加强对“十年磨一剑”人才的培养和对基础学科的投入。对于史学片来说，这一措施有利于加强史学各个基础学科。在加强名刊、名网、名报、名社建设方面，当代中国出版社和方志出版社都是相关学术领域的传播制高点，一定要把出版社办好。同样，史学片五个研究所的领导也要拿出足够的精力把本所的刊物办好。

要重视管理强院，抓好管理工作。今年的院工作会议上，陈奎元同志提出管理强院，这一战略的提出是非常及时、非常重要的。要完成人才强院和科研强院战略，必须推进管理体制机制改革。我们要把管理强院提高到战略的高度进行认识，集中力量，重视管理，加强管理，学会管理，善于管理。同时，要抓好党风、学风、文风建设，把学风问题作为抓党风、行风、院风的重要问题来抓。在抓党风的基础上，也要提倡严谨的、科学的、活泼的、求真务实的文风。

立足现有基础，做好近期工作*

——在考察国家方志馆时的讲话

（2013 年 12 月 24 日）

今天我和培林同志到中国地方志指导小组办公室（以下简称指导小组办公室）来，了解了国家方志馆的建设情况，感到在硬件设施方面已经具备了一定的条件，有了很好的发展基础。第五届中国地方志指导小组（以下简称指导小组）组成后未来的五年，正好是党的十八大和十八届二中、三中全会召开后全面深化改革开放的五年，借这个东风，全国地方志工作和国家方志馆的建设应该有更高的水平，这是新一届指导小组和指导小组办公室重要的工作任务。近期具体要办好几件事：

一是要全力以赴做好第五次全国地方志工作会议的筹备工作。这是新一届指导小组成立开局之年的首要工作任务，关系到今后五年乃至更长时间全国地方志工作的发展全局。我基本同意指导小组办公室关于第五次全国地方志工作会议的安排设想。办好这次会议，是指导小组办公室 2014 年最重要的工作任务。要尽快形成请示文件上报院党组。对会议拟邀请出席的中央领导的讲话、工作报告、发展规划纲要和说明、全国地方志系统表彰先进布置文件、志书和年鉴评比活动布置文件等会议

* 这篇讲话根据录音整理，曾发表于《中国地方志》2014 年第 3 期。

材料，要充分吸收各地的意见建议，尽快落实，精心准备。发展规划纲要的时间可以定到2020年，与第五届指导小组任期，特别是与全面建成小康社会目标任务结合起来。会议筹备期间，要做好与指导小组成员的沟通联系，通报情况，听取意见建议。会议要成立筹备组，组长由培林同志担任，田嘉、李富强同志担任副组长，具体事项田嘉、富强你们两位同志要承担起来，共同协作，开展好各项工作，把这个重要会议办好。

二是要深入开展调研。我带个头，和培林同志过完元旦或春节后去趟河北，先到省里了解一下省的情况，再到一个地市、一个县调研。省、市、县三级各一个点，全面了解一下情况，了解存在什么实际的困难、对今后工作有什么期望。河北调研后，再找时间选择一个工作比较全面的省实地调研。北京市方志馆我随时可以去，听听他们的工作情况介绍。指导小组办公室也要有个调研方案，这是办好第五次全国地方志工作会议必要的准备，发展规划纲要如果不搞调研，是搞不出来的，抽什么人，怎么安排，你们要想得细致一些。

三是要搞国家方志馆的建设方案。对于国家方志馆的建设，要通盘考虑，要有总体的设计方案，要有专人负责落实。今天我看了看，包括门口的设计还不是很到位，国家方志馆要有独特的方志文化气息，要有国家级方志馆的气派。你们要做一个优化方案报给我，把现有需要改进的地方、今后布展的设计、为实现功能定位必须搞的基建，包括什么时候开馆，开馆要解决什么问题，都必须包含在里面。

四是要抓好指导小组办公室自身的队伍建设和行政后勤管理。到了新地方，就得有新气象，包括食堂、职工的福利要统一考虑。要通过加强人员管理，建立科学的规章制度，完善后勤保障，把办公室的内部建设搞好。

五是关于要求进入创新工程问题。要认真学习院创新工程的有关文件，形成一个完善的创新申报方案，报党组考虑研究。国家方志馆有10个事业编制，中编办也批了牌子。国家方志馆本身就带有研究性质，可以搞一些研究项目。你们一定要认认真真学习院创新工程的有关文件，把创新工程的政策要求和国家方志馆的建设、学科建设、理论研究等结合起来，统一搞一个加入创新工程的方案。

六是要尽快形成指导小组五届一次会议的纪要。上报中宣部和国务院有关领导同志，并印发全国地方志系统。

充分总结经验，推动地方志事业全面发展*

——在北京市调研地方志工作时的讲话

（2014 年 3 月 6 日）

经党中央、国务院批准，2013 年底组建了第五届中国地方志指导小组，由我担任组长。前不久召开了中国地方志指导小组五届一次会议，按照会议要求，今年的主要任务之一是要集中力量筹备好第五次全国地方志工作会议（以下简称五次工作会议）。五次工作会议既要对过去五年多的工作进行全面总结，又要对今后一个阶段的工作进行全面部署，十分重要。目前，中国地方志指导小组及其办公室都在全力以赴筹备这个会议。我是地方志工作的新兵，今天来北京市地方志办公室、北京市方志馆，一方面是了解一下实际情况，另一方面也是为开好五次工作会议搞一些调查研究。刚才，参观了北京市方志馆，听了王铁鹏主任的工作介绍，很有启发，很受教育，也很有感触。

首先，向北京市地方志系统的全体同志表示慰问，对同志们取得的巨大成绩表示敬佩，希望通过你们，把中国地方志指导小组的感谢和慰问传达给大家。北京市地方志工作走在全国的前列，值得全国地方志系统学习。在即将召开的五次工作会议上，可以安排与会代表来考察一下北京市方志馆。五次工作

* 这篇讲话根据录音整理，曾发表于《中国地方志》2014 年第 4 期。

会议，既不参观景点，也不搞宴请，就让大家到这儿来参观、考察、学习。北京市地方志办公室的同志要做好准备工作，充分介绍好你们的经验。对于北京市地方志工作，我有几点感受：

第一是领导重视。北京市地方志编纂委员会由市委书记任顾问，市长任主任，市委常委、秘书长担任常务副主任，还专门安排市人大常委会原副主任、方志工作的老专家段柄仁同志担任常务副主任、第二轮《北京志》的主编，市政府秘书长担任副主任，阵容非常强大，表现出市委、市政府对地方志工作的高度重视。没有领导的重视，地方志工作是开展不了的。比如说今天看到的北京市方志馆，是在历届北京市委、市政府领导的关心支持下，才有今天的规模、今天的成果。

第二是机构健全。我听说有的省地方志工作机构还不健全，北京不存在这样的问题。机构不健全，要把工作搞上去很困难。没有机构，没有人，干不了事情。毛主席讲过民兵工作“三落实”，第一叫组织落实，第二叫政治落实，第三叫军事落实。组织落实是放在第一位的，先把机构编制人员定下来，再把思想动员起来，军事落实就是把枪发下去，这三项落实缺一项都不行。所以，地方志工作要搞好，第一位就是要有健全的机构，要有编制和人，要不然是做不了事的。

第三是制度规范。我了解到，北京市政府根据国务院《地方志工作条例》，出台了本市的实施办法。市地方志编委会、市地方志办公室也出台了系列的规章制度，对全市的地方志工作进行规范管理。刚才参观了市志指导处，看到市志办制定的多项内部管理制度，各项工作都是井井有条。说明整个管理制度都很健全、规范。

第四是认真负责。光有了领导重视、有了机构、有了制度是不够的。如果办事的人不认真，没有责任心，仍然干不好。

地方志工作需要长期在修志岗位上坚持，没有对修志工作专心致志、甚至热爱修志工作胜于自己生命的人，就不会有精品佳志。地方志工作艰苦、辛苦、清苦，需要爬格子、查资料，又默默无闻，方志人是无名英雄。北京市地方志工作能取得今天的成绩，依靠的就是有一支认真负责的队伍，有一批认真负责的方志人。所以我提出五次工作会议上要布置全国地方志表彰，要表扬、奖励这些无名英雄。

第五是成绩显著。这不是客套话，而是看到你们实实在在的成绩，你们做到了我们才表扬，没做到我们也不表扬。北京市地方志工作经过近几年的发展，呈现出事业全面发展的良好势头，特别是北京市方志馆，就已建的方志馆来看，代表着最高水平。展览、网站、数据库建设成果显著，第二轮修志有了阶段性成果，年鉴工作稳步推进，这些都是实实在在的成绩。

这是我看了以后的五点感受。当前和下一阶段的工作，就是集中力量筹备好、开好第五次全国地方志工作会议，贯彻好、落实好五次工作会议精神。最近，我看了一些材料，做了一些调研，觉得下一阶段的工作有八个方面需要大家注意。

第一是坚持好方向。地方志是在党领导下的一项意识形态工作，坚持正确的政治方向应该放在第一位，方向偏了就会出问题。所以我们一定要认真学习中央的精神、党的十八大精神、党的十八届二中和三中全会精神，学习习近平总书记的系列重要讲话，坚持正确的政治方向，把好政治方向关。

第二是履行好服务。地方志工作必须为党和国家的工作大局服务，为中国特色社会主义建设服务，为广大人民群众服务，这是我们的工作目标。地方志工作并不是为了扬名，也不是为个别人，是面向各级党委、政府，面向广大人民群众，是国家的文化软实力，也是公共文化服务体系的重要组成部分，一定要把服务意识树立起来。

第三是总结好经验。编修地方志历史悠久，代代相继，绵延数千年，是我国优秀的文化传统，为中华文明的继承发展作出了重要贡献。经验总是通过总结和积累不断完善的，如何总结我们的修志经验，特别是中华人民共和国成立以来、改革开放以来的经验，是我们做好下一阶段工作的基础。经验总结好了，也是为了进一步推进工作。

第四是安排好规划。规划先行，谋时而动，这是做好工作的方法。五次工作会议一项十分重要的内容，就是要提交大会讨论、审议《全国地方志事业发展规划纲要（2014—2020年）》，同时把今后五年的工作安排好，逐项落实好。这个规划纲要到时要征求大家的意见。北京市已经制定了地方志工作三个十年规划，要总结经验，提供借鉴。

第五是完成好任务。第二轮修志是各级地方志工作机构的硬性任务，是规定动作。规定动作做不好，自选动作再多分数也不高。刚才你们也提到，第二轮修志马上就要有书出版了。第二轮修志一定要保证质量，在确保质量的前提下抓好进度。北京是首都，第二轮志书对全国会有重要的影响。所以，必须把第二轮修志任务完成好。

第六是培养好人才。人始终是事业发展的决定性因素，人才辈出，人才济济，事业发展就能上台阶、上档次。北京市要通过加强人才引进、加大培训力度等方式，培养好人才，把队伍建设好，形成老中青相结合、专业对口、优秀人才脱颖而出的队伍建设新格局。

第七是搞好学科建设。现在高等院校里开设方志学专业的还不太多，大家都在说清代章学诚是方志学的奠基者，那么，经过200多年了，特别是中华人民共和国成立以来如此丰富的地方志工作实践，可以说方志学发展的大好时机是以往任何一个历史时期都没有的。现在搞方志学学科建设，有了丰富的实践、有了理论基础、有了大量的人才，时机已经成熟。

第八是研究好理论。把修志理论搞好，在总结经验的基础上，逐渐形成中国特色社会主义地方志理论体系，用丰富的理论促进实践，用生动的实践丰富理论，相辅相成，相得益彰。

因为时间关系，我就提这八点意见供大家参考。

做好地方志工作必须做到“八个到位”*

——在河北省调研地方志工作时的讲话

（2014年3月18—19日）

经中央宣传部同意并经国务院批准，2013年12月，第五届中国地方志指导小组组成，由我担任组长，培林同志担任常务副组长。2013年12月20日召开了中国地方志指导小组五届一次会议，会议确定2014年4月中下旬召开第五次全国地方志工作会议，研究地方志工作当前面临的重要问题，部署今后的工作。我和培林同志都是地方志工作的新兵，3月初，我们到北京市调研，这次到河北来，目的是想比较深入地学习、考察和了解地方志工作的实际情况。选择河北，主要考虑到：一是河北既是京畿重地，有着深厚的历史文化积淀，又是修志大省，旧志占全国的1/10，承担的修志规划任务数量在全国各省（区、市）排第二位，是全国地方志工作的重点省；二是河北省委、省政府对地方志工作高度重视，取得了很好的成绩，积累了很多好的经验、好的做法，应该认真学习总结；三是了解一下河北省地方志工作还存在什么困难、什么问题，应当怎样加以解决；四是我曾经在河北工作过一段时间，对河北省有着深厚的

---

* 2014年3月18—19日，王伟光到河北省地方志办公室、保定市、徐水县调研地方志工作情况。这篇讲话是根据王伟光在三次座谈会即席讲话录音整理的，曾发表于《中国地方志》2014年第4期。

感情；五是第五次全国地方志工作会议即将召开，为了开好这次会议，需要做好调查研究工作，了解和熟悉地方志工作情况。

从有人类以来，河北就和人类发展史特别是中华民族的命运紧密相连。阳原泥河湾的考古发现，使这一地域成为研究人类起源的重地之一。我们的祖先——周口店的北京猿人、新洞人、山顶洞人就生活在河北一带。远古时期，黄帝在涿鹿打败蚩尤。商朝时商王祖乙迁都到邢台，春秋战国时为燕赵之地，又有幽州、冀州、河北道，再到契丹、辽、金，一直到北直隶、直隶省，河北有着灿烂的文化，名人辈出，创造了中华民族悠久历史中的精彩篇章，是中华民族历史发展的一个重要组成部分。

在中国共产党领导的革命战争时期，河北起着非常重要的作用。中国共产党的创始人之一李大钊就是河北乐亭人，领导建立了中国第一个农村党支部。中国共产党领导的北方较早的农民起义也发生在河北。抗日战争时期、解放战争时期，河北是重要的根据地，涌现了许多可歌可泣的事迹。中国共产党进北京最后一站是在西柏坡。中华人民共和国成立后，河北为首都北京的建设、为中国特色社会主义建设作出了重要贡献，创造了很多奇迹。现在，为了消灭雾霾，为了我们的美丽中国建设，为了生态文明建设，河北人民要作出重大贡献——到2017年要压减6000万吨钢、6100万吨水泥、4000万吨煤炭、3600万重量箱平板玻璃，任务十分艰巨。大家都在说，河北拥有“东方人类从这里走来、中华文明从这里走来、新中国从这里走来”三张亮丽名片和“红色太行、壮美长城、诚义燕赵、神韵京畿、弄潮渤海”五大文化品牌。河北省有搞好地方志工作的丰厚的历史文化积淀，对全国有重要的影响。

历届河北省委、省政府高度重视地方志工作，以省长令的形式颁布了《河北省地方志工作规定》，省政府主要领导担任编委会主任，省政府督查室和省志办联合开展了多次全省地方志工作督查，省法制办与省志办联合开展了关于地方志工作的行政执法检查等，这些举措有力地保障了地方志工作的开展。河北省广大地方志工作者以高度的责任感、历史感，始终如一，兢兢业业，甘于奉献，在地方志工作一线辛勤耕耘，取得了很大的成绩。我代表中国地方志指导小组，向河北省委、省政府表示感谢，向河北省广大地方志工作者表示慰问，对你们作出的贡献表示敬意，希望通过大家向其他同志转达我们的问候。

2014 年 2 月 25 日，习近平总书记到首都博物馆考察时强调："历史文化是城市的灵魂，要像爱惜自己的生命一样保护好城市历史文化遗产。""搞历史博物展览，为的是见证历史、以史鉴今、启迪后人。要在展览的同时高度重视修史修志，让文物说话、把历史智慧告诉人们，激发我们的民族自豪感和自信心，坚定全体人民振兴中华、实现中国梦的信心和决心。"习近平总书记一直十分关心地方志工作，在担任宁德地委书记期间，出席了全区地方志工作会议并发表讲话。在担任浙江省委书记期间，2004 年 10 月视察江山市凤林镇白沙村，看到村民编修的《白沙村志》，鼓励村民把村志继续编修下去；2006 年 12 月在温州市苍南县考察台风"桑美"灾后重建工作时，调阅了《苍南县志》，与当地领导座谈时大段朗读书中关于台风的记载，告诫地方干部要以史为鉴，认清台风活动及其影响浙江的规律，科学决策，不断提高防台风抗台风和处置各类自然灾害的能力。担任上海市委书记期间，专门吩咐市委办公厅致电上海市地方志办公室，要求报送《上海通志》以备查阅。习近平总书记从福建到浙江，从浙江到上海，无论到哪个地方工作，都高度重视地方志工作，并且把修史修志提高到振兴中华、实现中国梦的高度。河北省各级地方志工作机构和广大地方志工作者，要认真组织学习习近平总书记关于修史修志的重要讲话精神，提高对地方志工作的认识，统一思想，全面贯彻落实，推动地方志工作取得新的进步，地方志事业得到新的发展。

地方志是中国特色社会主义文化的重要组成部分，是弘扬中华文明，总结历史经验，提炼历史智慧，为现实服务，为中国特色社会主义建设服务的一项重要工作。地方志于国于家都十分重要。从古至今，做大官的人有之，挣大钱的人有之，而其中名留青史的能有几个？做大官的人能留下名字的，不是因为做的官大，往往是因为给人民干了点好事，比如兴修水利、救灾、是清官等，或多或少有利于历史进步，其余的只能湮没在历史长河之中。还有历史上留名的，是那些在文学上、在思想上、在文化上作出贡献的，留下字、留下话、留下书、留下思想的人。作为方志人，虽然说艰苦、辛苦、清苦，将来在历史上却能留下浓墨重彩的一笔，一部部志书上都有辛勤劳动的编纂者的名字。

通过这两天的调研，我感觉到，做好地方志工作必须做到“八个到位”。

第一，认识到位。

思想认识高还是不高，到位还是不到位，是决定地方志工作能否做好的关键。思想认识高，行动就会自觉，工作就能干出成绩；认识不到位，行动就会不自觉、不到位，工作也不容易做好。各地党委、政府和地方志工作机构要高度重视地方志工作，全面提高对修志、传志、读志、用志重要性的认识，在提高认识的基础上不断提高修志、传志、读志、用志的水平。这四个方面，修志是基础，我们说修志编鉴是主业，是核心的工作；传志是路径，要做好地方志工作的宣传，扩大社会影响，建立好公共服务渠道；读志是手段，要挖掘地方志资源的价值所在、生命力所在、特色所在；用志是目的，要实现修以致用，用地方志工作成果服务经济社会发展大局，服务社会主义建设，服务广大人民群众。各地党政领导认识到位了，地方志工作就能够得到重视。广大地方志工作者认识到位了，有了为这项工作献身的精神，热爱上这项工作，就能够把事情做好。干地方志工作不能为了出名得利，要守得住清贫，耐得住寂寞，要大力弘扬“淡泊名利、甘于奉献、恪尽职守、锲而不舍、开拓进取”的修志人精神。

第二，领导到位。

改革开放30余年的地方志工作实践，最重要的一条经验，就是要坚持“党委领导、政府主持、负责地方志工作的机构组织实施、社会各界广泛参与”的工作体制，各省、各市、各县地方志编委会领导都是由党委、政府的主要领导担任。对于地方志工作来说，领导不重视工作就会落空，领导到位是非常重要的。3月初我们去北京市调研地方志工作，了解到市地方志编委会的主任是市长担任，常务副主任由市委常委、市委秘书长担任，市政府秘书长担任副主任，规格很高。正因为领导重视，北京市对地方志工作的投入就大，有方志馆、有网站、有数据库、增加了机构编制等。领导重视了才有投入，才能解决地方志工作机构、人员待遇、队伍稳定等问题，事业才能发展。当前，河北省地方志办公室面临的一个问题，就是落实好省政府高配省志办领导的文件规定，进一步优化班子。领导继续重视，这个问题得到解决，对于推动工作会十分有利。

第三，机构到位。

国务院《地方志工作条例》规定了县级以上地方人民政府负责地方志工作的机构主管本行政区域的地方志工作，并赋予了统筹规划、组织指导、督促检查地方志工作等五项职能。地方志工作必须有机构来承担。经过这两天的调研，我了解到河北全省的机构有的是单独的，有的是放在政府办，有的是和党史办合并，有的是和档案局合并，还有的是和民政部门在一起。而且，有的地方机构级别比较低，开展工作的难度比较大。我个人的意见，能不能由省政府对全省的地方志工作机构做一次深入的调研，摸一摸情况，由省里统一做出安排。有利于工作开展的就保留，不适应工作需要的就适当进行调整。调研中大家还反映，事业单位分类改革对各地的机构有很大的影响。中国地方志指导小组办公室作为国务院委托中国社会科学院代管的单位，在这次分类改革中，中央编办已经明确，中国地方志指导小组办公室有国务院《地方志工作条例》授予的行政职能，不参加这次分类改革，也就是不划入行政类事业单位或公益类事业单位，现有的参公体制、行使的职能等都不变。国务院《地方志工作条例》颁布施行后，赋予了各级地方志工作机构更强的行政职能，实践证明是这几年地方志事业全面可持续发展的重要原因。所以，机构到位除了要解决机构的设置、编制、级别等问题外，还要继续贯彻落实国务院《地方志工作条例》规定的各项职能。

第四，编制到位。

要干事业，就得有编制，要有人。多大的地区应该有几个人，多大的县应该有几个人，大概要有一个统一的说法。从大家介绍的情况来看，凡是搞得好的地方，编制都比较齐整；凡是工作搞不上去的地方，编制问题就比较突出。地方志队伍要尽可能保持稳定，按编制要求必须放在地方志的，不能长期抽调去干别的。要避免人员来回变动，锣齐鼓不齐，鼓齐锣不齐，唱小生的有了，唱花旦的没了，连个戏班子都凑不起来，戏怎么能唱好，地方志工作也搞不好。

第五，经费到位。

地方志工作的经费要保证。要避免一种错误的想法，投到地方志工作的钱促进不了经济社会发展，能省就省。不能小看地方志的作用。保定的马誉峰市长非常重视地方志工作，经费上给予了很大的支持。我到保定调研时，他们给了我《保定读本》《保定人物志》《保定老照片》三本书，马市长还亲自为《保定读本》写序。这几本书我都看了，写得很好，反映了保定的风土人情、历史沿革、名人逸事等，记录了保定的历史。这些书对保定人民提高道路自信、理论自信、制度自信是非常有说服力的。从保定的历史发展就可以看出，只有在中国共产党领导下我们才能走到今天，只有坚持中国特色社会主义道路、中国特色社会主义理论体系、中国特色社会主义制度才是中国唯一的希望。袁世凯在保定练的新军，那是当时中国最精锐的部队，照样打败仗。北洋大臣李鸿章练的海军照样让日本人打垮。保定军官学校培养了近一万人，1600多人当将军，许多人在国民党部队当军官，照样被人民解放军打败。这就说明没有一条好的道路，没有一套好的理论，没有一个好的制度，没有党的领导，就没有新中国，没有今天。这种教育比讲大话、套话要管用得多，直截了当得多。对地方志工作应该舍得投入点经费。

第六，设施到位。

要为地方志工作创造必要的工作条件，要有办公的地方、放志书的库房、方志馆、计算机网络等现代化的设施设备。河北省地方志办公室不久就要搬新家了，这很好。方志馆也立项了，要抓紧建设。在考察省地方志办公室的时候，我看到把很有价值的清代《畿辅通志》放到几个大铁皮柜里，没有防盗设备，温度、湿度也不适合志书的保存。如果因为保管条件的原因造成这些文物的损坏，得不偿失。当然，设施到位要因地制宜，要符合客观实际，要一步一步来。先把办公的地方解决了，再解决库房、网站、数据库、方志馆等，逐步完善。这些都是保障地方志事业全面发展所必需的，是为老百姓提供公共文化服务的必要设施。

第七，规划到位。

地方志工作要有一个很好的工作规划。像旧志的收集、保管、整理、使用，要有规划。像综合志的编纂、专业志的编纂、部门志的编纂、特色志的编纂等，都要有规划。再一个，年鉴的编纂很重要，也要有规划。按照各地的进度，到 2020 年左右，第二轮志书就要基本完成。第一轮志书完成后，因为当时没有全国统一的规划，第二轮修志启动时间有前有后，完成时间有快有慢，上下限有长有短，发展很不平衡，工作进度参差不齐。所以，第五次全国地方志工作会议要讨论审议《全国地方志事业发展规划纲要（2014—2020 年）（草案）》，解决一些带有全局性的问题。全国应该有全国的规划，省应该有省的规划，市县应该有市县的规划。

第八，工作到位。

“打铁还需自身硬”，“有作为才能有地位”。地方工作是很复杂的，发展问题、稳定问题，千头万绪。地方志工作毕竟不是火上房的事情，不是说今天不管明天就会出问题，所以领导忙的时候可能就很容易忽视了。我们要善于引起领导的重视，要发挥主观能动性，克服困难，奋发有为，把事干好。领导感到你做的事情很有意义，自然也就能够引起重视。要把工作做好，就要认真学习，提高水平。地方志工作有自己的行业特性、专业特性，是一项文化工作，是和笔、纸打交道的，同时与很多学科都有交叉，这就要求从事地方志工作的人要有地方志的专业知识，还要有其他的知识。比如整理旧志，没有点古文和文学修养，连志都看不懂，就谈不上能把工作做好。当然，做地方志工作的同志最重要的是树立政治意识，坚持正确的政治方向和学术导向。此外，还得有全局意识、创新意识、质量意识，要把地方志工作放在当地的经济社会发展大局里来考量，要创新修志、传志、读志、用志的方式，要始终确保志书的质量等。把这些工作扎扎实实做好，地方志工作的社会影响就能扩大，社会效益就能提升，社会地位自然就能提高，领导就会重视，群众也会重视。

这次来河北考察调研，收获很大，看到了河北省地方志工作取得的很大成绩，看到了地方志工作者良好的精神面貌，看到了河北省地方志工作今后广阔的发展前景。第五次全国地方志工作会议即将召开，我们要认真开好这次会议，共同研究一些重大的问题，科学安排和落实好今后的各项工作。衷心希望河北省地方志工作在省委、省政府的进一步关心支持下，在广大地方志工作者的进一步努力下，再创新绩，续写辉煌。

做好地方志工作必须树立“六个意识”*

——在江苏省调研地方志工作时的讲话

（2014 年 4 月 9—11 日）

这次到江苏来调研地方志工作的目的，一是学习，二是了解情况，为开好第五次全国地方志工作会议作准备。为什么到江苏来、到苏北来？因为江苏是走在全国前列的经济大省、文化大省、教育大省、科技大省，同时又是方志大省，素称“方志之乡”，旧志有 1000 多种，占全国的 1/10，修志、传志、读志、用志的历史非常悠久。而苏北是后发展地区、是经济社会发展出经验的地区，盐城是新四军的根据地、是红色文化的所在地，淮安是敬爱的周恩来总理的故乡、是历史文化名城，宿迁是项王故里、人文底蕴深厚。这些，都是做好地方志工作肥沃的土壤。听了副省长曹卫星、省地方志办公室主任方未艾对江苏省地方志工作的介绍，听了盐城市委书记朱克江、淮安市市长曲福田对盐城、淮安的经济社会发展的介绍，听了各地市、县（区）地方志工作机构负责人对地方志工作的介绍，深受鼓舞，很有感触，也很感动。同志们在地方志工作第一线兢兢业业、专心致志、认认真真地做工作，以饱满的工作热情、无私

* 2014 年 4 月 9—11 日，王伟光到江苏省盐城市、淮安市、宿迁市调研地方志工作，分别召开了省市地方志工作座谈会、县区地方志工作座谈会。这篇讲话是根据两次座谈会即席讲话录音整理的，曾发表于《中国地方志》2014 年第 6 期。

奉献的精神把地方志工作做好，取得了巨大的成绩。在这里，我代表中国地方志指导小组，向大家表示问候和感谢，希望通过你们，把我们的问候带给工作在一线的同志们，大家辛苦了！

江苏省地方志工作成绩显著，走在了全国的前列，有几个特点：

一是领导重视。省委书记罗志军同志高度重视地方志工作，对相关工作作出了指示。省长李学勇同志亲自担任省地方志编委会主任和《江苏省志》总纂，副省长曹卫星直接指导协调地方志工作，这次还亲自到盐城主持省市地方志工作座谈会。同时，江苏还颁布了《江苏省实施〈地方志工作条例〉办法》。省委、省政府的有关部门，在制定省地方志工作“十二五”规划、旧志整理、地方志工作经费落实、表彰先进等方面给予了大力支持。这些都是省委、省政府对地方志工作高度重视的体现。

二是成果显著。江苏省首轮修志总体完成质量比较高。第二轮修志自2005年启动至今，扎实推进，111部省、市、县三级志书大多数已完成总纂或终审，部分志书已出版。在全国率先实现了省、市、县三级综合年鉴全覆盖，全省地方综合年鉴发展到100多种。旧志整理推陈出新，收集整理各类旧志近700种，扫描650多种，建立了旧志数据库，启动了《江苏历代方志全书》编纂工程。一些专志的编纂也是方兴未艾，做得很有成效。

三是机构队伍健全。江苏省、市、县地方志工作机构比较健全，确保有机构、有编制、有人，这是做好地方志工作的前提。另外，各级地方志工作机构不断加强建设，练好内功，带好队伍。比如举办不同类型、不同层次的培训班，着力提高修志人员的业务水平；重视对修志人才的使用，表彰奖励贡献突出的单位和个人等，带出了一支作风好、业务精的队伍。

四是制度规范。江苏省建立了一系列的规章制度，比如《江苏省地方志书审查验收及出版办法》《江苏省地方志书审查验收评估办法（试行）》《关于加强第二轮〈江苏省志〉分（专）志终审验收工作规范化管理的规定》等，进一步明确质量要求，规范工作流程，并强化督促检查。这些制度，加强了对志书质量的管理和控制，保障了地方志工作的规范、高效开展，很有借鉴意义。

五是发挥作用。地方志要修以致用，发挥好社会效益。看了你们拍的江苏地方志工作宣传片，内容很好，特别是中间关于修志的几段话，很有指导和借鉴意义。江苏省在开发利用志鉴资源方面做了大量的工作，较好地发挥了地方志存史、资政、教化的作用，对于促进江苏经济社会发展、推动文化建设、教育人民、以史为鉴指导今天的工作，起到了很好的作用。

地方志工作十分重要。要搞好地方志工作，我在河北调研的时候讲了要做到“八个到位”，即认识到位、领导到位、机构到位、编制到位、经费到位、条件到位、规划到位、工作到位。江苏已经有了很好的发展基础，在“八个到位”方面有很多很好的做法。通过调研，我认为，做好地方志工作，还必须树立“六个意识”。

一是要有政治意识。地方志工作者要高举中国特色社会主义伟大旗帜，以马克思列宁主义、毛泽东思想、邓小平理论、“三个代表”重要思想、科学发展观为指导，为实现中华民族伟大复兴的中国梦而努力奋斗，这是对地方志工作最大的政治要求。一定要好好学习习近平总书记对地方志工作的一系列重要指示。2014 年 2 月 25 日，习近平总书记到首都博物馆考察时强调：“历史文化是城市的灵魂，要像爱惜自己的生命一样保护好城市历史文化遗产。”“搞历史博物展览，为的是见证历史、以史鉴今、启迪后人。要在展览的同时高度重视修史修志，让文物说话、把历史智慧告诉人们，激发我们的民族自豪感和自信心，坚定全体人民振兴中华、实现中国梦的信心和决心。”习近平总书记无论在地方工作，还是在中央工作，都高度重视和十分关心地方志工作。他在担任宁德地委书记期间，出席了全区地方志工作会议并发表讲话。讲话十分系统，高屋建瓴，深刻阐述了地方志工作的重要意义，揭示了做好地方志工作的规律，是指导全国地方志工作的纲领性文件。他在担任浙江省委书记期间，2004 年 10 月视察江山市凤林镇白沙村时，勉励村民把《白沙村志》继续编修下去，把新变化写入新村志；2006 年 12 月，他在温州市苍南县考察台风“桑美”灾后重建工作时，调阅了《苍南县志》，并用志书中的记载告诫地方干部要以史为鉴。他在担任上海市委书记期间，2007 年 3 月专门吩咐秘书致电上海市地方志办公室，要求报送《上海通志》以备查阅。我们学习习近平总书记关于修史修志的重要讲话精神，首先要学习如何充分认识地方志工作的重要意义。地方志工作能不能搞好，认识是不是到位很关键。要提高对地方志工作的重视程度，真正认识到地方志工作的“三为”作用，即：为党立言、为国存史、为民修志。我们是为了党、为了人民、为了祖国修志，不是为了个人出名获利来修志。

二是要有奉献意识。要热爱地方志事业，献身地方志事业。常州市志办的同志在汇报时就说，做地方志工作是冷部门冷板凳，但要有热心肠。冷部门是说这个部门没有实权。但冷部门有一个好处，就是可以全心全意做自己的事情，减少不必要的干扰。冷板凳必须要坐，板凳坐得十年冷，文章才能不写半句空，搞修志的不坐冷板凳怎么能行呢？泰兴市的同志在汇报的时候说，地方志工作机构是清贫的、不容易得到提拔和重用的单位，但是不管别人怎么看，我们自己要看得起自己，要看得起我们这份事业的分量。江阴市的同志说，我们的事业并不显赫，但它永远存在。我曾经讲过，从古至今，做大官的有之且不少，挣大钱的有之也不少。江苏是人才辈出、人文荟萃的地方，历史上有不少人才，有大官、名将、大商人，但是真正留名的不多。真正留下名声的，第一是给老百姓做了好事的，比如范仲淹，在盐城修了范公堤。我们到了淮安，缅怀了周恩来总理。周总理永远活在我们心中，是因为他给人民的事业、党的事业留下了丰功伟绩。第二是文章写得好、诗词写得好、散文写得好、有发明创造等，在文化、思想、科技等方面作了贡献的。挣大钱的，比如古代的时候，扬州是盐商的所在地，富可敌国，大盐商老百姓能记住几个？地方志记载的能有几个？我们的地方志事业并不显赫，方志办是冷部门，吃的是“冷猪肉”，但地方志事业是高尚的、重要的。我是学哲学的，一上学老师就讲，你们吃的是“冷猪肉”，吃的是“冷炒饭”，不是热门的，是冷门的。但是不管你自觉不自觉，人人离不开世界观的指导，所以学哲学是研究指导所有人的学问，又是热门。地方志工作跟那些盖大楼的、搞工厂的、修大桥的比起来，不那么显赫，但却是经久不衰的事业。干地方志工作的人要有火热的心肠，要热爱地方志事业，献身地方志事业，要有高度的责任感，一定要耐得住寂寞，才能出成果、出成绩。一本好的志书是熬夜熬出来的，旧社会叫熬灯油、费炕席。涟水县的同志讲，要有“穷干、苦干、拼命干”的精神。拿出这样的精神来，就能把工作做好。

三是要有精品意识。质量是地方志的生命所在，打造精品良志，是做好地方志工作的基础。江阴市的同志提出，要树立精品良志意识，一定要保质保量地搞好志书编纂、年鉴编纂。

做好了修志工作，才能真正做好传志、读志、用志工作。江苏省现在已经出台了不少志鉴质量评价、管理的制度，要继续进行完善。现在是众手成志，要确保志书质量，就得因地制宜、因时制宜，要针对不同志书的特点、年鉴的特点，有资料，有标准，有管理，有评审，有审批，形成一整套的规章制度，用制度来约束。就比如要生产一辆汽车，有各种各样的流程，有零件的要求，每一环节都控制好、衔接好，搞好流程控制，最后才能生产出一辆质量好的汽车。江苏历来就是出名志、佳志的地方，这方面更应该作出表率。

四是要有服务意识。刚才培林同志讲，要有为才能有位。地方志工作要争取领导重视和支持，领导的工作都很忙，事情千头万绪，政治工作、经济工作、思想工作等各项工作都得找主要领导、分管领导。地方志工作靠什么争取领导重视，就是得干出事来，拿出东西来，善于引起领导重视，善于把地方志工作与当地的中心工作、重要工作结合起来，让领导觉得你很有价值，自然就会重视。仪征市志办同志汇报时讲到，对旧志进行了点校整理，还编了《真州史话》等。新沂市志办开展了地方历史文化研究，启东市编纂了资政纪事。丹阳市搞了村村记忆，提出要留下乡音、乡愁、乡情，我再给加一个乡风。这些都是很好的做法。我去河北调研的时候，保定市地方志办编了一本《保定读本》，将保定历史、文化、人物等很多内容编在这个读本里，引起市长高度重视，亲自作序，保定市的4000多名出租车司机每人发一本。因为做了不少事情，保定市政府对地方志工作的经费、机构、编制等方面给予了大力支持。地方志工作不仅是编书存史，还起着资政、教化、育人的重要作用。所以，地方志工作能够做到服务经济社会发展，服务党委、政府的中心工作，服务广大人民群众，才能大有可为，才能大有作为。

五是要有创新意识。编修地方志是一项古老而又新兴的文化事业，要在不断改革创新中焕发新的生命力。比如在地方志工作保障方面，有了方志馆，有了网站，有了数据库，解决了“有”的问题。那么，下一步就得解决如何建好的问题。我听说江苏省方志馆建设得很不错，在全国还是比较领先的。我们去北京市调研时，看到北京市方志馆建得就非常有特色，充分展示了北京的地形地貌、风土人情、经济社会发展脉络等，建成地情教育馆。再比如，地方志工作需要各级地方志工作机构加强统筹规划、组织协调、督促指导、审查验收等，才能把工作做好。发挥这些行政职能靠什么，就要靠制度。建立制度不能凭空而来，应该围绕地方志工作实践，不断总结经验教训，经过提炼创新后再出台。马克思主义哲学认为实践是理论的基础，理论对实践有反作用，理论和实践是相辅相成、缺一不可的辩证关系。地方志工作必须有创新意识，创新从哪里来？是从实践中来。从实践中提炼出理论，再用理论来指导实践。有同志在汇报的时候提到，现在的志书有重经济、轻人文的倾向。以前有同志讲，旧志有一个缺点就是重人文、轻经济。那么，我们就要比较这两种不同倾向产生的社会条件和优劣，一切从实践出发，通过总结经验，加强理论研究，再进行创新，形成比较科学规范的写法。创新一定要有的放矢，有根有据。

六是要有人才意识。人才始终是事业发展的关键。第一要有人才队伍；第二要有好的带头人、好的主任、好的领导班子。一定要在人才培养上下功夫。这方面，张家港市做得不错，很重视人才培养，搞了研究生工作站，县一级志办有6名硕士研究生，难能可贵。宿豫区志办把自己的同志推荐到区委办、组织部，得到了提拔，人才实现了流转。这些都是很好的经验。地方志工作机构虽然是个冷部门，就像启东的同志讲的，有些素质不高的人想来我们还不要。地方志工作并不是谁来都能干好，需要具备四个素质：政治素质。要有政治水平，政治上要过硬，始终与党中央保持高度一致。理论素质。要有一定的理论水平，有理论功底，比如政治理论、史学理论等。文化素质。必须有文字功底，有比较渊博的知识，比如整理旧志，不懂古文、不会断句，是干不好的。专业素质。修志不是简单的一件事情，有体例要求，有写法要求，有入志标准，有基本原则，如果没有修志的专业知识和水准，就修不出好志书。所以，要带出一支高素质的修志队伍，不是一件容易简单的事情。

大家在汇报中也提出了一些困难和问题，比如省地方志办公室是副厅级，工作中“小马拉大车”，级别不高，负重很大；各级地方志工作机构在事业单位分类改革中方向还不明确；有一些地市一级的辖区还没有常设的地方志工作机构，只是临时抽调人员来修志；人才有些青黄不接，老同志退休后没有补充新鲜血液等。这些问题，我已经请分管副省长曹卫星等有关领导给予关注、关心、支持，看是否能够全省统筹安排，妥善解决存在的问题。对于大家特别关注的事业单位分类改革问题，中国地方志指导小组及其办公室已经跟中编办进行了多次沟通，中编办已经明确中国地方志指导小组办公室不参加事业单位分类改革，原有参照公务员法管理、行使国务院《地方志工作条例》赋予的各项行政职能不变。江苏省是不是能够参照执行，请省委、省政府给予关心支持。

江苏省是方志大省，也是方志强省，这与省委、省政府的领导和支持是分不开的，与全省广大地方志工作者的努力是分不开的。希望大家再接再厉，为全国地方志工作的发展闯出一条路子，开创新的局面。

统一思想，提高认识，奋发有为，依法修志*

——在江西省地方志工作座谈会上的讲话

（2014 年 5 月 7 日）

刚才听了江西省地方志办公室、12 个区市地方志办公室的工作汇报，感受很深。这次到江西来，主要是来赣州调研。赣州在推进《国务院关于支持赣南等原中央苏区振兴发展的若干意见》的贯彻落实，在组织落实党的群众路线教育实践活动中工作卓有成效，干部精神面貌很好，引起了中央有关领导的重视。借此机会，在这里召开江西省地方志工作座谈会，目的是了解江西省学习贯彻第五次全国地方志工作会议精神和进一步推动全省地方志事业发展的情况。江西省委、省政府对这次座谈会非常重视，在浙江省考察的强卫书记、鹿心社省长特意打来电话。我代表中国地方志指导小组，对江西省委、省政府对地方志工作的关心支持表示衷心的感谢。

江西是红色文化大省、传统文化大省、生态文化大省，地方志工作取得了很大成绩。首轮修志硕果累累，第二轮修志扎实推进；年鉴工作走上了正轨；省、市、县三级方志馆建起来有 10 余家；信息化建设取得新进展，积累了一定的经验；特别是刚才省地方志办公室主任梅宏介绍的加强对地方志工作的督

* 这篇讲话根据录音整理，曾发表于《中国地方志》2014 年第 9 期。

查指导力度，成立了督查组，实现督办检查，推进国务院《地方志工作条例》和《江西省实施〈地方志工作条例〉办法》的落实，成效明显，很有特色。对于江西省地方志工作取得的成绩，中国地方志指导小组是充分肯定的。在这里，我代表中国地方志指导小组，向在地方志工作第一线的江西全省地方志工作者表示感谢和问候，同志们辛苦了！

刚才，上饶市地方志办公室主任李玉娜讲得好："挥去汗水，擦干泪水，咽下苦水。"我想起一句话："梅花香自苦寒来。"若非一番寒彻骨，哪得梅花扑鼻香？前段时间我在江苏调研时讲过，也像许多地方志的同志说的那样，地方志办公室是冷部门，坐的是冷板凳，吃的是"冷炒饭"，但是我们是用热心肠干热心事。刚才大家汇报的时候，我很受感动，精神气很好，慷慨激昂，非常有事业心、责任心。地方志办公室不管钱不管物、没有权，成不了热部门。但是，我们不能妄自菲薄。现在我们的机遇非常好，党中央、国务院高度重视地方志工作，第五次全国地方志工作会议刚刚召开，要抓住机遇，在全面深化改革的大潮中，中流击水，激流勇进。要沉得住气，静得下心，坐得住冷板凳，成就一番事业。结合同志们的发言，我讲几点意见。

第一，要学习好、贯彻好习近平总书记、李克强总理和刘延东副总理的重要讲话和重要批示精神。

习近平总书记考察首都博物馆时关于修史修志的重要讲话、李克强总理关于地方志工作的重要批示、刘延东副总理在第五次全国地方志工作会议前与部分会议代表座谈时的重要讲话精神，是指导地方志工作和事业发展的思想引领，一定要学好、学透，要在地方志系统掀起学习贯彻的高潮。工作做得好不好，第一位是认识能不能到位。如果对地方志工作认识高，就能克服各种困难，奋发有为，做好工作。经过最近一段时间到四省一市的调研，我认为地方志工作发展不平衡，有工作搞得非常好的，也有滞后的。工作滞后其中一个重要的原因，就是认识不到位。习近平总书记、李克强总理、刘延东副总理今年先后对地方志工作讲了话、作了批示，把做好地方志工作提到激发我们的民族自豪感和自信心，坚定全体人民振兴中华、实现中国梦的信心和决心的高度。同志们要把学习贯彻中央领导讲话和批示精神作为推动工作的第一任务，用三位中央领导的讲话和批示精神来提高认识，统一思想，拿出江西“五朵金花修志、六朵金花编鉴”的干劲和精神，把地方志工作做好。

第二，要传达好、落实好第五次全国地方志工作会议精神。

经中宣部、国务院先后批准，我们圆满召开了第五次全国地方志工作会议。这是地方志发展史上的一件大事，这次会议是承上启下的重要会议，意义十分重大。会议总结了过去5年地方志工作的主要经验，明确了到2020年地方志事业发展的奋斗目标，布置了今后5年地方志工作的主要任务。当前和今后的一个时期，各级地方志工作机构的主要任务，就是传达好、贯彻好第五次全国地方志工作会议精神，抓住这个“牛鼻子”，向前推进地方志工作。要逐级传达会议精神，让广大地方志工作者真正搞明白、搞清楚会议的重要性、会议的要求和会议的精神实质。在这个基础上，谋划好本地区、本单位的发展规划和工作安排。要按照第五次全国地方志工作会议的部署，分层次、有重点地推进今后5年的工作。一个省怎么搞，一个市怎么搞，一个县怎么搞，要谋划好，要针对问题提出具体的措施。

特别是要梳理好本地区、本单位的工作情况，哪些是薄弱环节，哪些是存在的问题，分轻重缓急排列出来，逐一加以解决。要解决存在的问题，解决好薄弱环节，就要按第五次全国地方志工作会议提出的“八个到位”落实地方志工作。“认识到位、领导到位、机构到位、编制到位、经费到位、设施到位、规划到位、工作到位”这“八个到位”，刘延东副总理在讲话中已经明确提出来，我在工作报告中把这“八个到位”当作做好地方志工作的基本经验加以强调。“八个到位”进一步明确了各级政府管理和发展地方志事业的重要职责，明确了各级地方志工作机构的工作职责，是地方志工作和事业发展的保障。比如领导到位，就包含两个方面的要求：一方面，各级党委、政府领导要重视地方志工作，加大支持力度；另一方面，地方志工作机构本身要做跟经济、社会、文化发展密切相关的大事、好事，去争取领导重视。地方志工作不是“上房着火”的事，你不找领导，他就顾不上，要多争取向领导汇报，善于争取领导重视。

第三，要理解好、贯彻好国务院《地方志工作条例》和《江西省实施〈地方志工作条例〉办法》。

党的十八大把依法治国方略提到了新的高度，国务院《地方志工作条例》（以下简称《条例》）是行政法规，地方志工作已经是有法可依了。既然已经有了法，就要做到有法必依。第五次全国地方志工作会议总结的地方志工作的基本经验，其中有一条就是必须大力推进地方志工作法治化、制度化建设，依法开展地方志工作。地方志工作和事业近10年为什么能够取得快速发展，《条例》的颁布实施是关键。江西省政府还颁布了《江西省实施〈地方志工作条例〉办法》（以下简称《实施办法》），这是推进依法修志的重要举措。法律法规是具有权威性和严肃性的，不是想执行就执行，不想执行就不执行。刚才同志们提的意见很多，我们面临着这样那样的问题和困难，解决的关键还要靠《条例》和《实施办法》。也有同志提到《条例》和《实施办法》落实不到位，我看要向领导宣传好、汇报够，主动争取领导到位。要进一步推进《条例》和《实施办法》的落实，就要按照《条例》和《实施办法》逐一对照检查，依法解决那些没有落实的问题。我去河北调研的时候，他们提到通过省政府进行行政督查来落实《条例》，效果很好。江西省在这方面成效也很明显，成立了督查组，搞了督查督办，应该继续坚持。已经被实践证明是行之有效的制度、做法，就要继续发挥作用。

学习贯彻第五次全国地方志工作会议精神，大力推进地方志工作*

——在甘青宁三省（区）地方志工作座谈会上的讲话

（2014年6月13日）

这次到兰州召开甘青宁三省（区）地方志工作座谈会，甘肃省委、省政府高度重视，省长刘伟平同志会后要与我们一行座谈；省委常委、副省长咸辉同志因病未能到会，委托省地方史志办公室主任李虎同志作了书面发言。在此，我代表中国地方志指导小组，对甘肃省委、省政府对地方志工作的关心、支持表示衷心的感谢。

经国务院批准，自去年底由我担任中国地方志指导小组组长。为做好地方志工作，开好第五次全国地方志工作会议，了解各地的工作情况，我先后到了北京、河北、江苏、浙江、江西调研，有的省还开了县一级的地方志工作座谈会，走访了县（区）地方志办公室，比如河北的徐水县、江西赣州的瑞金老区等，了解了基层的地方志工作，有了很多收获。这次到兰州召开这个会议的目的，就是想了解甘青宁三省（区）贯彻落实第五次全国地方志工作会议精神、进一步推进地方志工作的情况，同时就如何加强和改进地方志工作作进一步的调研。当前和今

* 这篇讲话根据录音整理，曾发表于《中国地方志》2014年第8期。

后一个时期，地方志工作的中心任务，就是要认真学习贯彻习近平总书记的系列重要讲话、李克强总理关于地方志工作的重要批示和刘延东副总理在第五次全国地方志工作会议的重要讲话精神，认真学习贯彻第五次全国地方志工作会议精神，落实会议的各项要求和部署，全力推进地方志工作再上新台阶，开创新局面。地方志工作战线上的同志应该掀起一个学习习近平总书记关于修史修志的重要讲话精神，李克强总理和刘延东副总理关于地方志工作的讲话、批示精神的高潮，掀起一个学习贯彻落实第五次全国地方志工作会议精神、大力推进地方志工作的高潮。

刚才，听了甘肃省地方史志办公室主任李虎同志、青海省地方志办公室主任王振青同志、宁夏社科院院长张进海同志关于地方志工作的情况汇报，兰州、白银、酒泉、庆阳 4 个市的同志也介绍了本市的地方志工作情况。我感到，三省（区）地方志工作有新气象、新进展，同志们对学习贯彻中央领导同志的重要讲话、批示精神，对学习贯彻第五次全国地方志工作会议精神，认识到位、行动到位、措施到位。特别是三省（区）的党委、政府和主管领导高度重视，把学习贯彻中央领导讲话和批示精神、会议精神，进一步推进地方志工作列入政府工作的重要议题，有的省还准备上省政府常务会议，总体上贯彻落实工作很不错。甘肃是西北地区有着优良修志传统的大省，整理出的历代方志有 270 多种，唐代的《沙洲志》是地方志宝库中的经典文献。兰州、白银、酒泉、庆阳 4 个市的工作做得也很不错。刚才李虎同志讲，甘肃地方志工作处于历史最好的发展时期。青海在吃透会议精神上下了不少功夫，在谋划推进工作中理思路、出措施、见成效，提出要具体抓好“三个层面、七项任务”，向省委、省政府领导及省地方志编纂委员会提交了

《关于第五次全国地方志工作会议主要精神及初步贯彻意见的报告》，特别是省方志馆建设取得重大进展，思路清晰，措施得力。宁夏回族自治区政府高度重视地方志工作，利用“5·18”方志宣传日活动加大宣传力度，为贯彻全国会议精神营造了良好氛围，自治区方志馆建设也有了新进展。三省（区）的地方志工作成绩说明，欠发达地区地方志工作不一定做得差，关键在认识、关键在领导、关键在落实、关键在人才。第一个关键——关键在认识。认识有多高，行动就有多自觉。要做好地方志工作，提高认识、统一思想是第一位的。第二个关键——关键在领导。领导重视不重视，效果不一样。像甘肃省，从省到市、到县机构比较健全，虽然提到有些县（区）机构还存在不少困难。要解决比如机构、编制等问题，关键还是在领导重视不重视。第三个关键——关键在落实。千言不如一行，工作能不能取得成效，就要看能不能落在实处。比如方志馆建设，盯紧了、盯死了，就能落实；稍一松口，不努力，就落实不了。第四个关键——关键在人才。事总是人干出来的，队伍强，人员素质高，工作就会上台阶、出成效。队伍弱，人员素质参差不齐，要把事情干好就难。三省（区）在这“四个关键”的把握方面，有很多很好的做法，取得了不少成绩，解决了不少问题。在这里，我代表中国地方志指导小组，对大家付出的辛勤努力表示由衷的敬意，并通过你们，向三省（区）的广大地方志工作者表示亲切的问候。下面，我提几点要求。

一要高度重视地方志工作，以有为谋有位。我到几个省（市）去调研，同志们讲，地方志工作干的是冷部门、坐的是冷板凳、吃的是“冷猪肉”、见的是冷面孔。我在江西调研时，上饶市地方志办公室主任，是个女同志，说她有“两热”：第一是热眼泪，第二是热心肠。她说遇到委屈时就流眼泪，流完眼泪，就用热心肠去影响领导，工作做得很好。地方志工作机构虽然是冷部门，工作虽然是坐冷板凳，办事往往碰上冷面孔，但是我们一定要有热心肠，就是热爱地方志工作。有了热心肠，就可以在冷部门坐住冷板凳，就可以吃好“冷猪肉”，就可以去贴热冷面孔，把冷机构办成热部门。地方志工作虽然冷，但是意义重大。它记录历史，传承文明，服务当代，益于后世，利在当代，功在千秋。第五次全国地方志工作会议进一步明确了地方志工作和事业发展在实现“两个一百年”奋斗目标和中华民族伟大复兴中国梦进程中的地位和作用，提升到新的高度。我们要充分认识地方志工作在中国特色社会主义文化建设中的地位与作用；充分认识加强地方志工作对于弘扬社会主义核心价值观，弘扬优秀传统文化，提高国家文化软实力，实现中国梦的地位和作用，是一项不可或缺的重要事业。古来做官要抓两件要事，一是干事，二是修志。《红楼梦》有一句话：“古今将相在何方？荒冢一堆草没了！”从古至今，名相名将很多，至今有几个留下名声？连坟都没有了。而真正留名留姓的是干了好事的、留下好文字的。我们从事的这项工作，虽然艰苦、辛苦、清苦，但是意义重大。希望同志们高度重视地方志工作，要通过有为去谋有位。

二要加强督办检查，依法推进地方志工作。地方志工作是有法可依的，就是国务院《地方志工作条例》这一行政法规。全国大多数省都有地方的地方志规章，像甘肃、宁夏已经有了。《地方志工作条例》明确了各级政府领导和管理地方志工作的职责，是责任主体。对于地方志工作，首先要明确职责。地方志工作是官职、官责，是各级政府的一项重要工作，各级政府必须依法加强对本地区地方志工作的领导和管理。各级地方志工作机构是代表本级政府行使对本行政区域地方志工作的管理、指导和规范的部门。各地应该建立省人大、省政府依法检查地方志工作的制度，检查《地方志工作条例》和地方地方志规章的落实，检查第五次全国地方志工作会议精神的贯彻落实。地方志办公室自身也要建立督办制度，根据修志任务，对市县、各部门的工作进行督办检查，定期召开督办检查工作会议，表彰先进，促进后进。

三要健全机构、落实编制、加大投入，全面改善地方志工作条件。机构、编制、经费等，是确保地方志工作顺利开展的必要条件。各地在地方志机构、编制、经费投入方面为什么差别比较大？有外因，也有内因。外因是领导重视不重视，内因是地方志工作有没有做好。毛泽东主席在《矛盾论》里讲，外因是变化的条件，内因是变化的根据。鸡蛋有温度之后，就能孵出小鸡来。石头你给它再高的温度，也孵不出小鸡。解决地方志工作条件问题，要主观努力和客观条件相结合。各级党委、政府要重视起来，提供必要的保障。地方志工作是花小钱的工作，配个机构、有几个人、花点钱就能把历史记录下来，把经济、社会、文化发展脉络记录下来，把时代变迁记录下来，价值不可估量。内因就是各级地方志工作机构要把工作做好，去争取机构、编制、经费。第五次全国地方志工作会议召开了，习近平总书记关于修史修志的重要讲话精神，李克强总理和刘延东副总理关于地方志工作的讲话、批示精神，要及时跟领导汇报。争取领导重视，关键还在我们地方志的干部，要敢于找领导，反复找，反复讲。我们是为了工作、为了事业去找领导解决问题，领导肯定也会支持。

四要切实保证志书质量，加快修志进度。总体来讲，各地修志进度并不平衡，有的省快，有的省慢，有的第二轮修志在这一两年内就要完成了，有的省是刚刚起步，进展还比较慢。

第五次全国地方志工作会议提出，要在2020年全面完成第二轮修志，这是按照《地方志工作条例》地方志书每20年左右编修一轮的规定提出来的。现在算来，还剩下6年的时间，有的省（区、市）的压力还是比较大的。要吸取首轮和第二轮修志衔接不好的教训，断限参差不齐，进度快慢不一，造成了很多问题。当时有当时的困难，是要保机构、保人员。现在地方志事业发展已经到了新阶段，在进度上要有统一的要求。希望三省（区）建立本地区的修志进度表，对后进的地区、部门要加强督促指导，按进度表来推进工作。当然，进度必须服从质量，没有质量只有进度没有意义。要建立严格的审查验收制度，要加强业务指导，修合格志书，力争出精品佳志。要有“铁肩担道义，妙笔写春秋”的追求，地方志是要留存后世的，不能贻误后人，要对历史、对人民负责。

五要积极开展读志用志，做好服务工作。修志的目的是要服务经济社会发展，服务当代，做到经世致用。西部是欠发达地区，甘青宁的地方志工作更要放在服务经济社会发展大局中考量，积极为经济社会发展作贡献。文化软实力是经济发展的重要基础。比如旅游开发，靠的就是丰厚的历史文化积淀。莫高窟、麦积山，都是举世闻名的地方，大家都非常向往。这是为什么？就是因为有文化、有历史，大家来了很震撼，很有收获。开发利用地方志资源为经济社会发展服务，各地都有很多生动的例子。有的为申报世界文化遗产提供资料，有的考证出某种产品或经济作物成为当地的特色产业，有的利用地方志帮助招商引资等。要做好地方志资源开发利用这一篇大文章。地方志工作只有放在各地党委、政府的工作大局中，放在经济社会发展大局中，出谋划策，出工出力，才能大有作为，才能有发展空间，才能有更大的现实意义。

六要集中解决老大难问题，实实在在干几件事。同志们刚才提出一些难点问题。难点问题是阻碍地方志工作发展的“老大难”，不解决不行。饭要一口一口吃，问题要一个一个解决。这次调研，选择西部地区的一个重要目的，是想实地看一下西部地区、经济欠发达地区、少数民族地区地方志工作到底存在什么样的困难和问题，中国地方志指导小组能不能给予适当的支持。回去以后，我们要结合大家提出的困难和问题，结合调研的情况，研究支持的政策。最近几年，中国地方志指导小组办公室开展了系列的培训，去年开始全国地方志工作机构新任负责人培训班已经对西部地区的同志免了费用，这方面还要继续加强。要建立地方志业务人员分级培训制度。今后，中国地方志指导小组办公室重点是培训各级地方志工作机构负责人，各省（区、市）也要分级分层次培训。要制定长期和年度培训计划，分批分层次加强队伍建设。另外，在出版方面、经费支持方面，要适当进行考虑，出台相应的政策。

同志们，甘青宁地方志工作对全国地方志事业发展十分重要，希望大家继续努力，探索出一条经济欠发达地区地方志工作发展的新路子，为全国提供新经验、新思路，为三省（区）经济社会发展作出新的更大贡献。

地方志工作要落到实处*

——在黑龙江省地方志工作座谈会上的讲话

（2014 年 6 月 29 日）

这次到哈尔滨来，主要办两件事情：第一件是上午参加了中俄博览会的中俄经济合作高层智库研讨会，请了俄罗斯和中国的著名智库学者，研究讨论中俄经济合作问题；第二件是下午到省地方志办公室和同志们见一见面，了解一下黑龙江省的地方志工作情况。刚才，受到了于莎燕副省长、省地方志办公室的全体同志，还有地市县、云山农场的同志的热烈欢迎，向大家表示感谢。

我曾是黑龙江省生产建设兵团的一名知识青年，17 岁到了北大荒，27 岁考到了北京大学，一共在北大荒工作了 10 年。可以说没有黑龙江父老乡亲的关心照顾，没有黑龙江山山水水的伴随，不会有我的今天。在黑龙江时，种过地、开过拖拉机、伐过木、打过石头、盖过房子。现在，看到黑龙江巨大的变化，城市建设日新月异，人民群众安居乐业，我感到由衷的高兴。我的青春是在北大荒度过的，“春度北大荒，无怨无悔”。回想起来，那个时候充满着对国家建设的热情、对工作火热的情感、对黑龙江父老乡亲和山山水水的感激之情，青春能在这里度过，

* 这篇讲话根据录音整理，曾发表于《中国地方志》2014 年第 9 期。

一生获益。

刚才听了于莎燕副省长和隋岩主任的情况介绍，看了省方志馆展览，听了大家的汇报，认为黑龙江省地方志工作成绩显著。省委、省政府对地方志工作高度重视，书记、省长亲自关注。省市县、农垦和森工的地方志工作扎实全面，贯彻落实第五次全国地方志工作会议精神措施得力，第二轮修志稳步推进，志、鉴、库、馆、网、开发利用、理论研究等各业并举，形成了黑龙江省地方志文化品牌，为黑龙江经济社会发展作出了贡献。在工作中有很多很好的经验做法。比如哈尔滨市地方志办公室提出的“一体两翼”的工作思路，“七业”共同发展的工作推进方案，还有“韧劲、闯劲和巧劲”三结合的工作办法，以及垦区志办“一纳入、八到位”的做法，都值得肯定。顺便说一下，我这次来和省委书记王宪魁达成一个共识，就是由中国社科院和黑龙江省社科院合作编一部《农垦史》。从 20 世纪 50 年代初开始，10 万官兵在东北三江平原的亘古荒原上战天斗地、垦荒拓边，几代人用青春、汗水甚至生命，培育了“艰苦奋斗、勇于开拓、顾全大局、无私奉献”的北大荒精神，感天动地。这段历史是黑龙江的光荣，也是一笔重要的精神财富，必须记录下来。这项工作启动后，黑龙江省地方志系统的同志们要配合做好，特别是趁着农垦战线的很多老同志还在，把口述史搞出来。这次调研虽然时间短，但是收获很大。对下一步的工作，我提几点意见。

第一，统一思想，提高认识。

习近平总书记关于修史修志的重要讲话精神，李克强总理和刘延东副总理关于地方志工作的讲话、批示精神，是我们搞好地方志工作的指南，要组织干部职工学习好、领会好、贯彻好。最近出版的《习近平总书记系列重要讲话读本》，大家要认真组织学习，用习近平总书记系列重要讲话精神指导地方志工作。习近平总书记对地方志工作非常重视，在担任福建宁德地委书记的时候，专门出席地方志工作会议，指导地方志工作并发表重要讲话。在担任浙江省委书记的时候，到江山市白沙村考察，翻阅了村志，鼓励村民继续编修村志。在上海，多次过问和利用地方志。今年 2 月 25 日，在首都博物馆考察时指出，要高度重视修史修志、把历史智慧告诉人们，激发我们的民族自豪感和自信心，坚定全体人民振兴中华、实现中国梦的信心和决心。对第五次全国地方志工作会议，李克强总理专门作了重要批示，提出“修志问道，以启未来”，这句话的分量是很重的，内涵也很丰富。刘延东副总理在百忙之中，专程在第五次全国地方志工作会议召开前与部分代表座谈，发表了重要讲话，于莎燕副省长当时也在场。刘延东同志讲得非常诚恳，对地方志工作高度重视，提出了一系列的明确要求。同志们要反复组织学习中央领导的讲话和批示，在这个基础上把第五次全国地方志工作会议的文件精神吃深、吃透，统一思想，提高认识，提高做好地方志工作的自觉性、积极性和创造性。地方志工作是“究天人之际，通古今之变”，总结和挖掘历史智慧，是一项崇高的职业，“为党立言、为国存史、为民修志”，必须做好。

第二，形成思路，明确举措。

思路决定出路，有了好的指导思想，上级有了好的文件精神，有了好的指示，要落实到各单位，首先要求各单位必须根据上级精神和本单位的实际提出思路和办法。第五次全国地方志工作会议确定了我们今后 5 年的奋斗目标和主要任务，在新形势下，在新要求下，如何结合各地实际提出推动地方志工作发展的思路很重要。刚才，听了省地方志办公室和几个单位的汇报，我看思路就很清晰。有了一个明确思路后，还要有具体的办法和措施，目标是什么，要解决什么问题，要达到什么要求，都必须明确。工作总是一项一项做的，“不积跬步，无以至千里；不积小流，无以成江海”。思路再好，目标再明确，没有具体的措施，不抓几件大事，是实现不了的。黑龙江省要结合第五次全国地方志工作会议精神提出今后5年的工作思路和具体的措施办法，特别是要结合会议提出的“八个到位”，也就是认识到位、领导到位、机构到位、编制到位、经费到位、设施到位、规划到位、工作到位，一条一条对照，看在什么方面欠缺，一条一条补齐补强。还有，第二轮修志什么时候完成，第三轮修志什么时候开始，史、志、鉴三者是什么关系，在史、志、鉴的基础上如何搞好馆、网、库的建设，如何做到修志、传志、读志、用志协调发展，如何利用地方志为经济社会发展服务，要一项一项检查落实。我们修志的目的，并不是为了修志而修志，而是要通过地方志工作总结地情，总结地域发展经验，以史为鉴，以志为鉴，为经济社会发展服务，为党委、政府的中心工作服务。

第三，督办检查，狠抓落实。

会开了、领导讲话了、文件发了，但所有这一切，说到底就是“落实”两个字。“一打纲领不如一步实际行动”，想得好、说得好，更重要的是要落在办得好、干得好上。一定要在“落实”两字上做文章、下功夫。地方志工作来不得一点虚假，要一个字一个字落在笔上、纸上，一件事一件事落到实处，工作才算完成。光开了会、讲了话，最后志书、年鉴编不出来，方志馆建不起来，方志网没内容，那地方志工作成绩在哪？体现不出来。地方志工作要落到实处，必须加强督办检查。比如说省里召开会议落实第五次全国地方志工作会议精神，那么市县什么时候开，要加以检查。刚才在汇报的时候提到《黑龙江地方志工作规定》最近要颁布了，颁布后能不能针对地方志法治化、规范化、制度化开展一次专项的督办检查。趁热打铁，利用贯彻落实第五次全国地方志工作会议精神的机会，利用进一步深入贯彻落实国务院《地方志工作条例》和《黑龙江省地方志工作规定》的机会，办几件大事，解决影响地方志工作的主要问题，把全省的地方志工作水平提高到新的层次、新的水平。

要继续发挥排头兵作用*

——在广东省地方志工作座谈会上的讲话

（2014年8月15日）

很高兴到深圳市来听取广东省、广州市、深圳市、清远市地方志工作的情况汇报，与广东各地市地方志工作机构的主要负责人座谈。广东省委常委、常务副省长徐少华同志和省政府副秘书长杨绍森同志专程从广州赶过来参加会议，代表胡春华书记向大家问好，我代表中国地方志指导小组和调研组一行，表示衷心的感谢。

毛泽东主席在《反对本本主义》一文中说过："没有调查，没有发言权。"第五届中国地方志指导小组成立一年多来，我们已经到了12个省（区、市）调研，目的是推动各地的地方志工作，筹备第五次全国地方志工作会议，了解第五次全国地方志工作会议后各地的贯彻落实情况。我这次到深圳来，有两个任务，一是参加中国辩证唯物主义研究会2014年年会暨第二届马克思主义哲学中国化深圳论坛，二是了解广东省的地方志工作情况。每次调研和座谈都有很大的收获，刚才听了大家的情况汇报，我想从三个方面谈点体会：

* 这篇讲话根据录音整理，曾发表于《中国地方志》2014年第10期。

第一，广东省已经成为全国地方志工作的排头兵。

刚才培林同志讲了广东省地方志工作的“四个率先”，我们两个人的看法不谋而合。之所以说广东省是全国的排头兵，有四个领先。一是认识领先。广东省委、省政府高度重视地方志工作，充分认识地方志工作的重要意义，从法治化建设、机构编制支持、经费保障等各个方面给予大力支持，在重视程度上做到在先。二是领导领先。刚才听了省里、深圳市、广州市、清远市的工作汇报，有一点感受很深刻，就是主要领导亲自关心过问，分管领导工作十分细致、到位。你们讲了两个例子：一个是徐少华同志对地方志工作的重视和关心，分管才一年多，就数次到省地方志办现场办公，解决机构、经费、办公用房等各类问题。还有讲到深圳市委书记王荣同志，带队调研地方志工作，解决存在的困难和问题，协调解决深圳方志馆的建设问题。三是工作领先。按照全国的总体部署，2020 年要全面完成第二轮修志任务，广东省今年已经实现全面完成，提前了 6 年，其他各项工作也是有声有色、全面发展。四是制度领先。没有规矩，不成方圆。广东省有了省政府的地方志工作规定，还建立了其他的一系列规章制度，特别是地方志资料年报制度，广东是倡导者和先行者。经过几年的实践，收到了很好的效果。在第五次全国地方志工作会议上，已经把这项制度向全国推广。

第二，广东省地方志工作特点鲜明。

为什么说广东省是全国地方志工作的排头兵、在四个方面领先，不是空穴来风，是因为广东省的地方志工作扎扎实实、特点突出。一是领导高度重视。不仅仅是省、市、县三级党委、政府领导重视，还包括全省各级地方志工作机构的领导认真履行职责。党委、政府的领导高度重视，各级地方志工作机构的领导高度重视、有所作为，形成了合力，广东省的地方志工作才能迅速发展。我们调研走过不少地方，广东是在机构、编制、经费、人员等方面提出问题最少的地方，说明这些问题已经得到有效解决。要解决这些问题，没有领导重视是不行的。这次听到的就只有深圳市史志办现在还是个副局级单位，在推动工作过程中存在一些困难。刚才你们的领导也说了，深圳市史志办虽然是副局级单位，但是把自己当正局级干工作，工作做得很好，这是难能可贵的。这也证明深圳市地方志工作有一个好的带头人，有一支有战斗力的队伍。二是思路清晰、科学。刚才广东省地方志办公室主任陈强在汇报的时候，提出广东省地方志工作的思路是“明确一个主题、做好三个服务、强化三项保障、实现五位一体发展”，把地方志当作大事业来做，值得肯定。还有清远市提出来的“学、易、用、新”四个字。从“学”开始，以学带动队伍建设；围绕“易”字开展工作，建立各项体制机制，使工作易于推动；再在“用”上下功夫，开发利用好地方志文化资源；最后在“新”上做文章，不断创新工作内容。用四个字来解决地方志工作整体推进，很有特点。思路决定出路，有了正确的思路，往往能够事半功倍。三是事业发展根基牢固。广东省的地方志工作水平和作为改革开放窗口的地位，以及率先全面建成小康社会的目标是相匹配的，第二轮修志率先完成，旧志整理率先完成，省、市、县三级综合年鉴编纂实现全覆盖，地情网建设实现全省全覆盖，方志馆建设全面推进，深圳市方志馆有一万多平方米，广州市方志馆已经确定一万多平方米，省方志馆也是一万多平方米，在“修志、传志、读志、用志”四个方面实现协调发展，根基很牢。四是志鉴质量加强。刚才汇报时你们提到,《广东年鉴》《广州年鉴》《深圳年鉴》多次获奖，《广东省志（1979—2000）》近期还入选了“十二五”国家重点图书、音像、电子出版物出版规划，说明广东的志鉴质量抓得很实。质量是志鉴的生命，质量出问题，一切的努力都会付诸东流。广东能够在提前完成的同时把质量搞好，值得肯定。五是服务水平提高。广东在修志为用、修用并举、服务社会，大力开发利用地方志文化资源推动地方经济社会发展方面，成绩突出。刚才广州市在汇报的时候提到，通过调查，广州市的年轻人有24%对地方志有了解，我看能有这样的数据，说明广州市地方志工作做得有成绩。省、市、县三级地方志网站联网并实现资源共享，省地方志办定期编辑《广东印记——省情集萃》简报寄送给全省正厅职以上党政主要领导干部学习等，都是很好的做法。六是各项保障到位。广东省在事业单位分类改革中已经明确跟中国地方志指导小组办公室一样，不参加分类，给全省各级地方志工作机构与全体地方志工作者吃了个“定心丸”。另外，2011年省地方志办从副厅级升为正厅级，省、市、县三级都有地方志工作机构并且全部参公管理，机构编制比较到位，经费比较有保障，与高等院校合作开展多层次的培训等，机构队伍建设很有成效。在几次调研时我都讲过，地方志工作要做好，首先得有机构、有编制、有人、有经费，没有这些，干不成事情。正因为广东在这些方面的保障到位，工作才能这么突出。七是理论研究深入。地方志工作要搞得好，还得靠两条腿走路，既要靠行政推动，又要开展好理论研究，缺一不可。广东在抓理论研究方面，措施比较得力。两年开展一次全省地方志理论研讨活动，连续几年在《中国地方志》期刊发稿量名列全国前茅，有不少水平比较高的理论成果，说明广东在地方志理论研究方面，还是比较靠前的。八是贯彻落实扎实。广东省贯彻落实第五次全国地方志工作会议精神扎实有效。比如正在草拟《中共广东省委办公厅、广东省人民政府办公厅关于进一步加强地方志工作的意见》，提出贯彻落实第五次全国地方志工作会议精神的意见。另外，把贯彻落实会议精神重点放在做好第三轮修志的准备、深入开展地方志文化资源开发利用、积极推动地方志工作向基层延伸等方面，抓得很实。

第三，广东省地方志工作要继续发挥排头兵作用。

现在当了排头兵，不见得以后就是排头兵。广东省地方志工作有这么好的基础，应该有更高的标准，发挥更大的作用，继续当好排头兵。我提六点要求：一是学习好、理解好习近平总书记关于修史修志的重要讲话精神，李克强总理和刘延东副总理关于地方志工作的讲话、批示精神。干好地方志工作、发展好地方志事业，最重要的是要有坚定正确的政治方向，始终与党中央保持高度一致，把思想认识统一到中央精神上来。当前和今后一个时期，全国地方志系统的重要任务就是要学习好习近平总书记关于修史修志的重要讲话精神，学习好李克强总理和刘延东副总理关于地方志工作的讲话、批示精神。要把学习好、理解好中央领导讲话精神作为地方志干部学习与培训的重要内容，有针对性地开展学习，把中央精神吃透。地方志工作机构的理论中心组要带头学习，还要组织骨干和全体工作人员学习。一定要把学好、理解好、应用好中央领导讲话和批示精神摆在首要位置。二是贯彻好、落实好第五次全国地方志工作会议精神，全面推动各项工作。要把贯彻落实第五次全国地方志工作会议精神作为当前地方志工作的中心任务，抓好、抓紧、抓实。以省委办公厅、省政府办公厅名义印发的《关于进一步加强地方志工作的意见》是重中之重，如果成熟了，希望能抓紧印发。贯彻落实会议精神，一定要抓实抓实再抓实，不是念念文件、谈谈体会、讲讲感受就行了，而是要理思路、定目标、找定位、补弱项、抓落实，一定要有一个总体的方案，一项一项抓，才是真正落实会议精神。三是按照“一纳入、八到位”的要求，逐项抓好检查督办，进一步推进地方志事业科学发展。做好地方志工作的要求有很多方面，核心是“一纳入、八到位”。总的来看，广东省比较好地落实了“一纳入、八到位”要求，但基层还有不到位、不落实的地方，还有空白点，要一项一项督办检查，加以落实。四是深入开展地方志文化资源开发利用，努力为经济社会发展大局服务。地方志工作一定要围绕中心、服务大局。地方志工作无所作为，领导自然而然就不重视。要有所作为，就要做到为党委、政府的中心工作、为当地的经济社会发展大局服好务，把开发利用地方志文化资源摆在更加重要的位置，让领导觉得地方志办公室有用、能用。地方志工作有了作为，领导才能更加重视地方志工作。五是积极推动地方志工作向基层延伸，努力做好乡镇和行业地方志工作。这几年地方志工作有一个新动向，就是社会关注度更高了、影响力更大了，各种社会组织、力量参与更加广泛了，行业志、部门志、行业年鉴、村镇志、特色志等编修越来越多了。广东的第二轮修志马上结束，要把握好新形势，把地方志工作向基层延伸。特别是要通过几年的时间，打牢市县地方志工作的发展基础，因地制宜发展好市县地方志工作。基础不牢，地动山摇。地方志工作要发展繁荣，关键是省、市、县三级联动，行业部门志、乡镇志编纂各显神通，形成科学、完善的地方志工作体系和成果体系。这样，地方志作为基础文化工程的地位就能不断凸显，在文化建设的地位作用就会更加突出。六是认真总结经验，谋划好“十三五”发展规划。在这方面，广东省要带头，要先行先试。要认真总结“十一五”“十二五”期间广东省地方志工作的做法与经验，广泛开展调研，查找分析存在的问题，谋划“十三五”地方志事业发展规划，特别是谋划如何为第三轮修志做好理论准备、资料准备和队伍准备。

同志们，广东省是改革开放的前沿阵地，广东省地方志工作是全国的先进典型，希望大家继续发挥“敢为人先、务实进取、开放兼容、敬业奉献”的广东人精神，挑起重担，为全国地方志工作的全面协调可持续发展闯出一条路子。

思路决定出路，大力推进地方志工作上新台阶 *

——在山东省史志工作座谈会上的讲话

（2014 年 9 月 17 日）

今天下午在威海召开山东省史志工作座谈会，山东省委、省政府和威海市委、市政府高度重视，山东省副省长和威海市委书记专门参加会议并作了讲话。在此，向山东省委、省政府，向威海市委、市政府表示衷心感谢。刚才听了省史志办公室主任刘爱军和 8 个市县的史志办公室主任的发言，很有感触，听到了不少第一手的地方志工作情况，对进一步了解地方志工作规律提高了认识。借此机会，也通过在座的各位史志办公室主任，向山东全省广大地方志工作者表示崇高的敬意和诚挚的问候。

我经常和培林同志讲，我们两个人虽然是中国地方志指导小组的组长和常务副组长，但同时也是地方志工作的新兵。我虽然在担任中国社会科学院常务副院长期间也接触了中国地方志指导小组办公室的一些工作，但了解还是不够深入具体。在座的各位是老兵新传，我和培林同志是新兵新传，所以必须加强调研。不到一年的时间，我们走了十几个省（区、市），了解

* 这篇讲话根据录音整理，曾发表于《中国地方志》2014 年第 12 期。

了很多实实在在的情况，收获很大。听中国地方志指导小组办公室的同志讲，山东省地方志工作一直走在全国前列，是方志强省。今天听了，感到实至名归。

刚才大家介绍了很多新鲜、管用的经验。济南市在前期进度较慢的情况下，第二轮修志迎头赶上，进度很快，质量建设也抓得很实。青岛市采取建立总编室制度、专家库制度、“五轮十校”制度和专家带课题、专家带徒弟制度，在志书编纂过程中树立精品意识。威海、临沂做到机构到位、编制到位，这充分体现了威海、临沂市委、市政府领导对地方志工作的高度重视。我在北京市调研时讲过，1958 年大办民兵时毛泽东提出民兵工作“三落实”，第一是组织落实，第二是政治落实，第三是军事落实。地方志工作首先得有机构、有编制、有人员、有经费，才能开展起工作来。威海、临沂地方志工作做得好，首先就是做到组织落实。潍坊市也介绍了很多好的经验，其中有一条叫“深入挖掘历史文化资源，服务潍坊经济社会发展，紧紧围绕中心服务大局”。特别是听了临朐的经验介绍，感触很深。“临朐经验”我看最重要的是要有一个坚定的信念，要有一个好的思路，要有一个好的带头人，要有一支好的队伍。一个县级地方志工作机构有 23 人，会员有 131 人，这是很不错的。另外还谈到要有一种奉献精神。冷板凳要坐得长，最重要的支撑还是信念——要热爱这个事业，要有为这个事业做奉献的决心和恒心。西汉的司马迁编写了《史记》，鲁迅称之为“史家之绝唱，无韵之离骚”。但司马迁是受了腐刑，忍着奇耻大辱编出《史记》来的。如果没有信念的支撑，我看是编不出来的。我到江苏调研时讲过，从古至今做大官的有之，挣大钱的有之，但是真正留下名声的，或给老百姓干了好事的，或文章写得好、留下思想、留下文字的。像李白，后世记住他更多的是因为他是“斗酒诗百篇”的文豪，留下了千古传诵的诗篇，而不是他做了多大的官。修志人留下了字，留下了志书，虽然默默无闻，却给后人留下了思想。所以地方志工作虽然坐冷板凳，但是是光荣的。地方志工作除了上级重视、群众支持，还要靠地方志工作者发扬坚韧不拔、甘坐冷板凳的奉献精神。司马迁写《史记》的时候可不是为了解决级别，不是为了课题费，靠的是一种意志，一种思想，一种决心，一种信仰。当代的修志人，更需要一种奉献精神，一条能编出好志书的路子，一股开拓创新的精神，一个好的体制机制。临朐的经验山东要好好总结推广，点燃一盏灯，照亮一大片。烟台市史志办公室配合市委、市政府中心工作，全力参与文化事业发展，做了不少工作。还有东营，提出“跳出来审视自我、走出去开阔视野、坐下来用心干事、融进去共铸和谐”的工作理念。思路决定出路，作为决定地位，一个地市史志办公室获得了22项各个级别的表彰，就足以证明工作成绩很大。其他的地方也有很多很好的经验做法，我就不再一一列举了。

山东省地方志工作能够走在全国的前列，有几个表现：第一，领导高度重视。省委书记亲自担任省史志编委会名誉主任，省长担任主任，分管副省长担任副主任，还有其他省领导也很关心支持。另外，各市、县（市、区）普遍建立党委书记任名誉主任，政府主要领导任主任、副主任的史志工作领导机构；最近，省编办发文明确省史志办公室不参加这次事业单位分类改革，各级政府都依法将史志工作经费纳入财政预算并足额拨付等，表明山东各级党委、政府、各部门对地方志工作是高度重视的。第二，志鉴编纂工作成绩显著。按照全省统一部署，山东将在2018年完成第二轮修志，年鉴编纂实现全省覆盖和基本达到一年一鉴，专职地方志工作人员有1500人左右，部门志、行业志、乡镇村志编纂逐渐铺开，在全国还是比较突出的。第三，法治化、制度化建设全国领先。山东省对地方志法治化、制度化建设十分重视，全省17个地市、137个县（市、区），已经有16个市、125个县（市、区）颁布实施史志工作的法规、规章或规范性文件，剩下的1个市、12个县（市、区）也将在今年年底前全部颁布实施。从省、到市、到县都出台地方志法规、规章或规范性文件，在全国就山东一个省。第四，基础设施建设稳步推进。山东在全国率先全面建成省、市、县三级地情资料库和地情网站并实现联网，信息化建设被省政府纳入“全省文化信息资源共享工程”。“山东省情网”访问量达到1100多万人次，各市县史志机构通过开通官方微信、微博、英文版市情网站等，拓展了史志信息传播范围。2003年，省方志馆就建成投入使用，现在建成的市级方志馆（室）有14家、县级方志馆（室）有80家，基础设施建设取得很大的进展。第五，开发利用发挥了重要影响。省史志办公室组织翻印了《山东革命历史档案资料选编》丛书，编纂《中国历代简史》《世界史概要》《山东地方史概要》供省领导参阅，起草了《关于推动京杭运河通水复航的建议》等十余篇资政文章，参与举办了“文化齐鲁大讲堂”“孙子兵法与文化创意产业高层论坛”。东营市史志办公室开展“老照片及其背后的故事”有奖征集，菏泽市史志办公室开展古村探源征文大赛等文化活动，枣庄市编辑出版了《枣庄古代清官廉吏史话》领导干部廉政读本，菏泽市编辑出版了《可爱的菏泽》中小学教材等，都是很好的实例，让地方志成果的社会效益得到了充分发挥。

结合同志们讲的情况，我提几点要求：

第一，充分认清新形势下地方志工作的重要性，提高做好地方志工作的自觉性。

地方志工作和事业发展在实现“两个一百年”奋斗目标和中华民族伟大复兴中国梦进程中具有不可代替的地位和作用，包括：存史——记录历史，传承——传承文明，资政——服务当代，教化——启示后人。做好地方志工作，有几个需要：一是保存、继承、发扬光大中华优秀传统文化的需要。地方志凝聚着中华民族的优秀文化，是中华民族重要的文化符号。没有修志人从古到今甘坐冷板凳，就不会有今天中华民族灿烂夺目的方志文化积累。要继承和发扬中华优秀传统文化，就应该重视地方志工作。二是培育践行社会主义核心价值观的需要。地方志凝聚了大量的、宝贵的传统文化信息和优秀的道德思想、人物事迹。弘扬社会主义核心价值观不是空洞的，而是要在优秀传统文化中汲取营养。“修身、齐家、治国、平天下”，先修身、齐家，后才能治国、平天下。“欲修其身者，先正其心”，要用地方志记载的优秀人物事迹来感召人，用地方志蕴含的优秀道德思想来鼓舞人。三是加强社会主义先进文化建设的需要。我们国家不仅要成为经济大国、军事大国，同时也要成为文化大国，要有文化软实力。就像山东不仅是经济大省、人口大省，更是文化大省，是孔孟之乡，产生了众多的中华文化、中华文明精品。大家一提到山东，就知道出了孔子、孟子，很向往，这就是文化软实力。文化软实力可不是就是一台戏、一部电影这么简单，而是文化和意识形态吸引力体现出来的力量。作为中国独有的优秀文化传统，发展和加强社会主义文化建设同样需要地方志。四是发展中国特色社会主义的需要。资政、育人、教化，通过地方志总结历史经验，对于推进中国特色社会主义的道路自信、理论自信、制度自信，坚定不移地走中国特色社会主义道路是非常有必要的。

第二，要认真学习领会习近平总书记系列重要讲话和中央领导同志关于地方志工作的重要批示、重要讲话精神，加强地方志队伍人员素质能力建设。

习近平总书记关于要高度重视修史修志等系列重要讲话、李克强总理的重要批示、刘延东副总理在第五次全国地方志工作会议前与部分代表座谈时的重要讲话，我们必须认真学习领会、认真贯彻落实。要贯彻落实好，我多次强调关键还是在人。做好人的工作，关键在于不断提高人的思想认识水平和能力水平。首先是认识到位，要让大家知道什么是地方志工作、什么是地方志事业、为什么从事地方志工作、从事地方志工作有什么意义、地方志事业发展了对国家建设有什么意义等问题。把这些问题搞清楚了，认识到位了，才能安下心来做好工作。其次是要有适应岗位的能力水平和执行力。地方志工作可不是召之即来，来了就能战的工作，而是有专业要求，有知识要求的。不懂得地方志编纂、不懂得组织管理、执行力不强，干不好地方志工作。所以，山东在贯彻落实中央领导重要讲话、批示时，要把人抓好，加强理论学习，加强人才培养，加强人员培训。

第三，集中力量贯彻落实第五次全国地方志工作会议精神，大力推进地方志工作上新的台阶。

第五次全国地方志工作会议精神内容很多，主要精神就是要做到“一纳入、八到位”，要把地方志工作纳入国民经济和社会发展规划、文化事业发展规划和各级政府工作任务之中，切实做到认识到位、领导到位、机构到位、编制到位、经费到位、设施到位、规划到位、工作到位。我们到保定调研时，保定市长马誉峰就说："我走到哪儿都有个地方志观念"，"地方志工作稍微关注一下，积极性就起来了，能做不少事情"，"地方志办是给点阳光就灿烂，给点雨露就旺盛成长的部门"。也正是市长重视了，保定的地方志工作从原来河北省最后，几年的时间就走到了河北省的前列。除了做好"一纳入、八到位"外，还要积极推动地方志事业的全面发展。现在提到地方志事业全面发展，有的同志说是要"十业并举"，有的说是要"九业并举"，有的说是要"八业并举"，各有各的说法。通过十几次的调研学习，我认为要构筑好地方志事业，有七个方面是必须做好的——志、鉴、库、馆、网、开发利用、理论研究。志、鉴，就是要在精心组织编纂好综合志书、综合年鉴的同时，组织和指导好部门志、行业志、乡镇村志、部门年鉴、行业年鉴等的编修，构建地方志的组织编修体系和成果体系。库、馆、网，就是要建好地方志数据库、方志馆、地情网站，打造公共文化服务平台。开发利用，就是要做好"资政、传承、教化"工作，为领导决策服务、为经济建设服务、为社会发展服务、为文化建设服务、为普通老百姓服务。理论研究，就是要搞好学科建设，为地方志工作和事业发展提供智力支持。

第四，围绕中心，服务大局，地方志工作要为地方经济社会发展服务。

地方志工作不能脱离党的中心工作，不能脱离地方的工作大局，要时刻想到地方志工作要为现实服务。地方志可不能当老古董藏起来、挂起来，而是要走进社会、走入寻常百姓家。当然，不是说拿点志书、年鉴发一发、宣传宣传就行了。志书、年鉴部头那么大，省志好几千万字，市志好几百万字，县志一二百万字，要让书记、省长、市长、县长读完，可能比较难。地方志的优势在什么地方？就是有系统、权威的地情资料。围绕中心，服务大局，就是要考虑怎么发挥优势，做好地方志文化资源的开发利用。地情资料是严谨的，但是开发利用的方式应该是生动活泼的。刚才大家在介绍的时候就提到，省史志办公室写了不少资政的建议，有些市县史志办公室开了微信、微博，拍了电视片，上了报纸等，这些都是很好的方式。只有服务到位了、工作到位了、有为了，才能有位。干出事来了，书记、省长、市长、县长才能重视你。

第五，加强对地方志工作的组织领导和督办检查，推动地方志工作法治化、规范化、制度化和科学化。

山东在这方面已经有了很多很好的做法和经验，年底省、市、县三级就能实现地方志法规、规章和规范性文件的全覆盖。要把这些法规、规章和规范性文件汇编起来，提供给中国地方志指导小组及其办公室。法治化建设是地方志工作规范化、制度化、科学化建设的核心。要依法加强对地方志工作的组织领导，各级地方志工作机构要依法履行职责。另外，地方志的组织编纂需要有管理规范，志书编纂需要有编纂规范，年鉴编纂应该有编纂规范，方志馆建设应该有建设标准，这些都要不断探讨、完善，形成制度，工作的科学性才能不断提高。希望同志们要不断研究出现的问题，不断通过规范化、制度化建设，争取领导重视，依法修志和加强督促检查，按制度办事，实行科学化管理。

为福建经济社会发展服好务 *

——在福建省地方志工作座谈会上的讲话

（2014 年 11 月 25 日）

召开这次地方志工作座谈会，主要目的是了解福建省的地方志工作。刚才省政府副秘书长李强、厦门市副市长国桂荣受省领导和厦门市主要领导的委托，代表福建省和厦门市政府作了发言；福建省地方志委主任冯志农和几个县、区、市的主任作了汇报，让我们对福建省的地方志工作有了比较全面的了解。座谈会给大家筹备的时间很短，但是大家的发言内容很丰富、很精彩，说明福建省地方志工作的基础很好，工作很扎实，成绩很显著。我代表中国地方志指导小组和调研组一行，向大家表示感谢，并通过你们，向福建省广大地方志工作者表示亲切的慰问和崇高的敬意。

党中央、国务院高度重视地方志工作。习近平总书记一直十分关心地方志工作，在担任宁德地委书记时，1989 年 8 月出席了全区地方志工作会议，发表了十分重要的讲话，对地方志工作作出一系列的部署。这篇讲话现在重温起来，内涵十分丰富，对地方志工作讲得入木三分，高屋建瓴，有着重要的指导意义。2014 年 2 月，习近平总书记在考察首都博物馆时发表了

* 这篇讲话根据录音整理，曾发表于《中国地方志》2015 年第 1 期。

要高度重视修史修志的重要讲话。最近，发表了关于弘扬中华优秀传统文化的讲话，对地方志工作有十分重要的指导意义。2014年4月，李克强总理、刘延东副总理分别对地方志工作作了重要批示、发表了重要讲话。经国务院批准，4月19日至20日，召开了第五次全国地方志工作会议，总结了过去五年的经验，布置了今后五年的工作任务。现在地方志工作的机遇很好，形势很好。刚才听了大家的汇报，感到福建省紧紧抓住机遇，在省委、省政府坚强有力的领导下，地方志工作取得了很大的成绩，在“一纳入、八到位”的贯彻落实方面取得了很大的成绩。有几个突出特点：

一是领导高度重视。福建省委、省政府对地方志工作高度重视。省委书记尤权同志、省政府主要领导以及分管副省长李红同志，听汇报、作指示、提要求，解决地方志工作机构、编制、经费等问题，抓得很实。一个省的书记、省长、分管副省长在一年多之内，多次对地方志工作作出具体指示，很难得。而且我看书记、省长、分管副省长对地方志工作非常了解，作的批示、提的要求都很有针对性。第五次全国地方志工作会议后，福建省政府在全国率先出台了《关于进一步加强地方志工作的若干意见》，中国地方志指导小组还向全国进行了转发，要求各地学习借鉴。福建省委常委、厦门市委书记王蒙徽同志在和我会谈的时候，也专门讲了地方志工作，说明对地方志工作也很重视。领导重视是做好地方志工作的关键，也正是领导重视，福建省地方志工作最近几年发展很快。

二是精神面貌好。通过今天座谈会可以看出来，福建省各级地方志工作者精神面貌很好。冯志农主任讲到要发扬“状态好、工作实、能创新、讲奉献”的精神面貌，发扬“千言万语、千山万水、千辛万苦”的福建方志人精神。我在别的地方讲过，地方志工作机构是“冷部门”，坐的是“冷板凳”，得靠“热心肠”来工作。干地方志工作，需要点精气神，没有精气神，做不好工作。精神面貌好，面对困难问题就会想办法克服，工作就能上台阶，就能做出好成绩。

三是依法修志落实到位。2013 年，福建省政府第十五次常务会议审议通过了《福建省实施〈地方志工作条例〉办法》，2014 年 2 月 1 日开始施行，对贯彻落实国务院《地方志工作条例》作了具体的规定。2014 年 5 月，全省地方志系统联合开展了地方志法规宣传月活动。刚才厦门市汇报已经依法开展了两轮的行政督查，地方志依法督办的力度很大。泉州市人大常委会开展落实《地方志工作条例》的视察调研。南平市政府办下发《关于进一步加强地方志工作的通知》，并开展地方志工作行政督查。漳州、泉州、龙岩等许多市、县（区）地方志工作机构增加了编制、职数，配齐、配强了领导班子，大幅增加了修志经费。这些都是依法修志落实到位的具体举措，很有成效。

四是突出志鉴主业。志鉴主业完成好坏是衡量地方志工作的核心指标，主业抓不好，其他工作做得再好也是一票否决。最近几年，福建各级地方志工作机构按照“抓重点、攻难点，促进度、保质量”的工作思路，结合实际，多措并举，推动第二轮修志提质增速，省志出版占规划任务的 40%，市县志出版占规划任务的 23%，进入审查验收或开过评稿会的占 33%，总纂的占 44%，取得了阶段性成果，总体进度在加快。年鉴年底要实现省、市、县全覆盖，走在全国前列。另外，像莆田抓“四志一鉴”，龙岩创造了“九个一”经验，都值得肯定。

五是创新特色品牌。最近几年，全国各地都在探索打造地方志的特色品牌，编特色志、山水志、物产志和地情读物等，不断扩大地方志的社会影响和学术水平，福建在这方面工作尤为突出。编纂出版了《福建家训》，中央文明办领导、省长、省委宣传部部长专门作了批示，被列为第八届“书香八闽”全民读书月活动百种优秀读物之一，还与省委文明办、省妇联联合开展了征集传播活动，发行量有几万册，影响很大。目前正在组织编纂的《福建乡规民约》《福建茶志》《福建通鉴》《福建寿山石志》等，也很有特点，经验值得在全国推广。地方志不应该是呆板的，应该是生动的。什么东西最有魅力？一个地方的文化魅力就在于当地的文化特色。这种通过挖掘地方志文化资源，出一些群众喜闻乐见的文化产品的方式，让老百姓了解了地方志，效果事半功倍。

六是闽台交流不断深化。福建地处对台的前沿，“地缘相近、血缘相亲、文缘相承、商缘相连、法缘相循”，加大海峡两岸地方志文化交流，近地缘、亲血缘、承文缘、连商缘、循法缘，发挥文化纽带作用，是福建省地方志工作的重要内容，对实现“一国两制”、和平统一台湾，有着重要的作用。福建省这几年在对台方志文化交流方面有很多创新，联合编纂《妈祖文化志》就是很好的方式。另外，开展志书、族谱交流，开展姓氏源流研究，搞方志文化展览，都是很好的探索，对闽台交流起到很好的作用。

七是构建馆网平台。福建的方志库馆和网络平台建设取得了不少成果，省方志馆的整体置换接近尾声，面积也增加了不少；龙岩、晋江等50多个市、县（区）设有规模不等的书库（资料室）；省情资料库网站入库资料有4亿多字，“数字福建方志”首期项目建设基本完成，二期工程已立项；福州、晋江等近30个市、县（区）开通地情网站，占1/3，点击率也不少，证明社会影响不断扩大，社会效益在不断凸显。

八是拓展服务领域。开发利用地方志文化资源是一篇大文章，文章做得好，地方志的价值就能体现。福建在这方面的工作有不少值得借鉴。比如省方志委为省政府解决长乐市东洛岛归属问题提供咨询服务，为省纪委提供福州历代官员有关勤政廉政的资料；泉州市方志委推动地情教育进党校，编纂系列图书宣传“东亚文化之都”；南靖、永定、华安等县方志委为福建土楼申报世界文化遗产做了大量工作；武夷山、建瓯、仙游等县方志委利用史志资料促进当地旅游发展，等等，都是很生动的实例。

九是队伍建设不断加强。机构队伍抓得好不好，是事业能不能发展的关键。福建省各级地方志工作机构在抓机构队伍建设方面取得了很多成绩。省方志委已经明确不参加事业单位分类改革，还建立了省地方志专家库。各地也逐步培养了一批熟悉地方历史、推广地方文化的“地情通”和爱好者。刚才汇报的时候南平市专门提出要加强培训；宁德市提出以弱鸟先飞、主动作为的工作态度，滴水穿石、坚韧不拔的精神和抓铁有痕、脚踏实地的工作作风抓工作落实。抓作风建设、思想建设、精神建设、业务建设，是抓队伍建设的重要内容。相信经过一段时间的积累，福建的队伍建设能够上新的台阶，带出一支作风正、思想好、有精气神、业务能力强的队伍。

通过听你们的汇报、看材料，我对福建地方志工作有了上面一些感受。总的来说，福建省地方志工作基础很好，大有作为，大有可为。下面，提几点希望。

第一，要扎扎实实贯彻落实第五次全国地方志工作会议精神。

第五次全国地方志工作会议是第五届中国地方志指导小组

在中央和国务院领导下召开的一次重要会议，当前和今后一个时期地方志工作的中心任务，就是要深入、扎实、认真贯彻落实好会议精神。在这次会议上，学习了习近平总书记关于修史修志的重要讲话精神，李克强总理和刘延东副总理关于地方志工作的讲话、批示精神。中央领导的重要讲话、重要批示，是做好地方志工作的指南。要贯彻好会议精神，最重要是要学好、学透中央领导的重要讲话、重要批示精神，学好会议主报告。要把会议部署的任务一条一条理出来，一个项目一个项目加以落实，一个步骤一个步骤加以推进，以抓铁有痕、脚踏实地的工作作风，以主动有为的工作态度抓好落实。贯彻落实第五次全国地方志工作会议精神福建省的开局很好，省委、省政府高度重视，召开了全省第八次地方志工作会议，在全国率先出台《关于进一步加强地方志工作的若干意见》。有好的开局，更要有好的过程、好的结果。贯彻落实工作不能一阵风，要不断深化、不断完善，特别是要实实在在，落到抓好志、鉴、库、馆、网、刊、开发利用这些实际工作中去。

第二，要认真落实“一纳入、八到位”的总体要求。

中央领导同志的重要讲话、重要批示，第五次全国地方志工作会议对全国地方志工作的总体要求，归根结底就是要切实贯彻落实好“一纳入、八到位”。福建省贯彻好“一纳入”，就是要把地方志工作纳入全省工作的大盘子里面，纳入各地的“十三五”发展规划里面，纳入政府的总体工作部署中去；贯彻好“八到位”，就是要在各级党委、政府的领导下，在各级地方志工作机构的具体负责下，做到地方志工作的认识到位、领导到位、机构到位、编制到位、经费到位、设施设备到位、规划到位、工作到位。“一纳入、八到位”贯彻得好，地方志工作肯定就能做好；“一纳入”没有实现，“八到位”到位不了，地方志工作肯定开展起来就有这样那样的困难。所以，要紧紧扭住贯彻落实好“一纳入、八到位”这个“牛鼻子”，作为督促检查各地地方志工作的评价体系，一项一项推进，一项一项落实，地方志工作肯定就会有成效。

第三，要改革创新、加快发展，保质保量完成第二轮修志任务。

要用改革创新精神加强地方志工作的规章制度建设，加强体制机制建设，通过改革创新来推动发展。按照全国的部署，要在 2020 年全面完成第二轮修志任务，现在广东已经全面完成，河南也已经进入尾声，但从全国来看，还有不少地方存在困难，还有很多工作要做。2020 年完成第二轮修志任务是一个硬指标，各地要围绕这个目标，全国一盘棋，按期完成任务。保质保量完成，关键在体制机制，关键看有没有好的系列的规章制度，保障工作的顺利推进。比如说，对于工作比较落后的地方或者单位，就得开展行政督查，推一推，促一促。确保质量就得建立科学的审查验收制度，责任到人，分工明确，严格把关。福建现在的目标是 2017 年完成，就目前的情况来看，任务还很重，还要加大努力。当然，进度要服从质量，质量始终都要放在第一位。必须是在确保质量的前提下加快进度，抓质量丝毫不能放松。

第四，要加快信息化建设，加大馆网平台的建设力度。

地方志是我国独有的优秀文化传统，代代相继，连绵不断，为中华文明的传承发挥了极为重要的作用。从这个方面来说，地方志是古老的。但是，面对信息化、网络化时代，地方志如果再因循守旧，没有创新传播路径，没有搭好传播平台，就会落后于时代。要传播好地方志文化，发挥社会效益，就要建好方志馆，建好地情库，建好网站，真正把这些基础设施抓起来。福建现在省方志馆已经确定下来了，省情网、地情信息库也初具规模，要多思、多想、多开拓。经过多年的积累，各地已经有不少好的经验可以相互借鉴。在最近十余次调研中，我们去看了不少方志馆，大家普遍反映，经过十余年的摸索，方志馆还是得建成地情馆，建成爱国主义教育基地。如何反映地情，通过地情教育、培育爱乡、爱国情怀，就得好好谋划。另外，福建地情库的入库资料达到了4亿多字，30多个市县开通了地情网站，下一步如何实现全省的互联互通，要规划好，做大做强。

第五，要加强地方志领导班子建设和人才队伍建设。

地方志工作搞得好不好，除了上级领导的重视，关键在地方志办公室主任有没有积极性，有没有认真负责的态度。省方志委要加强对市县地方志领导班子的培训。刚才莆田的同志讲，不要有到地方志工作就等着退休的想法。我到一个省去考察，他们反映，有干得好的地方志办公室主任提拔到了组织部任领导，原来是副主任的提拔到别的部门去任正职，得到了重用。所以，关键还是在于怎么干，关键还是在于干得好不好。地方志办公室的领导如果有“船到码头车到站”的观念，工作就干不好。再一个，要加强人才队伍建设，培养骨干力量。我已经跟中国地方志指导小组办公室的领导班子说过，2015年要作为培训年，加大对全国地方志人才队伍的培训。全国有全国的培训，省里有省里的培训，市县有市县的培训，各有侧重，上下互动，通过一段时间的积累，队伍建设就能上层次。

同志们，当前国家正在全力推进高质量共建“一带一路”，福建地处东海之滨，与台湾隔海相望，战略地位举足轻重。福建省地方志工作要把握机遇，勇于创新，在服务国家发展战略、促进祖国统一、服务全省经济社会文化发展方面作出更大的贡献。

坚定理想信念，发扬光荣传统*

——在泉州市调研地方志工作时的讲话

（2015年2月11日）

我这次到泉州，主要是参加“21世纪海上丝绸之路国际研讨会”，也利用这个机会，到泉州市地方志编委会看望大家，了解情况。我是去年11月份到厦门调研时，召开了福建省地方志工作座谈会，会上听到了泉州市的工作汇报。这次来方志委，主要是向方志委的同志们表示慰问，同志们辛苦了！也通过你们，向整个泉州市的地方志工作者表示慰问，也给大家提前拜个年。

听了上一次的汇报和这一次的汇报，我对泉州市的地方志工作印象更深了。总体来讲，泉州地方志工作做得很有成效、很有特色，也很有经验。刚才你们介绍的一些经验做法，很值得中国地方志指导小组办公室的同志来总结，并加以推广。比如提出的“把日常工作做好，把基础工作做实，把特色工作做靓”三句话，总结得很好。总结的日有日记、月有月报、年有年鉴，以及要调动一切力量修志“四位一体”的工作机制，很有特色，也值得很好地总结。听到你们介绍的良好的工作情况，看到你们很好的工作环境，表现出的很好的精神面貌，非常高兴。借此机会，我再提几点希望。

* 这篇讲话根据录音整理，曾发表于《福建史志》2015年第1期。

第一，要认真学习习近平总书记、李克强总理、刘延东副总理的重要指示和重要讲话精神，贯彻落实好第五次全国地方志工作会议精神。这是一个总的要求。习近平总书记高度重视地方志工作，2014 年 2 月在参观首都博物馆时对地方志工作作了高度评价，提出很高的要求。他在宁德担任地委书记的时候还作了一次关于地方志工作的重要讲话，这也是福建人民偏得独有的。希望福建省地方志工作者结合学习习近平总书记重要讲话精神，特别是关于修史修志、重视地方志工作的重要指示精神，提高做好本职工作的思想认识。还要认真学习贯彻李克强总理对地方志工作的重要批示和刘延东副总理的重要讲话，把这些重要精神学深学透，掌握精神实质。这些讲话、批示、指示的最主要精神，就是要高度重视地方志工作，树立为民、为国、为党修志的宗旨意识，解决好信念问题、理想问题。特别是在地方志第一线工作的同志们，要把从事地方志工作作为一项光荣的任务，作为一项为党、为国、为民办实事的责任，要把地方志工作当作一项事业、一项历史责任，努力把它做好。如果每个人通过学习都树立了这样的信念，我相信地方志工作一定可以做好。

中华民族自古以来就有修史修志的光荣传统。修史修志要尊重历史、尊重传统、尊重中华民族的优秀文化，而且要把优秀文化传统发扬光大。司马迁忍辱负重把《史记》写出来，这种精神值得修史修志人员继承和发扬。修史修志最重要的是要解决信念问题、理想问题，要勇于为修史修志事业奉献自己。修志是非常光荣、非常有意义的一件事。

要贯彻好第五次全国地方志工作会议精神，最重要的就是要做到“一纳入、八到位”。“一纳入”，就是要把地方志工作纳入一个地方国民经济和社会发展的总体规划和政府的整体工作计划中。“八到位”，要一个一个地到位。泉州市委书记当方志委顾问，市长当主任，专职人员当常务副主任，这种模式很值得推广。要按照“一纳入、八到位”的要求来对照检查地方志工作，抓好全国第五次全国地方志工作会议精神的贯彻落实。

第二，要加强唯物主义历史观的学习，用马克思主义的立场、观点、方法来指导修志。要为民修志、为国修志、为党修志，志书质量好坏的关键在于修志人的理论素养。要站在马克思主义、历史唯物主义的立场上，而不是站在历史虚无主义的立场上来看待历史、分析历史、认识历史，要历史地、全面地、客观地来看待历史，用马克思主义的立场、观点、方法来指导修志工作。

第三，要加强管理，建立制度，依法修志。党的十八届四中全会的主要精神是依法治国，把依法治国落实到地方志工作中就是要依法修志。要贯彻落实国务院《地方志工作条例》（以下简称《条例》）和《福建省实施〈地方志工作条例〉办法》（以下简称《实施办法》），真正树立依法修志的意识。要加强制度建设，按制度修志，按制度抓好地方志工作，按制度加强条件建设和队伍建设。各级党委、政府领导要提升依法办事、依制度办事的能力。从事地方志工作的同志要按照法律建立起地方志工作的各种规章制度。希望泉州市也依法完善地方志工作制度，真正建立起一整套适合自己的管理制度，贯彻落实好《条例》《实施办法》和《福建省人民政府关于进一步加强地方志工作的若干意见》，依法修志，依法保障地方志工作的开展。

以上三条，就是我今天来对大家提出的希望，谢谢！

修志立史，干出政绩来*

——在晋江市地方志工作汇报会上的讲话

（2015 年 2 月 11 日）

我这次到泉州，主要是参加“21 世纪海上丝绸之路国际研讨会”，会议期间，我与福建省委书记尤权同志、副省长李红同志就地方志工作进行了交流，尤权书记和李红副省长都很重视地方志工作。他们也表示将继续关心支持做好地方志工作。

这次到晋江来，刚才听了刘文儒市长、史思泉副市长的地方志工作情况汇报，我觉得晋江的地方志工作做得很好。第一点，做到了领导重视。落实地方志工作的“八到位”，首先是“领导到位”。“领导到位”就是书记、市长到位，书记、市长到位首先是认识到位。刚才晋江市领导讲话中谈到对地方志工作的认识，是非常到位的，可以作为晋江地方志工作的一条经验。

第二点，就是“八到位”的落实工作做得不错。一个县级市地方志办公室有 7 个编制；有固定的办公场所，楼虽然不怎么好，但也是一个独立、完整的办公地点；而且，刚才市长承诺给方志办以经费上的保障，一个晋江文库就给 100 万元，这对于县级市来说，不是个小数目。因此，地方志办公室的同志们更应该把工作做好。

---

* 这篇讲话根据录音整理，曾发表于《福建史志》2015 年第 1 期。

第三点，就是晋江市下一步的工作部署符合全国地方志工作的指导思想和要求。总的来讲，我对晋江地方志工作是满意的。我代表中国地方志指导小组对晋江市政府和晋江市地方志工作者们表示慰问和感谢。

今天过来，一是听你们介绍工作情况，二是表示慰问，给你们打气。我担任中国地方志指导小组组长后一直强调，虽然地方志是冷部门，但我要热走动。我到哪个地方去，都要到当地的地方志机构去看一看，让这个部门热起来，让领导重视起来，让经费多起来，让大家的工作劲头鼓起来，让工作做上去。

我希望两位市长继续高度重视地方志工作，继续给予大力的指导和支持，使晋江地方志工作能够走在全国县级单位的前列，能够出经验、出人才、出成果。也希望晋江市从事地方志工作的同志按照第五次全国地方志工作会议精神，以及“一纳入、八到位”的要求，把工作干出成绩来，干出政绩来，干出经验来。“修志立史”，要通过编修地方志，让我们的后代能够记住晋江发展的历史，记住晋江前辈们奋斗的历史，记住晋江的文化、思想和优良传统。

发扬光大地方志安徽精神*

——在安徽省地方志工作调研座谈会上的讲话

（2015 年 4 月 16 日）

刚才听了同志们对安徽地方志工作的情况介绍，省政府吴行副秘书长专门介绍了整个安徽省委、省政府对地方志工作的重视、指导和支持，朱文根主任介绍了安徽地方志工作的经验和做法，淮北市副市长王莉莉同志介绍了作为地方志分管市长如何分管 10 年打造淮北地方志工作整套体系的做法，民航集团夏萍同志介绍了民航地方志工作的经验，安徽省地方志办公室市县志处处长黄玉华同志介绍了如何加强市县志编纂工作的考核和目标责任制管理的经验，省军区张清杰同志介绍了加强地方志工作“五有”经验，泾县肖华同志介绍了地方志工作的“五个结合”“五个问”工作情况，九华山焦得水同志介绍了九华山地方志工作的体会，黄山市胡劲松同志介绍了“十年修通志、十年磨一剑”的经验，并提出要修通志的建议，特别是欧阳发老同志提出了对地方志的两点看法，是很深刻的。这些做法，这些经验，很值得全国地方志学习推广。这些建议，也需要我们认真研究。

这次中国地方志指导小组的同志到安徽省合肥市出席全国

* 这篇讲话根据录音整理，曾发表于《中国方志通讯》2015 年第 12 期。

地方志机构主任工作会议，主要是贯彻中国地方志指导小组五届二次会议精神，同时，也是来学习安徽省地方志工作经验的。安徽省地方志工作的经验，我认为有四条：

一是领导重视。刚才省政府吴行副秘书长介绍了省委领导、省政府领导对地方志工作的高度重视，这在全国来讲是较为突出的。省委书记有批示、省长有批示，省领导担任编委会主任，前任省长李斌亲自听取汇报，参加地方志工作会议，现任省长亲自到地方志调研，了解到地方志工作办公经费少，专题现场解决，并且要求省政府办公厅学习安徽省地方志办公室的内部管理经验。这说明安徽省地方志工作做得是出色的，朱文根同志工作有成绩。各市县地方志工作也由于省里重视、市里重视，都取得了很好的进展。刚才，王莉莉的经验说明了分管市长重视，同时介绍市长也很重视。总之，领导重视，是“八到位”的一个重要到位，这是一条基本经验。

二是依法修志。2007年，安徽省就根据国务院《地方志工作条例》制定了《安徽省地方志工作条例》，而且省人大根据《安徽省地方志工作条例》对贯彻落实情况严格执法，组织了督查和落实，地市、县刚才也都介绍了依法修志情况。这是第二条基本经验。

三是奋发有为。领导重视、依法修志，有制度、有规矩，但如果没有地方志同志的苦干实干，照样不行。所以，地方志的同志们奋发有为，甘于奉献、不辞辛苦、辛勤耕耘，为地方志出精品良志，这也是很值得我们总结的经验。

四是服务大局。安徽省地方志工作就是要为安徽省的经济社会全面发展服务，我看这一条大家认识得很清楚。修志问道，就是要问服务大局之道，各市、各县、各个口修志也做到了这一点，搞好综合开发利用，这也是一条基本经验。

总之，这四条经验说明安徽省地方志工作是有声有色、可圈可点的。我们在这里开会，也是总结好安徽地方志工作的经验，向安徽省地方志学习。当然，大家也提出一些值得研究的问题，比如修《中华人民共和国志》问题，这一问题，我们回去要好好研究。再是提出方志馆要有刚性的规定，如馆的面积、馆的职能、馆的编制等问题，这些我们也要好好研究。还有提出三轮修志要早谋划并制定规范性的管理办法的问题，欧阳发老同志提出的续志问题，还有通志、断代志问题，以及村镇志等志书的统一部署问题，关于地方志志书资料收集的问题，地方志志书整体开发利用问题，中国地方志指导小组加强指导和协调的问题，地方志的学科建设和理论建设问题，军队修志机构编制问题等，这些问题，我们都要带回去研究，逐步地加以解决。

朱文根主任提出南有徽州文化、北有淮河文化、西有皖文化、东有明文化，说明徽州文化在皖南，淮北文化在皖北，皖文化在皖西，而明文化在皖东。是不是叫明文化，我建议还要研究。因为徽州、淮河、皖西都是按地区来划分的，明文化则是按朝代划分的，这要研究，这里就不做结论了。

根据今天的会议情况，我再提三点要求。

第一，要传达好、学习好习近平总书记关于修史修志的重要讲话精神，李克强总理和刘延东副总理关于地方志工作的讲话、批示精神，贯彻省委、省政府领导关于修志的指示，统一思想，提高认识。

“八到位”第一就是“认识到位”，认识到位是两个层面，一是领导的认识要到位，二是修志这支队伍从领导到干部到普通工作人员认识也必须到位。认识到位靠什么，要靠学习习近平总书记关于修史修志的重要讲话精神。习近平总书记在福建宁德当地委书记的时候，专门就关于修志工作作过重要讲话，在浙江也对地方志工作有过重要指示。在北京首都博物馆参观时，在关于继承中华优秀传统文化的讲话中也谈到修史修志问题，这都是我们提高认识必须要吃透的重要精神。习近平总书记关于修史修志的重要讲话精神，李克强总理和刘延东副总理关于地方志工作的讲话、批示精神，省委、省政府的指示，要逐字逐段地学习，以提高认识。只有认识上去了，行动才能自觉。

第二，集中力量贯彻好、落实好第五次全国地方志工作会议精神，推动地方志工作上新的台阶。

当前，我们地方志工作集中到一点，就是要贯彻好第五次全国地方志工作会议的基本精神。第五次全国地方志工作会议，有讲话、有报告、有文件，最近国务院还要转发地方志事业发展规划纲要，对这些重要文件，要原原本本地传达好、贯彻好、落实好。所有这些精神落实到一点，就是“一纳入、八到位”，就是要把地方志工作纳入地方政府的统一规划当中，把地方志工作纳入整个政府工作当中，成为省、市、县，包括到乡镇政府工作的组成部分。“一纳入”，就是说这项工作不是额外的，也不是可有可无的，是一个部分，应当纳入政府工作部署当中。“八到位”，即认识到位、领导到位、机构到位、编制到位、经费到位、设施到位、规划到位、工作到位，每一句都是有针对性的。“一纳入、八到位”写到第五次全国地方志工作会议的报告中，刘延东同志的重要讲话专门讲到了“一纳入、八到位”。贯彻会议精神，就要做到“一纳入、八到位”，“一纳入、八到位”做到了，会议精神就贯彻到位了。

第三，发扬光大地方志安徽精神。

今天，可以在这里发出号召，向“安徽精神”学习，发扬光大地方志安徽精神。全国地方志的安徽精神，就是修志问道。修志到底为什么？修志到底干什么？修志问道，首先要解决好按照什么样的政治方向来修志，把这个问题解决了，一切问题就好解决了。要坚持正确的政治方向，坚持四项基本原则，坚决与以习近平为总书记的党中央保持思想上、政治上、行动上的一致，为人民修志，为地方经济社会全面发展大局服务。安徽地方志工作经验总结起来，有“三靠”“三个定位”“三个服务”“六大建设”“七讲”“九个推进”“六大工程”，要把它概括出来，宣传开来，在全国加以推广。

抓好地方志全面建设*

——在上海地方志工作调研座谈会上的讲话

（2015 年 6 月 5 日）

首先，非常感谢中共上海市委、上海市人民政府、上海市委宣传部、上海市地方志办公室对我们来上海调研地方志工作所做的认真准备和周到安排。同时，我代表中国地方志指导小组向上海市地方志工作者表示慰问，大家辛苦了！

刚才，听了上海市地方志办公室党组书记、主任洪民荣同志对上海市地方志工作的情况汇报，以及黄浦区方志办、市交通委、奉贤区方志办的同志对地方志工作的介绍，还有中国地方志指导小组原成员、复旦大学历史地理研究中心邹逸麟教授的发言，我认为上海地方志工作按照中国地方志指导小组的要求，工作做得有特色，也很有成效。总结起来讲，我认为有三个特点。

第一，领导高度重视，把地方志工作纳入上海市的总体工作格局。

“一纳入”就是把地方志工作纳入地方政府工作格局之中，纳入地方经济社会发展规划之中。刚才我看了有关上海地方志

* 这篇讲话根据录音整理，曾发表于《中国方志通讯》2015 年第 21 期。

工作情况的展板，上海市历届市委书记、市长在市委、市政府工作报告中，都把地方志工作作为一项重要的工作任务提出来，把地方志工作纳入市委、市政府的工作总体规划当中。上海各区县领导对地方志工作也是高度重视的，把地方志工作纳入区县工作和规划中。

第二，基本上做到了“八到位”，形成了完整的地方志工作体系。

“八到位”就是认识到位、领导到位、机构到位、编制到位、经费到位、设施到位、规划到位、工作到位。我看上海市地方志工作在机构建设、地方志规划、地方志工作格局、地方志资料收集、地方志开发利用和地方志研究宣传等方面，形成了一个规范的、完整的、运行有序的体系，应该说基本上达到了“八到位”的要求。

第三，思路清楚，为下一步全面完成修志工作打下一个坚实的基础。

刚才，洪民荣同志关于上海市地方志下一步工作开展的汇报，我看思路还是很清楚的。下一步工作设想也是按照第五次全国地方志工作会议的要求去部署的，为完成修志编鉴任务和做好上海市地方志工作打下了坚实的基础。

总体来讲，上海市地方志工作体现了上述三个特点。这三个特点实际上是上海市贯彻落实第五次全国地方志工作会议所提出的“一纳入、八到位”要求的具体体现，上海地方志机构所形成的以地方志办公室为核心的，办（办公室）、馆（通志馆）、所（研究所）、社（杂志社）“四位一体”的工作体制也值得全国学习和借鉴。

这里，我对上海市地方志工作提出三点要求。

第一，学习好、贯彻好、落实好中央领导同志关于地方志工作的重要指示、批示和讲话精神以及第五次全国地方志工作会议精神。

做好地方志工作，首先要学习好、贯彻好、落实好中央领导同志关于地方志工作的重要指示、批示和讲话精神，特别要学习好、落实好习近平总书记关于修史修志的重要讲话精神。他在参观首都博物馆时，对编史修志工作作了重要指示。他在福建工作时，担任宁德地委书记，对地方志工作发表过重要讲话。他在浙江工作期间、上海工作期间，对地方志工作也是高度重视。习近平总书记关于修史修志和继承中华优秀传统文化的重要指示，李克强总理对第五次全国地方志工作会议的重要批示，刘延东副总理在第五次全国地方志工作会议上的重要讲话，内涵丰富，意义深远。中国地方志指导小组办公室已经把中央领导同志这些重要精神转发给各级地方志工作机构，希望同志们认真组织学习，认真贯彻落实。要反复地、认真地学习好、领会好习近平总书记关于修史修志的重要讲话精神，李克强总理和刘延东副总理关于地方志工作的讲话、批示精神。要组织地方志机构工作人员认真学习领会精神实质，作为开展地方志工作的重要指导原则。其次，就是学习好、贯彻好、落实好第五次全国地方志工作会议精神。会议精神主要集中在工作报告和领导讲话里面，基本精神和要求体现在工作报告中对地方志工作总的要求、总的指导思想里面，要认真传达学习、贯彻落实好会议精神。

第二，按照“一纳入、八到位”的总体要求和存史、资政、育人的定位，抓好地方志全面建设，保质、保量、按时完成地方志的工作任务。

中央领导的重要指示、批示和讲话精神以及第五次全国地方志工作会议精神，可以聚焦在“一纳入、八到位”的总体要求上。“一纳入、八到位”针对性是很强的。在第五次全国地方志工作会议之前，我先后到一些地方做过调研，通过调研发现，有的地方机构不健全，长期缺编，经费、设施、规划就更不用说了。有的领导虽然分管地方志工作，但实际上是长期不管。有的地方工作条件可以用四个字来说——非常困难。当然，上海不存在这个情况。有的同志说，地方志工作是坐冷板凳、吃冷饭，但是，我们还是有热心肠的。做好地方志工作，为什么首先提出要认识到位。认识不到位，行动必然不到位。认识到位最重要的是领导的认识要到位，主管领导和地方志机构领导的认识首先要到位。地方志机构虽然是冷部门，但干的却是存史、资政、育人的全局性工作。地方志工作不能像信访办似的老有人来信来访，像财政部似的老有人来要钱，像宣传部似的天天都有新闻报道……因为地方志工作本身就是要坐冷板凳，本身就是冷部门，但是冷部门的工作不一定要冷起来，要让它热起来。怎么热起来呢？根本问题就是认识到位，认识提高了，工作热情也就高起来了，工作积极性、主动性也就高起来了。而认识到位，首先是领导的认识要到位。领导到位是指“两个”领导到位，一个是分管地方志工作的领导到位，一个是地方志机构本身的领导到位。你自己要把自己当回事，有为才有位。你干事，领导才重视你；你不干事，领导怎么重视你呢？认识、领导到位了，机构也要到位。有了机构，还要有编制和人员，编制、人员也要到位。编制、人员到位后，要有规划，五年干什么，三年干什么，一年干什么，要完成什么任务，都要有计划。有了规划后要干事，要干事就要有钱，所以经费要到位。有了经费，要有办公室，要有放志书和年鉴的书库，要有网络，要有计算机，要有方志馆，设施就必须到位。最后，工作也要到位。通过地方志系统这两年贯彻落实“一纳入、八到位”的情况来看，还是相当好的。我们目前调研已走了18个省（区、市），情况大有改观。上海地方志工作的经费还是比较充裕的，机构人员也是到位的。地方志工作如果按照“一纳入、八到位”来办，工作就会上轨道，工作就会有成绩。地方志工作要定位在存史、资政、育人上来，要抓好地方志工作的全面建设。

关于地方志工作的全面建设，我认为有六大建设。

一是思想建设。就是一定要树立为人民修志的思想观念，要围绕中心工作，服务大局，为地方经济社会发展服务，要用这样的认识来统一所有修志人员的思想。有了为人民修志的雄心壮志，有了这样的正确方向，就能够甘坐冷板凳，才能干成地方志事业。思想建设，就是用社会主义的核心价值观，用正确的政治方向，来加强地方志队伍的思想建设。

二是学风建设。做地方志工作是要写稿子的，是记实的，那就必须要有一个良好的学风，就一定要按事实讲话，实事求是，一定要科学严谨。当然，文风要好，学风要好，就要密切联系实际，密切联系群众，要围绕中心服务大局，要树立这样一个良好的学风、文风。做地方志工作，首先要有好的学风，不能说假话，不能记假事。文字也要简洁明了，通俗易懂。在这方面，古人司马迁树立了良好的风范。

三是机构建设。上海市地方志机构是非常健全的，而且形成了“四位一体”的机构体系，很有特点。市地方志编委会领导由市委领导来担任，全国只有三个省市地方志是党委领导担任的，其他都是省政府领导。

四是制度建设。地方志工作靠什么？靠依法修志，靠法规、规章、制度才能保质保量。国务院《地方志工作条例》就是地方志工作的根本法。各省通过人大或政府颁布了实施办法，相当多的地方志机构建立了健全的地方志管理制度和办法。

五是队伍建设。就是要真正建立一支方向正确，学风好，甘坐冷板凳，专业知识强，能够修出经得起历史和实践检验的志书的这样一支方志人才队伍。

六是体系建设。整个地方志的运行体系建设十分重要，这方面我看上海市有好的经验。这是上海市地方志工作的一个特色，希望能对其他省市修志工作有所借鉴。

地方志的工作任务，总体来讲要做到“三出”，即：要出经得起检验的成果，在出成果的过程中出人才，要面向当地经济社会发展出服务。地方志工作是为当地的经济社会发展大局服务的，不能脱离了这个大局。

第三，根据中国地方志指导小组的总体发展规划，制定好上海市“十三五”地方志发展规划。

《全国地方志事业发展规划纲要（2015—2020年）》即将由国务院办公厅转发，所以各省（区、市）要编制好本省“十三五”发展规划，也希望把这作为一个大事来办好。

刚才大家在发言中，对中国地方志指导小组及其办公室指导地方志工作也提出很好的建议。丁惠义同志提出的目前中国地方志指导小组办公室对于年鉴工作重视不够，存在“一条腿长、一条腿短”的意见，很值得我们改进。还有的同志在建议中提出，要树立地方志精神。地方志精神就是甘于坐冷板凳，甘于在冷部门做出一番火热的事业来，就是要有这样一种精神。我第一次做调研的时候，觉得地方志挺清贫的，有的同志总结为：冷冷清清，清清贫贫，辛辛苦苦。我当时讲了一句话：“从古至今，做大官的有之，挣大钱的有之，但真正做大官的挣大钱的又留下名声的并不多。”真正留下名声的做官的，或为老百姓做好事了，或留下精彩的文字笔墨了。比如，杭州的白堤是白居易修的，苏堤是苏轼修的，老百姓就把这两个当官的记住了。从古至今，在杭州做官的多不多？老百姓能记住几个当官的？当然，白居易、苏东坡又是留下了千古文章和诗句的。从古至今挣大钱的也很多，但老百姓真正记住的没几个。我到江苏，江苏人想来想去历史上有一个沈万三是挣大钱的。到底沈万三其人有没有？史书上查不出来。说朱元璋修金陵城的时候，沈万三捐了钱，但是《明史》上也没有记载这一段。挣了大钱，但也没有留下名声。从古至今,《史记》作者司马迁真正赢得了名声。司马迁死之前没有人去恭维他，但是死后的名声越来越响。当然，做地方志工作不图名利，但做地方志工作的，是可以留下文字的。我这次到上海调研座谈，感到柳亚子先生很不简单，1935 年就编了《上海年鉴》，1936 年编写了《上海通志》，而且还建了上海通志馆，留下了好名声。所以，修志编鉴，有青史留名之功。我希望同志们还是要重视这项工作。

邹逸麟先生刚才提出的加强学科建设也很重要。地方志工作要加强地方志的理论研究，加强地方志的学科建设，在加强地方志理论研究和地方志学科建设的过程中，培养并形成一支专门的地方志人才队伍。这个建议很重要。我这次来，是为中国社会科学院与上海市政府联合成立上海研究院之事而来。昨天上海大学校长和我说办本科班的事情，就是对那些急需的人才办本科，搞学科建设。当时我就考虑能不能把方志学办起来，直接招生，直接定点培训，培养出来就到地方志机构去工作。有很多研究方志的专家，可以组织起来当老师。也可以把上海研究院作为培养在职修志专门人才的一个基地，从全国抽一些年轻的方志工作者到这里来学习，授予硕士、博士学位，培养出来以后再回本单位修志。能不能这么做，希望大家研究。

打造过硬方志团队，努力落实“一纳入、八到位”*

——在天津市地方志工作座谈会上的讲话

（2015 年 6 月 24 日）

我代表中国地方志指导小组及其办公室，向精心安排这次座谈会的天津市委、市政府，静海县委、县政府表示衷心的感谢！第五届中国地方志指导小组于 2013 年 12 月组建换届，根据中央安排，由我担任组长，至今开展工作已经一年半多了。我以前虽然翻阅过地方志有关资料，但接触地方志工作较少，所以担任组长后就决定对地方志工作进行广泛深入的调查研究，听取汇报、意见和建议。在第五次全国地方志工作会议召开之前，我们先后到北京、河北、江苏三省（市）专题调研，从省到市、到县，有时已经到了乡镇和村，召开不同层次和范围的地方志工作者参加的座谈会，考察和了解地方志工作的实际情况，并在此基础上成功召开了第五次全国地方志工作会议。会后，为了推动全国地方志系统进一步学习好、贯彻好、落实好第五次全国地方志工作会议精神，我们又陆续到 15 个省（市）听取工作汇报，开展调查研究。天津是我们开展调研的第 19 站。我希望在我任职期内，除台湾之外，各省（区、市）都应

* 这篇文章根据录音整理，曾发表于《中国方志通讯》2015 年第 17 期。

该走到，与各省（区、市）从事地方志工作的同志，至少是与在县级以上地方志工作机构工作的同志们见面，尽可能地多深入基层了解第一手情况。这也是中国地方志指导小组贯彻落实习近平同志主持新一届中央领导集体后提出的落实群众路线、改变工作作风、深入进行调查研究的要求，所采取的实际行动。

这次来天津，总的目的有两个。一是看望战斗在一线的地方志工作者。地方志工作，说得上是冷冷清清、清清白白、辛辛苦苦、默默无闻。但是，这项工作又极其重要。正因为这样，我们作为中国地方志指导小组的领导，更应该深入省、市、县，深入基层，看望大家，慰问大家。同时也通过你们，向工作在一线的从事地方志工作的同志们表示亲切的慰问，大家辛苦了！希望在座诸位回去后把我的话带给大家，特别是那些虽然已经离退休但仍工作在一线参与编写地方志的老同志。二是听取汇报，调查研究，进一步摸清地方志工作的家底和情况，找准地方志工作存在的问题，总结地方志工作的经验和做法，从而进一步推进地方志工作。

刚才听了天津市地方志办公室，还有静海县、北辰区、市科委、市公安局和河北区等单位、部门几个同志的汇报，我认为天津市地方志工作总体来讲很有特点，很有成效。主要有四个特点：

一是领导重视。刚才听汇报了解到，天津市委、市政府高度重视地方志工作，主要领导同志多次作出批示，提出要求。这就说明，天津市地方志工作贯彻落实“一纳入、八到位”，首先是“领导到位”得到落实。主管地方志工作的市政府秘书长张志强同志深入市地方志办公室调研并听取汇报，要求地方志工作围绕中心、服务大局，坚持质量第一，抓紧推动工作，确保二轮修志任务圆满完成。静海县委书记冀国强同志工作那么忙，还专门来参加这次座谈会，和我们一起讨论地方志工作，也说明天津市辖的县委、区委领导对地方志工作的高度重视。刚才，静海县、北辰区、河北区的同志也都谈到了县、区领导对地方志工作的重视。所以，领导重视，可以说是天津市地方志工作的第一特点。

二是基本形成了“党委领导、政府主持、专家参与、众手成志”的地方志工作体制。

三是基本完成首轮修志任务，第二轮修志工作正常进行。截至 2008 年，出版《天津通志》48 部、56 卷，区县志 19 部、20 卷，总计约 2 亿字，基本完成首轮修志任务。根据天津市政府修志规划任务，到 2020 年年底，要完成 44 部《天津市志》分志、13 部区县志。从工作情况来看，天津市能够按时完成第二轮修志任务。

四是形成了一些好的经验、好的做法。天津市地方志办公室于 1984 年成立，31 年来带动天津市地方志工作不断发展，形成了一些好的经验、好的做法。一是明确工作定位。主动把地方志工作放在天津发展大局中找准定位，树立了“事在人为、路在脚下”的理念，改变了地方志工作“孤陋寡闻、孤家寡人、孤芳自赏”的被动局面。我看，只要把冷板凳坐热，这“三孤”都是可以克服的。二是制定长期规划。2011 年，印发《天津市地方志“十二五”发展规划纲要》，提出打造“三个中心”、建设“一个溯源地”的工作目标，即到 2015 年基本建成天津地方志编纂中心、天津地情资料整理中心、天津方志理论研究中心，到 2020 年天津地方志工作机构要成为天津市地情历史溯源地，对凝聚和整合天津全市修志力量发挥了重要引领作用。三是落实工作责任。各项工作都有路线图、时间表、责任人。第五次全国地方志工作会议后，天津市人民政府办公厅还印发了《关于进一步加强天津市地方志工作的意见》。四是调整修志规划。对天津第二轮修志规划进行补充完善，将反映天津特点的地理建置志、历史风貌建筑志等列入，将责任主体不明确、无法承修的剔除。这些好的经验，值得我们在全国推广。静海的同志刚才谈得很好，县地方志办公室出了三个政协委员，充分反映了县委领导对地方志工作的重视，也反映出县地方志办公室的同志们干工作都非常努力。北辰区同志提出的“一个中心、两个副线、三个服务平台”的工作经验，值得其他区县地方志工作机构借鉴。北辰区同志提到编写了三本书，有机会我要认真读一读。北辰区打造的方志团队也很有特点。天津市科委同志谈到，派了三名同志到上海介绍经验，做到这点很不容易，说明天津市科委的地方志工作做得好。天津市公安局是整个公安系统的缩影，编辑了450万字的资料，分量不小，我看可以出一套天津市公安局系统地方志系列丛书。河北区结合自身的区情特点搞好地方志工作，也很有特点。

总的来说，天津市地方志工作取得了很大的成绩，我希望在这个成绩基础上，天津市地方志工作今后做得更好、更有成效，再上一个新的台阶。在此，我提四点希望。

第一，加强学习，提高认识，努力打造一支过硬的方志团队。

总体上讲，地方志工作是一个冷清的部门，可以说清清静静、清清贫贫、清清白白，是个冷部门，要坐冷板凳，但是这项工作意义重大。我到上海调研时讲了这么一段话：从古至今，做大官的有之，挣大钱的有之，但真正做大官的挣大钱的又留下名声的并不多。真正留下名声的做官的，或是给老百姓做事了。比如说杭州西湖的白堤、苏堤，白堤是白居易在杭州当官时修的，苏堤是苏轼在杭州当官时修的。历史上在杭州做官的人很多，但是大家都记住了白居易、苏轼，就是因为他们给老百姓做事了，或是留下了精彩的文字笔墨。做官的如果没有给老百姓办事，但是文章或诗写得好也能留下名声。如李白，曾在唐玄宗时做官，并没有为老百姓谋过什么具体事，但是李白斗酒诗百篇，名声传于后世。《红楼梦》里有首《好了歌》说："世人都晓神仙好，惟有功名忘不了！古今将相在何方？荒冢一堆草没了。"认为神仙再好没有当官好，从古至今当官的人很多，死后留下一座坟，若干年后连坟都没有了，人们渐渐就把他淡忘了。古来挣大钱、发大财的人也有很多，但老百姓真正记住的没有几个。我到江苏考察，江苏历史上苏州人沈万三是挣了大钱的，据传说曾捐资修筑金陵城墙，但《明史》没有记载这个人。挣了大钱，也没有留下名声。不做大官、不挣大钱，反而有人留下大名，如《史记》作者司马迁，曾受过宫刑，但是千古留名。我在这里不是要大家成名，而是要求做好修志工作，并不是要大家想着如何出名，主要是强调修志工作有多么重要。刚才天津市公安局同志说得好，修志人才难得，除了要专业水平高、文字功底强，最重要的就是要有修志激情。有激情才能修好志。司马迁如果没有激情，怎么会写出《史记》？激情来自责任。地方志工作者，一干就是十年、二十年，干一辈子的都有。地方志工作机构虽是个冷部门，要吃冷饭，但是做地方志工作必须要有热心肠、有激情、有奉献精神。这种激情、这种精神从哪里来？要从学习中来。学什么？就是要学习习近平总书记系列重要讲话，学习中央有关会议精神，学习和践行社会主义核心价值观。有了理想信念，提高了认识，我们就会自觉地把地方志工作做好。我认为，作为地方志工作者，最重要的就是抓好学习。当前，最重要的是要学习习近平总书记系列重要讲话精神以及关于“要高度重视修史修志”的重要讲话精神，学习李克强总理就第五次全国地方志工作会议召开作出的重要批示精神，学习刘延东副总理与第五次全国地方志工作会议部分代表座谈时的重要讲话精神，还要学习第五次全国地方志工作会议精神。我希望，同志们能认真学习，提高认识，统一思想，乐于为地方志做奉献。有了这种精神状态，有了这种工作热情，有了这种积极性，有了这样一支充满激情、甘于奉献、乐于坐冷板凳而且政治好、业务强的队伍，地方志工作一定能够做好。所以，同志们要抓的第一件事就是抓学习，抓队伍建设，提高自觉性。

第二，全面贯彻第五次全国地方志工作会议精神，努力做到“一纳入、八到位”。

第五次全国地方志工作会议是在党的十八大召开以后，为推动地方志事业全面发展而召开的一次重要会议，明确了今后一段时期地方志事业发展的总方针和主要目标。全面贯彻落实第五次全国地方志工作会议精神，是当前地方志工作的中心任务。第五次全国地方志工作会议精神集中到一点，就是全面落实“一纳入、八到位”。“一纳入”，就是把地方志工作纳入各地国民经济和社会发展规划、纳入各级政府工作任务之中。“八到位”，首先是认识到位，最重要的是领导的认识要到位。认识到位，干工作的热情才能高起来，工作的积极性、主动性也才能高起来。认识不到位，行动必然不到位。领导到位，包括两个方面，一是分管地方志工作的领导，如市委、市政府的分管领导要到位；二是地方志工作机构本身的领导，如主任、副主任以及领导班子成员要到位。认识到位、领导到位后，机构要到位。没有机构，怎么干事？机构到位后，还要编制到位、经费到位、设施到位、规划到位、工作到位。这就是“三严三实”专题教育强调的谋事要实、创业要实、做人要实。要贯彻落实第五次全国地方志工作会议精神，就要集中力量，全力以赴，努力做到“一纳入、八到位”。要按照这个要求来检查指导工作，查找差距，推动工作。

第三，围绕中心，服务大局，突出特色，努力为天津经济社会发展作贡献。

地方志工作一定要树立为中心工作和大局服务的意识。要想有“位”，必须有“为”，有“为”才有“位”。“为”是什么？就是围绕中心、服务大局，围绕党的中心工作，服务党的改革开放大局，为天津市经济社会发展搞好服务。你服务得越好，领导就越满意。我们到河北保定调研，保定市长马誉峰同志说地方志工作很有用，并举例说促进了地方旅游发展。他说，他们编了《保定老照片》《保定读本》两本书，分发给出租车司机，从而带动起保定旅游业的发展。要想服务好天津的发展，天津的地方志工作就要突出天津特色。天津是中国近代史的缩影，中国近代史上的很多人物都和天津有关，都曾在天津活动过，如李鸿章建炮台、修铁路，袁世凯小站练兵等。天津也是近代工业的缩影，我小时候读过一本书叫《三条石血泪史》，三条石就是天津近代工业的摇篮。我小时候曾在天津居住过一段时间，留有深刻的印象，天津的估衣街、天津的小吃……都蕴藏着丰富的历史文化。天津也是我国近代金融业的缩影、近代文化的缩影，南开大学、南开中学等都有很多故事。围绕天津特色，我看天津市的地方志工作大有可为、大有作为。我希望，你们能够走出一条真正具有天津特色的地方志发展道路。

第四，抓好“十三五”规划，抓紧天津市的地方志立法，保质、保量、按时完成第二轮修志任务。

最近，《全国地方志事业发展规划纲要（2015—2020年）》即将由国务院办公厅转发，希望天津市据此编制好本市的地方志工作“十三五”发展规划，把这件事作为一件大事来办好。根据国务院《地方志工作条例》，我们到天津来指导工作是依法进行指导，所以也希望天津市加快地方志立法工作，尽快由市人大常委会出台条例或由市政府出台实施办法。我希望，通过今天这个座谈会，能够对天津市地方志工作的发展有所推动、有所促进。同志们也提出了一些好的建议，比如人才培养、资料管理、地方志工作创新等问题，我们还要进一步研究，从而进一步丰富和改进中国地方志指导小组的工作思路。

地方志工作使命光荣，责任重大*

——在内蒙古自治区地方志工作座谈会上的讲话

（2015年6月27日）

刚才，常军政副主席代表内蒙古自治区政府对地方志工作作了总体汇报，同时对全区的地方志工作提出了指示和要求；阿拉善盟、包头市、乌海市和巴彦淖尔市四个盟市作了工作汇报，自治区地方志办公室主任胡满达全面汇报了全区的地方志工作。总的感觉是内蒙古自治区地方志工作按照中央的要求和部署，取得了不少的成绩。这次到内蒙古自治区召开地方志工作座谈会目的有两个：一是了解情况，听取汇报，进一步推动工作；二是看望战斗在地方志工作一线的同志们并表示慰问。地方志工作艰苦、辛苦、清苦，大家在岗位上辛勤耕耘、默默奉献的精神，值得表彰和学习。

内蒙古自治区地处我国北部边疆，幅员辽阔，横跨京津冀、东北、西北地区，是我国五个少数民族自治区之一，在实现“四个全面”战略目标中具有十分重要的地位。最近几年，内蒙古自治区的经济社会建设发展很快。在自治区党委、政府的高度重视和大力支持下，地方志工作呈现良好的发展势头，为传承传统文化、民族文化，服务自治区经济社会文化发展作出了

* 这篇文章根据录音整理，曾发表于《中国方志通讯》2015年第18期。

突出贡献。特别是第五次全国地方志工作会议召开以来，自治区党委、政府贯彻落实习近平总书记关于修史修志的重要讲话精神，李克强总理和刘延东副总理关于地方志工作的讲话、批示精神有新举措，贯彻落实“一纳入、八到位”有新思路，推动第二轮修志工作有新办法。刚才在汇报中你们提到，自治区主席巴特尔兼任地方志编纂委员会主任，最近又对地方志工作专门作出批示。6 月 9 日召开了全区地方志工作电视电话会议，主管领导就贯彻中国地方志指导小组五届二次会议和全国地方志机构主任工作会议精神作了部署，对全区地方志工作提出了明确要求。此外，自治区政府还出台了《内蒙古自治区地方志工作规定》，为全区的地方志工作提供了法律保障，为依法修志提供了制度保障，经过多年的实践和探索，形成了“党委领导、政府主持、负责地方志工作的机构组织实施、社会各界广泛参与”的工作体制。领导到位是内蒙古地方志工作能够向前推进，为地方经济社会文化发展大局服务的根本保障。

内蒙古自治区东西绵延 2400 多公里，南北横跨 1700 多公里，国境线长 4200 多公里。像我们今天开座谈会的地方——阿拉善盟，面积有 27 万平方公里，人口才 22 万余人，地广人稀。刚才你们在汇报时提到，全区地方志工作机构普遍存在机构级别偏低、人员偏少问题，全区从事地方志工作的在编人员不到 500 人。在幅员如此辽阔、人员不多的情况下，内蒙古自治区地方志工作能够取得现在的成绩，实属不易。证明内蒙古战斗在地方志工作一线的同志，甘于奉献、勇于承担，是能吃苦、能战斗的一支队伍。我代表中国地方志指导小组（以下简称指导小组），向大家表示慰问，并通过你们，向全区的地方志工作者表示衷心的感谢和崇高的敬意。

同志们刚才在汇报中也提出了一些问题和建议，针对这些问题和建议，我就自治区地方志工作提几点要求：

第一，增强地方志工作的责任感和使命感。

地方志工作具有存史、资政、育人的重要功能，不是可有可无的工作，是有着非常重要的历史性、政治性的责任和任务。习近平总书记高度重视地方志工作，在河北正定和福建宁德、厦门和福建省担任领导时，对地方志工作发表过重要讲话、作过指示。在主持浙江和上海工作的时候，亲自关心地方志工作，像在浙江白沙村调研时，还专门询问了村志的编纂。担任总书记以后，在考察首都博物馆时作了要高度重视修史修志的重要讲话。李克强总理在第五次全国地方志工作会议召开之前专门作出重要批示。刘延东副总理作为分管地方志工作的国务院领导，在第五次全国地方志工作会议前会见与会代表并作了重要讲话，还多次就地方志工作作重要批示。党中央、国务院高度重视地方志工作，是当前全国地方志事业发展难得的战略机遇，我们一定要牢牢把握。

“国有史，邑有志”，连绵不断地编修地方志是我国独有的文化传统，为传承中华文明发挥了十分重要的作用。世界四大文明古国中，古埃及、古印度、古巴比伦文明都中断了，唯独中华文明绵延数千年不断。靠的是什么？历朝历代留下来的史志典籍发挥了十分重要的作用。二十四史（吉林人民出版社1993年根据商务印书馆《百衲本二十四史》影印本分段、标点，并改成简化字横排版本版式，又补进《新元史》《清史稿》合为二十六史）加上8000多种古方志，如此巨大的史志文化宝库，在世界上是独一无二的。地方志工作虽然是坐冷板凳，冷冷清清，但却是清清白白、实实在在。“灭人之国，必先去其史”，修志工作有着传承历史、传承文明的重要作用。今天我们建设中国特色社会主义、弘扬党的光荣传统、弘扬社会主义核心价值观、弘扬中华优秀传统文化，地方志工作承担着重要职责，应该发挥重要的作用。特别是现在网络上、意识形态领域里面，搞“历史虚无主义”，唱衰中国共产党、唱衰中国特色社会主义建设取得的伟大成就的大有人在。地方志是资料性文献，实事求是，秉笔直书，述而不论，是破除“历史虚无主义”的有力武器。因此，我们从事的地方志工作是一项光荣的工作，一定要增强责任感和使命感。

增强责任感和使命感，要靠抓队伍的思想建设，提高大家的思想认识水平。要通过学习习近平总书记的系列重要讲话，中央领导同志关于地方志工作的重要讲话、重要批示精神，学习党中央关于继承和弘扬中华传统文化的有关部署，牢固树立为党立言、为民修志的宗旨意识。

第二，进一步重视地方志工作。

首先是领导重视，主管地方志工作的政府领导要重视，比如定期听取地方志工作汇报、提要求、作指示，帮助解决困难和问题。地方志工作是“给点阳光就灿烂”，花点小钱就能办大事。第五届指导小组组成以来，我已经调研了20多个省、区、市，有不少分管领导跟我说，地方志是冷部门，要高看一眼。地方志部门比不上一些职能部门，要求不多，即使是要钱要物，数额也不大。有些领导甚至表示，越是冷部门，越是弱势部门，越要支持。从我走过的地方看，领导重视的地方，地方志工作肯定做得有声有色。领导要重视，各级地方志工作机构的负责人也要重视，要看重自己这份工作，看重党和政府交给我们的这份职责。有句话叫“有为才有位”，我说有了位更应该有为。位置给你了就得干事，干成事领导才会更重视，你才更有“位”。我们方志人应该是上不怨天、下不怨地，积极发挥自己的主观能动性把工作搞好。重视地方志工作包括两个层次，一个是分管领导要重视，一个是地方志机构的负责同志要重视，形成合力，地方志工作才能做得更好。

第三，始终坚持依法治志和落实“一纳入、八到位”。

第五届指导小组组成以来，按照党的十八届四中全会关于全面推进依法治国的要求提出要依法治志。地方志是有法可依的，我们的法就是国务院《地方志工作条例》这一行政法规。依法治志，首先就要有法必依。各级政府、各级地方志工作机构要严格遵照《地方志工作条例》办事，依法修志、依法管志、依法用志、依法研志。《地方志工作条例》的内涵十分丰富，既包含各级政府对地方志工作的职责要求，又有对地方志工作机构本身的要求，还有对各部门、行业、法人、公民的要求，等等。地方政府和地方志工作机构要把依法治志作为依法治国在地方志工作领域的具体要求、具体体现来看待，用法律的思维、法律的方式开展地方志工作。实现依法治志，总抓手就是要全面贯彻落实“一纳入、八到位”。“一纳入、八到位”是刘延东副总理代表党中央、国务院在会见第五次全国地方志工作会议代表时专门强调的，是地方志工作经过三十多年实践凝练的智慧结晶，是根据当前地方志工作发展的新形势、新任务、新问题提出来的。刚才大家提到的在工作中面临的困难和问题，比如机构不健全，有 14 个旗没有地方志工作机构；编制落实不到位，力量不足；经费不够，有的单位只有日常办公经费，其他事业发展经费很少甚至没有；还有发展不平衡、业务能力不足、志稿质量不高等。像这些问题，就需要通过贯彻“一纳入、八到位”逐步加以解决，促使地方志工作上新台阶。而贯彻落实“一纳入、八到位”的有效手段就是开展行政督查。刚才胡满达同志也讲到，要加大督办检查的力度。实践证明，地方志工作机构主动请示联系人大、政府开展督查，是促进工作的科学、有效的手段。内蒙古自治区地方志办公室要按照依法治志的要求，按照“一纳入、八到位”的要求，按照巴特尔主席的批示和自治区地方志工作电视电话会议的要求，一级一级地检查落实，建立通报制度，全面推进地方志工作。依法治志、“一纳入、八到位”、行政督查是全面促进地方志事业发展的保障机制。依法治志是依据，“一纳入、八到位”是总抓手，行政督查是科学手段，大家一定认清关系，切实贯彻落实好。

第四，努力为地方经济社会发展大局服务。

修志编鉴、编撰出版地情读物、搞地方志文化资源开发利用等，最终的目的是要为全面建成小康社会服务，为建设中国特色社会主义服务，为内蒙古自治区和各盟市旗的经济社会文化建设服务，为推进地方社会主义精神文明建设和提高文化软实力服务。内蒙古地方志工作还有自身的特殊性，就是要为传承民族文化服务。中国有56个民族，每个民族都有自己独特的文化。内蒙古作为民族自治区，地方志工作在记录、传承、发扬民族文化方面承担着重要的责任。作为地方志工作者，一定要树立大局意识和服务意识，要传志、读志、用志。地方志工作成果出来了不能束之高阁，要不断创新用志手段，不断拓宽传志的路径，不断让各级领导、社会各界、广大人民群众来读志，用历史的智慧来为现实服务。只有树立了为地方经济、社会、文化发展大局服务的意识，才能得到领导的支持，得到群众的支持，才能够筑牢发展的根基。

第五，加强地方志工作队伍建设。

打铁还需自身硬，搞好地方志工作最重要的是要有一支政治方向对、业务能力强，具有奉献精神和工作热情的队伍。这就需要各级地方志工作机构在队伍建设上下功夫。首先是要确保正确的政治方向。地方志是“官书”，属于意识形态范畴，志鉴成果要符合党的路线、方针、政策，地方志工作队伍在政治上、思想上要同以习近平同志为总书记的党中央保持高度一致，才能编修出无愧于党、无愧于人民、无愧于历史的志鉴成果。同时，方志人还要树立为人民修志的自觉性和积极性。地方志工作是坐冷板凳，必须有一副热心肠才能把工作做好。我去过这么多地方调研，一直让我很感动的是，很多同志在汇报的时候始终带着对事业真挚的感情，带着一种崇高的使命感、责任心在谈地方志工作。很多老同志都已经白发苍苍，干了一辈子的地方志工作，写了一辈子的志书，从大学毕业一直干到退休，有的退休后还返聘回来继续干地方志工作。这种精神，这种激情，是我们地方志系统的精神财富，是方志人精神实实在在的体现，也是社会主义核心价值观在方志人身上的具体体现。有这样一支队伍，地方志工作一定能够做得好。

抓住机遇，克服困难，做好地方志工作*

——在云南省地方志工作座谈会上的讲话

（2015年7月17日）

这次来云南调研，主要目的有三个：一是了解云南省省、市、县三级地方志工作基本情况，共同研究解决工作中存在的困难和问题；二是通过调查研究，科学谋划地方志工作，推动全国地方志工作再上新台阶，提升到新水平；三是来看望长期奋战在地方志工作第一线的同志们。同志们在被称为清苦、辛苦、艰苦的“三苦部门”干事创业，我们有责任到地方看望工作在第一线的同志们。在此，我代表中国地方志指导小组，向在座的同志们，并通过你们，向全省地方志工作者表示诚挚的问候，大家辛苦了！

刚才，听了省地方志办公室主任任玉华以及昭通、大理、玉溪、曲靖、怒江、石林、丘北、西盟等市（州）县地方志工作机构负责同志的情况汇报，总体感觉同志们对地方志工作是有责任心的，也是很有热情的。云南省地方志工作有进展、有成绩，是符合中央要求的，也是符合第五次全国地方志工作会议精神要求的。具体来讲，感受颇深的有以下几个方面。

一是云南地方志编修历史悠久。从现有文献资料来看，早

---

* 这篇讲话根据录音整理，曾发表于《中国方志通讯》2015年第21期。

在唐代，樊绰就编著《蛮书》一书，记述南诏时期云南的地理、民族、物产等情况；元代，李京撰《云南志略》；明代，云南编修志书83种，步入全面发展阶段；民国时期，云南志书的种类和数量位居全国前列，比较有代表性的有周钟岳主持编纂的《新纂云南通志》。从唐到明，由元代至民国，云南共修成省府州厅县志400余种，山水盐井专志30余种，为中国方志文化积累了丰硕成果，更为中国传统文化积累了宝贵财富。

二是省委、省政府领导高度重视地方志工作。历届云南省委、省政府主要领导同志，先后担任省地方志编纂委员会主任，就地方志工作都发表过重要讲话或作过重要批示。今天中午，李纪恒书记、陈豪省长在和我会谈时表示，将会更加重视地方志工作，协调解决地方志工作遇到的困难。像西盟佤族自治县志办提出他们在工作中还存在机构、人员等问题，就可以请省委、省政府领导关心过问一下。

三是地方志工作机构基本健全。省政府杨杰副秘书长讲，云南省省级地方志工作机构的规格和干部配备问题已经得到基本解决。现在省志办一把手到位了，两个副主任也到位了，你们要抓紧按照省政府的批示要求，将机构人员真正落到实处。参加座谈的各个市（州）县，除玉溪地方志机构规格较低而影响工作外，其他大多数得到了较好的解决。玉溪是财政税收大市，机构编制应该容易得到解决。今天我们还要去玉溪调研，我会请市委尽快协调解决。同时，也请杨杰副秘书长和任玉华主任跟进一下，地方领导同志事情千头万绪，要主动提醒他们，做好落实工作。

四是修志工作有一定进展。从刚才汇报的情况看，全省第二轮修志工作稳步推进，16个市（州）出版志书5部，129个市（县、区）出版志书51部，另有一批部门志、行业志、名山志、江河志、乡镇村志、茶叶志也在编纂过程中。其中，曲靖市的第二轮修志在2011年就已经全面完成，为全省首家完成的地区，修志工作走在全省前面，在全国也是位居前列的。

五是地方志工作有较好的发展基础。从大家汇报的情况看，全省的整体工作状态还是不错的。比如，昭通市的地方志工作机构健全，修志队伍不断充实扩大；大理州的机构也是健全的，积累了丰富的修志经验；曲靖市的第二轮修志已经完成，机构与队伍建设稳步推进；怒江州虽然地处边陲，属于贫困地区，但总结出了“四个不放松”“四个不离开”的好做法、好经验，值得在全省推广；玉溪市修志工作虽然面临着机构规格低等很多困难，但是精神状态还是不错的，能够甘心坐冷板凳，认认真真地进行修志，这个精神值得发扬。

总之，云南的地方志工作历史丰厚、领导重视、机构健全，有一定的发展基础，这就为进一步推进地方志工作提供了很好的前提，打下了坚实的根基。虽然地方志工作机构被称为冷部门，从事地方志工作被形容为坐冷板凳，但是我们有热心肠，有高昂的激情，有厚着脸皮、磨破嘴皮的闯劲和韧劲，做好地方志工作就要勇于发扬这个“两皮”精神。

当然，大家也谈到工作存在一定的困难，比如整个修志进度比较慢，地方志资源开发利用滞后；在机构、编制、经费、人才等问题上都存在着较大的困难，特别是经费问题，有些地方面临着很大的困难，这在一些贫困地区、少数民族地区、边境地区表现得比较突出。虽然有这些困难，但是相比地方志事业发展的条件和发展面临的机遇来讲，我相信同志们一定能够克服困难，把地方志工作做好。

下一步如何做好地方志工作呢？我提几点具体要求，供同志们来参考。

第一，全力以赴、扎扎实实地贯彻落实第五次全国地方志工作会议精神。

去年召开了第五次全国地方志工作会议（以下简称第五次工作会议），今年又召开了中国地方志指导小组五届二次会议。整个地方志工作的指导思想、任务要求、发展目标都在第五次工作会议的讲话和报告中体现出来了，当前和今后一个时期，全国地方志系统的主要任务就是扎扎实实、全力以赴、不折不扣地贯彻落实第五次工作会议精神。

一是要加强学习，提高认识，提高做好地方志工作的自觉性和责任感。关于地方志工作的重要性，习近平总书记有重要指示，李克强总理有重要批示，刘延东副总理有重要讲话，中国地方志指导小组（以下简称中指组）也有重要报告，要组织全国地方志系统的干部职工认真学习习近平总书记关于修史修志的重要讲话精神，李克强总理和刘延东副总理关于地方志工作的讲话、批示精神，以及第五次全国地方志工作会议的重要精神，提高认识，统一思想，增强对地方志工作重要性的认识，树立在任何困难、条件下，都要把地方志工作做好的责任感、使命感。

我们都知道，中国历史上有一部“究天人之际、通古今之变”的不朽名著，就是《史记》，作者是汉代伟大的史学家、文学家司马迁。《史记》由十二本纪、十表、八书、三十世家、七十列传组成，堪称我国纪传体史书的典范，也是后世修志者汲取修志思想营养的宝库。司马迁发奋写《史记》的时候，条件远不如现在。他既不享受公务员待遇，又不是事业人员待遇，也没有办公经费，更谈不上拥有计算机等现代化办公设施。更为令人叹服的是他受了宫刑，忍受着奇耻大辱，秉笔直书，写出了绝世佳作《史记》。这蕴含着一种为事业献身、为文化传承献身的伟大精神，姑且称之为“司马迁精神”。在当今时代，我们要发扬“司马迁精神”，克服各种困难，增强在新的历史条件下做好地方志工作的自觉性和责任感。

二是要善于做领导的工作，争取领导重视支持地方志工作。地方党委、政府的领导同志事务繁忙，那么，你们就要发现机会，利用机会，做好领导的工作，让领导重视地方志工作、支持地方志工作。像大理州志办的王超英主任，会协调，会争取，会做工作，值得大家学习。做领导的工作，要善于去抓住领导。我到河北保定市调研，马誉峰市长就对我讲，地方志对他来说非常重要，地方旅游的拉动，没有地方志是不行的，因为介绍保定的历史风貌、风土人情，主要是靠地方志。他要求把保定市志办编写的涵盖当地名胜古迹、历史人物等内容的《保定读本》，发给每个出租车司机，结果保定的旅游业收入一年之内大幅度上升。地方志工作者要深刻地认识到，地方志工作不是没有位，而是要有为，有了为才会有位，有了位才能更好地有为。

三是要大力推进依法修志。国务院颁布施行了《地方志工作条例》，云南省政府颁布了《云南省地方志工作规定》，这是开展地方志工作的重要依据。我们要求机构健全、编制齐备、经费充足，绝不是胡乱张口开价，而是有法规规定，有习近平总书记关于修史修志的重要讲话精神，李克强总理和刘延东副总理关于地方志工作的讲话、批示精神，必须严格贯彻执行。要依法修志，加强督办。下一步云南省志办要争取分管省长、分管秘书长的支持，把督察督办作为一项任务，专门对地方志工作落实情况进行督察督办，并及时就督察督办情况印发通报。省志办要给县以上的志办主任撑腰，当好“娘家人”，通过分管领导为他们说话，解决困难，这样才能确立工作威望、工作威信，才能向前推进全省的地方志工作。

四是要真正做到“一纳入、八到位”。“一纳入、八到位”是刘延东副总理在第五次工作会议上提出来，中指组在第五次工作会议工作报告中加以强调的。这是对三十多年来地方志工作实践经验的总结和凝练，也是对修志历史智慧的精确归纳。全力以赴、扎扎实实地贯彻落实五次工作会议精神，要抓住“牛鼻子”、把住“总开关”，就要按照“一纳入、八到位”的总要求来开展工作。“一纳入”，就是把地方志工作纳入国民经济和社会发展规划、各级政府工作任务之中，要把地方志工作视为政府工作不可或缺的一个有机组成部分；“八到位”，就是认识到位、领导到位、机构到位、编制到位、经费到位、设施到位、规划到位、工作到位。要按照“一纳入、八到位”要求，逐条检查工作，扎扎实实抓落实。在这里，请杨杰副秘书长把大家提出的问题梳理出来，向省委、省政府汇报，共同努力把这些问题解决好。

第二，坚持修用结合，把努力为地方经济社会发展服务作为地方志工作的宗旨。

我们经常讲修志为用，修志要为现实服务。这不是一句虚话，只有服务好现实，志书、年鉴的社会价值才能充分体现出来，地方志工作的社会地位才能真正提高。地方志工作一定要围绕中心、服务大局。要弄清楚、把握准党委、政府的中心工作是什么，地方志工作要时刻围绕中心，服务党委、政府的工作大局。如果地方志工作和地方经济社会发展及地方党委、政府的中心工作是“两张皮”的话，就没有生命力，也不会得到重视。一定要树立全心全意为地方经济社会发展服务的宗旨，只有这样，地方志工作才能做得更好。

这次来参会的各个市（州）县都能充分认识到用志工作的极端重要性，取得了可圈可点的成绩，积累了一些好经验、好做法。像昭通市志办利用地方志资源为昭通天麻申报国家原产地保护产品，对城市建设、产业建设、古迹修复等提出论证依据；大理州志办围绕民族文化强州建设和美丽幸福大理建设编纂地情资料书籍；曲靖市志办建立地情资料服务中心；石林县志办与云南省社会科学院合作开展石林科研与社会服务基地建设，等等。你们要继续发扬成绩，继续探索经验，把为地方经济社会发展服务这篇文章做得更好。

第三，加强地方志工作机构自身建设，加强人才队伍培训。

刚才，大家普遍谈到了地方志人才匮乏、人员老化、队伍青黄不接等问题，由此看来，应当把加强地方志机构的思想建设、组织建设、业务建设、队伍建设提到议事日程上。中指组办公室在加强自身建设的同时，要探索制定出全系统的队伍建设、学科建设、理论建设规划，积极推动理论研究和学科建设，逐渐展开人员培训。全系统要高度重视机构的自身建设与队伍的提升优化，一个县的地方志机构哪怕只有三五个人，也有自身建设和队伍建设问题，不能有任何懈怠。干事创业关键在人，如果地方志事业发展了几十年，没有培养出自己的人才队伍，这项事业就会枯竭，更谈不上兴旺发达。所以，一定要把自身建设这项工作做好。

第四，按照中央要求，抓好地方志事业发展规划的制定。

《全国地方志事业发展规划纲要（2015—2020年）》即将由国务院办公厅印发，各省、市、县三级地方志工作机构要抓住时机，争取当地党委、政府的支持，制定出台本地的地方志事业发展规划，并努力将地方志工作列入“十三五”规划之中。

最后还有几个具体问题，请中指组办公室的同志回去加以落实：一是志书出版经费问题。我到甘肃、青海、宁夏三个省（区）召开地方志工作座谈会，发现他们的出版经费也是比较匮乏的，采取了一些扶持措施。能不能把云南省一些贫困地区的志书出版经费列入中指组办公室经济欠发达地区志书出版资助工程中，加大对贫困地区和少数民族地区志书出版经费支持的力度。中指组办公室的同志回去研究一下，如果可以，就通知符合条件的地区申报，给予他们一定的出版经费支持。二是中指组办公室在人才培训方面要给云南少数民族地区、边疆地区一定的倾斜，增加他们参加培训的名额。三是探索有没有可能向中央财政申请一笔经费，对像怒江、西盟这样的贫困地区给予必要扶持。

我就讲这么多，不合适的地方，请你们批评指正。

加强思想道德建设，打造方志专业队伍*

——在吉林省地方志工作座谈会上的讲话

（2015年8月7日）

这次到吉林，主要有两个任务：一是参加中国辩证唯物主义研究会、中共中央党校哲学教研部、中国社会科学院哲学研究所在长春联合主办的“辩证唯物主义与‘四个全面’战略布局”理论研讨会；二是调研吉林省地方志工作。

这次调研，主要有两个目的：一是对吉林省地方志工作进行调研，了解情况，以便对全国地方志工作及时作出指导。第五届中国地方志指导小组对地方志工作的调研，大体分两个阶段。第一阶段是2013年12月第五届中国地方志指导小组组建换届至2014年4月第五次全国地方志工作会议召开。为筹备召开第五次全国地方志工作会议，按照刘延东副总理有关做好调研工作的要求，我们先后到河北、江苏两省进行了全面的调研，从省到市、到县，有的已经到了乡镇和村，深入地方志工作基层，了解地方志工作的实际情况，形成了第五次全国地方志工作会议的思路。“一纳入、八到位”，就是在调研过程中提炼形成的。刘延东副总理在与第五次全国地方志工作会议部分代表座谈时明确提出“一纳入、八到位”，随后，第五次全国地

* 这篇讲话根据录音整理，曾发表于《中国方志通讯》2015年第20期。

方志工作会议将其作为做好地方志工作的基本要求进行了强调。第二阶段是第五次全国地方志工作会议召开以后，我们深入各省（区、市），进一步开展调研，推动贯彻落实第五次全国地方志工作会议精神，重点检查全面落实“一纳入、八到位”的情况。二是向吉林省从事地方志工作的同志们表示慰问，看望大家。我们在河北、江苏调研的时候，对于地方志工作机构，有的同志说是“清苦、辛苦、艰苦”的“三苦”单位，有的同志称为“坐冷板凳、吃‘冷猪肉’、是冷部门”的“三冷”部门。但是，大家一致认为，虽然是“三苦”单位，我们却甘心为地方志工作做奉献，有一种使命精神、奉献精神和牺牲精神；虽然是“三冷”部门，大家却有热爱、有热情、有热心，对地方志工作充满激情，非常敬业。因此，我希望自己在担任中国地方志指导小组组长期间，各省（区、市）都应该走到，争取到市、到县、到基层，和从事地方志工作的同志们见面，表示慰问和感谢，说一声同志们辛苦了！同时，也通过你们，向奋战在吉林省地方志工作一线的同志们表示慰问和感谢，大家都辛苦了！

刚才，隋忠诚副省长发表了讲话，对地方志工作充满了热情、激情和感情。吉林省地方志编纂委员会党组书记、副主任李云鹤同志和长春市、吉林市、通化市、公主岭市、延吉市地方志工作机构负责同志作了汇报。听了汇报，我认为吉林省地方志工作有一个非常好的工作状态。像通化市提前完成了第二轮修志，公主岭市正在为第三轮修志做准备，这不仅在吉林省走在前列，在全国也是走在前列的。延吉市获得不少奖励，说明成绩不小。这充分说明，吉林省同志们的工作状态是好的，工作热情是高的。总体来看，吉林省地方志工作是走在全国前列的，主要有五个特点：

第一，领导高度重视，及时给予指导，及时解决地方志工作面临的实际困难。

第五次全国地方志工作会议结束后，当时还任省长、现任省委书记的巴音朝鲁同志专门听取地方志工作汇报，并指示要贯彻落实好会议精神。省长蒋超良同志专门就吉林省第八次全省地方志工作会议召开作出批示，希望全省地方志工作者“笃行修志问道，追求志以载道”。这两句话说得很好，不仅是对吉林省地方志工作者提出的要求，还可以加以推广，成为全国地方志工作者都应奉行的格言。陈伟根副省长参加第八次全省地方志工作会议并讲话，对今后五年的吉林省地方志工作作出部署。隋忠诚副省长刚分管地方志工作，就亲自到省地方志编纂委员会调研并听取汇报。所以说，领导高度重视，是吉林省地方志工作做得好的一个重要因素，可以说是决定性因素。

第二，确立了志、鉴、用、馆、网、研“六位一体”的工作格局。

志书编修工作方面，2009年年底，吉林省首轮89部省志分志、50部市县志全部出版。截至2015年7月，第二轮59部省志分志已出版13部、终审完成待出版7部，68部市县志已出版54部、通过终审待出版6部；已有45个已完成第二轮修志任务的地方启动了2001—2020年续志资料长编工作。地方综合年鉴编纂工作方面，《吉林年鉴》1987年创刊，至2014年已连续出版27卷；9个市（州）年鉴全部连续编纂、公开出版；60个县（市、区）已有52个出版了首卷年鉴。在修志编鉴主体业务之外，吉林省在地方志资源开发利用、方志馆建设、地情网建设、地方志理论研究等方面也都取得了可喜的成绩。“六位一体”工作格局的确定，为吉林省地方志事业的持续健康发展打下了坚实的基础。

第三，坚持依法修志，法规制度体系建设基本配套形成。

国务院《地方志工作条例》是国家行政法规，是依法开展地方志工作的依据。吉林省由省人大常委会出台《吉林省地方志工作条例》，由省政府办公厅印发《吉林省志书、年鉴编纂审查验收办法》，由省地方志编纂委员会制定14个配套的部门规范制度，形成了与国家行政法规相呼应，较为完善的地方法规、政府规章和部门规范制度配套衔接的法规制度体系。2009年，省人大常委会还组成两个执法调研组，深入四个市（州）进行两个条例贯彻执行情况执法调研。因此，吉林省在推进依法修志工作上做得是好的。

第四，地方志工作进展顺利，工作状况良好。

吉林省在志、鉴、用、馆、网、研六个方面都取得了很大成绩，发展势头很好。特别是，吉林省地方志学会组织筹划了吉林省“方志理论研究三百工程”，计划经过若干年的不懈努力，确立100个研究课题，推出100项研究成果，培养100名专业人才，从中产生几十名方志专家，以便服务修志现实、培养方志人才、发展方志理论。这是非常积极的尝试，中国地方志指导小组办公室要加强对这个“方志理论研究三百工程”的跟踪调研。各市介绍的情况也都是很不错的。比如，长春市地方志工作着力推进并实现了“五个转变”，即：工作格局由“一本书主义”向“兴一方事业”转变，地方志功能由重修轻用向修用并举、服务当代转变，地方志产品由数量增长型向质量效益型转变，工作力量由业内封闭运行向面向社会开放整合转变，工作职能由志鉴编纂单位向地方志工作机构转变。吉林市开发利用地方志资源取得丰硕成果，同时创新地方志理论研究工作，在理论研究方面走在全国前列。通化市提前完成第二轮修志，逐步形成依法修志的局面，对照“一纳入、八到位”要求推进工作，还在通化市人大、政协召开两会期间开展“知家乡、忆家乡、爱家乡、建家乡”主题展览，在为地方经济社会发展服务方面成绩突出。公主岭市特别注重修志为现实服务、为地方经济社会发展服务，地情资源开发成果丰厚，地情资料室的建设也很有特点。延吉市建立完善机制，全面落实“一纳入、八到位”，特别是立足民族特色，突出地域特色，工作很有特点。

第五，高度重视地方志基础设施建设。

截至2014年年底，全省已有5个市（州）、15个县（市）的方志馆（地情馆、资料室）通过省地方志编纂委员会评估验收。长春市政府将国家级文物保护单位原长春道台衙门作为长春市方志馆馆舍，正在进行建设，充分说明长春市委、市政府对地方志工作的高度重视。

总的来说，我认为吉林省地方志工作做得有声有色、可圈可点，很多做法、经验值得在全国推介。大家在汇报中也提出一些问题，其中省地方志编纂委员会主要提出两个问题：一是省方志馆建设问题；二是有19个县（市、区）地方志工作机构为档案局内设机构，工作难以开展，希望省政府和隋忠诚副省长能够帮助协调解决。其他一些建议，由中国地方志指导小组办公室的同志整理一下，逐步加以解决。

关于下一步工作，我在这里提几点要求。

一是要把思想道德建设放在首位，抓好地方志工作机构自身建设。打铁还需自身硬。地方志工作机构虽然是“三苦”单位、“三冷”部门，但也是一个具有高度历史责任感和政治使命感的工作部门，肩负着“修志问道”的历史使命。李克强总理提出“修志问道”，就是要探索中国发展道路成功的秘密在哪里，成功的经验是什么，我们今天为什么要坚定不移地走中国特色社会主义道路，为什么这条道路是实现中华民族伟大复兴的唯一正确的道路。地方志工作者要传承中华文明、发掘历史智慧，充分发挥地方志存史、资政、育人的作用，责任非常大，任务非常重。所以，大力加强队伍建设，建立一支方向正确、专业精湛、工作热情的工作队伍，是做好地方志工作的关键。第一，要抓好思想道德建设。抓好思想建设，就是要把学习马克思主义和中国特色社会主义理论作为我们的中心任务，用马克思主义世界观、方法论来指导地方志工作。2014 年 2 月，习近平总书记在参观首都博物馆时指示要“高度重视修史修志”“把历史智慧告诉人们”。2014 年 4 月，李克强总理就第五次全国地方志工作会议召开作出“修志问道，以启未来”的重要批示，刘延东副总理明确提出“一纳入、八到位”的基本要求。习近平总书记关于修史修志的重要讲话精神，李克强总理和刘延东副总理关于地方志工作的讲话、指示精神，是我们提高地方志工作责任感、自觉性的指南，最重要的就是要认真组织好学习，领会其精神实质，以提高修史修志工作的自觉性。在抓好思想建设的基础上，还要抓好道德建设。在所谓的“三苦”单位、“三冷”部门，如果没有一种奉献精神，没有一种牺牲精神，是很难把事业干成的。我到内蒙古自治区调研时讲修史修志要效仿“司马迁精神”，就是要提倡一种奉献精神，一种牺牲精神。司马迁受过宫刑，他强忍奇耻大辱，靠奉献精神和牺牲精神，完成了千古名作《史记》。做好地方志工作，就要提倡“司马迁精神”，要一丝不苟、科学严谨、甘于奉献，只有这样，才能完成党和国家交给我们的存史、资政、育人及问道未来的历史任务。第二，要抓好学科建设。地方志工作是一项专业性很强、理论性很强、学术性很强、文字性也很强的工作，有人说是“能人不乐意干，歹人还干不了”。要进一步加强方志学学科建设，加强地方志理论研究，为地方志事业科学发展提供强有力的理论支撑，同时要全面提高地方志工作者的专业素质和工作水平。第三，要抓好组织建设。要对照“一纳入、八到位”的要求，把机构健全起来，确保领导到位、编制到位、人员到位，并把基础设施建设、资料建设等配套工作做好。第四，要抓好制度建设。国务院颁布有《地方志工作条例》，省里颁布有《吉林省地方志工作条例》，还要有详尽的地方志工作管理制度，建立一整套配套的、完善的、科学的法规制度体系，要靠法规制度来规范地方志工作，使地方志工作实现制度化、规范化、科学化。第五，要抓好基础建设。不仅要解决好地方志工作的办公条件，还要解决好地方志信息化建设的条件和地情资料馆、方志馆等基础设施建设的条件。总之，抓好地方志工作的整体建设，抓好学习、抓好队伍、抓好业务、抓好管理、抓好保障，是非常重要的。

二是要全力以赴、扎扎实实地贯彻落实好第五次全国地方志工作会议精神。第五次全国地方志工作会议精神是在总结以往地方志工作经验的基础上，结合贯彻落实党的十八大精神和习近平总书记系列重要讲话精神形成的，是今后五年以至更长一段时间做好地方志工作的方针，所以全面抓好贯彻落实是当前和今后一个阶段地方志工作的中心任务。第五次全国地方志工作会议精神凝结成一句话，就是“一纳入、八到位”。“一纳入”，就是把地方志工作纳入各地国民经济和社会发展规划、纳入各级政府工作任务之中；“八到位”，就是认识到位、领导到位、机构到位、编制到位、经费到位、设施到位、规划到位、工作到位。要像延吉市那样，严格对照“一纳入、八到位”的要求，逐条检查落实，未落实的要限期落实。只有这样，第五次全国地方志工作会议精神才会落到实处。

三是要按照“三严三实”专题教育要求，总结经验，查找问题，从严管理，从实修志。我在今年全国地方志机构主任工作会议上提出要围绕“为谁修志、修什么志、怎样修志”这一根本问题来开展工作。“为谁修志”，是个方向问题，地方志工作者是为国家修志、为党修志、为中国特色社会主义修志，说到底是为人民修志，这是解决修志的根本宗旨问题。“修什么志”，就是要弘扬中国的优秀传统文化，修人民之志、共产党之志、社会主义之志。“怎样修志”，就是要明确依据国务院《地方志工作条例》来修志，做到从严管理、从实修志。要严格对照“三严三实”的要求，查找在修志过程中还存在什么问题，思考这些问题应当如何解决，如何按照“严”和“实”的要求来解决。这一点，我希望能从省级、市级地方志工作机构开始做起。

四是要坚持为地方经济社会发展服务的方针，既要修好志，又要用好志。听了大家的汇报，感觉大家对服务地方经济社会发展的把握还是很好的。有“为”和有“位”是个辩证关系，有“为”才有“位”，有“位”才能更有“为”，“为”就是为地方经济社会发展服务。如果地方志工作和地方经济社会发展脱节了，那么地方志工作就会失去方向，起不到应有的作用。所以，要紧紧围绕地方工作的中心任务，服务党委、政府的工作大局，既要修好志，又要用好志。志书编好了，如果发挥不了作用，就体现不出价值。刚才，隋忠诚副省长讲到修志要落在用上，要在用上下功夫，这一点请同志们认真思考。修志为用，只有用好志，才能更好地修志。从一定程度上也可以说，既要修好志，更要用好志。因此，在工作安排上，要修用结合、修用并举，不可偏废。

五是要按照中央的要求，按照即将召开的党的十八届五中全会的要求，谋划好、制定好吉林省地方志事业发展“十三五”规划。最近，《全国地方志事业发展规划纲要（2015—2020年）》即将由国务院办公厅印发。规划纲要出台后，各省（区、市）都要按照规划纲要的要求，认真进行谋划，制定科学的本省（区、市）地方志事业发展规划。希望吉林省据此编制好本省的地方志事业发展“十三五”规划，把这件大事办好。

要提高对地方志工作重要性的认识 *

——在四川省地方志工作座谈会上的讲话

（2015 年 9 月 13 日）

首先，我代表中国地方志指导小组向长期以来关心和支持地方志工作的四川省委、省政府表示衷心的感谢！向四川省广大地方志工作者表示诚挚的问候！希望通过在座的各位代表，把我们的问候转达到全省的每一位地方志工作者。

第五次全国地方志工作会议召开以后，各地全面贯彻落实会议精神，取得了很大进展。近日国务院办公厅又印发了《全国地方志事业发展规划纲要（2015—2020 年）》（以下简称《规划纲要》），科学描绘了 2015 年至 2020 年全国地方志事业发展的宏伟蓝图。这次到四川召开地方志工作座谈会，主要目的就是调查研究，进一步推进第五次全国地方志工作会议精神和《规划纲要》要求的落实。

刚才听了四川省地方志编委会党组书记、副主任马小彬同志，以及成都市、凉山州、省交通厅、南充市嘉陵区地方志工作机构负责同志的工作汇报，我感到四川省很好地落实了第五次全国地方志工作会议精神，地方志事业全面发展，取得了很大的成绩，地方志工作总体上走在了全国前列。四川省的地方

* 这篇讲话根据录音整理，曾发表于《中国方志通讯》2015 年第 24 期。

志工作概括起来有这样几个特点：

一是有着悠久的修志传统。四川是一个方志大省，修志历史悠久，有着很好的修志基础。四川省有“三个最”：一是有我国存世最早的方志之一——《华阳国志》；二是四川省人大颁布的《四川省地方志工作条例》，是全国第一部地方志工作法规；三是志书的数量和质量排在全国前列，获奖数也是全国领先的。这“三个最”说明“蜀人好治史”。

二是有四川省委、省政府的有力领导和高度重视。刚才听了汇报，按照“一纳入、八到位”的要求，除了新成立的成都市天府新区修志机构还不太健全之外，其他地区和单位已经基本上到位，这和各级党委、政府对地方志工作的高度重视是有很大关系的。钟勉、王宁等省领导，对修志工作高度重视。成都在地方志编修方面，发挥了省会城市的作用，这与成都市委书记、市长的高度重视有着密切的关系。凉山州是一个少数民族地区，他们既是全国地方志系统的先进集体，又是全省地方志系统的先进集体，这跟州委、州政府的高度重视也是分不开的。省交通厅领导不重视，也不会取得这些成绩。嘉陵区领导也很重视地方志工作。

三是有一支政治好、业务精的修志编鉴专业队伍。四川的地方志专业队伍基本形成。

四是有一整套行之有效的工作办法。成都市的统编统筹方式，保证质量很有效，这条经验很好。省交通厅“1+4”的修志模式、嘉陵区的经验都很有特点。

以上四个特点很值得在全国地方志系统加以总结和推广。

对于四川的地方志工作，我再提五点具体的希望。

第一，认真学习贯彻习近平总书记关于修史修志的重要讲话精神，李克强总理和刘延东副总理关于地方志工作的讲话、批示精神，进一步提高地方志工作的责任感、使命感和自觉性。

从习近平总书记、李克强总理到具体分管地方志工作的刘延东副总理，对地方志工作都高度重视。习近平总书记在参观首都博物馆时，对修史修志作出了重要指示。在浙江、福建、上海主持工作期间，也有一系列关于地方志工作的重要指示和讲话。大家要组织我们的干部认真学习领会。李克强总理为第五次全国地方志工作会议专门作出了“修志问道，以启未来”的重要批示。什么叫“问道”？就是通过修志来总结经验，找到规律，为中国特色社会主义建设服务。刘延东副总理在与第五次全国地方志工作会议部分代表座谈时，代表党中央国务院发表了重要讲话，对“一纳入、八到位”作出明确要求。这些重要指示、重要批示、重要讲话，充分体现了党中央、国务院对地方志工作的高度重视。广大地方志工作者要认真学习这些重要指示、重要批示、重要讲话精神，深刻理解其精神实质，提高做好地方志工作的责任感、使命感和自觉性。

为什么要提到责任感、使命感和自觉性呢？为了开好第五次全国地方志工作会议，会前我到一些地方做了调查研究。通过调查研究，一方面，发现全国广大地方志工作者为编好地方志做了大量的工作；另一方面，也发现在地方志工作中还存在一些问题。比如说，有的认为地方志部门是“三苦”单位（清苦、辛苦、艰苦）、“三冷”部门（坐冷板凳、吃“冷猪肉”、是冷部门）。原因在于，一方面，有些地方的领导对地方志工作重视不够；另一方面，地方志工作机构的部分同志本身对自身工作重要性的认识也不够。当然，大家工作很辛苦，而且有相当一部分地方志工作者是一辈子都献给了地方志。我们到江西省调研工作的时候，有一个地方志办公室主任说："我们虽然是冷部门，但我们有热心肠，而且还有热泪。"所以，我觉得提高对地方志工作重要性的认识，是搞好地方志工作的着入点。不仅分管领导要重视，地方志的领导要重视，地方志工作人员也要树立为地方志工作献身的精神，提高工作的责任感、使命感和自觉性。刚才我听了几位同志的汇报，我觉得你们对地方志工作都很有感情，也很热情。

第二，积极学习贯彻落实国务院办公厅印发的《规划纲要》。

《规划纲要》是今年以国务院名义印发的第一个部门规划纲要，是今后一个时期内地方志事业发展总的规划、总的工作思路和总的工作要求。各地要将学习贯彻落实《规划纲要》作为一项十分重要的工作来抓。要根据《规划纲要》要求，结合"三严三实"专题教育活动，从"严"和"实"两个角度检查地方志工作，查找存在的问题，总结好经验，提出下一步发展的思路，找到进一步发展的措施和办法，编制本地区地方志工作规划，推动地方志事业发展。

第三，加大督察力度，扎扎实实贯彻落实好"一纳入、八到位"的总要求。

第五次全国地方志工作会议和今年召开的全国地方志机构主任工作会议精神集中起来，就是"一纳入、八到位"六个字。"一纳入"就是要将地方志工作作为省政府工作的一个有机组成部分，纳入省政府的总体工作中，纳入全省的发展规划中。"八到位”，即认识到位、领导到位、机构到位、编制到位、经费到位、设施到位、规划到位、工作到位。认识不到位，工作就做不好。而且，认识到位首先是领导的认识到位，领导的认识到位首先是主管领导和地方志工作机构领导的认识要到位。也就是说，领导到位是两个层次：一个是分管领导，省委、省政府，州委、州政府，县委、县政府的分管领导对地方志工作的认识要到位，不要以为它可有可无，也不要以为这项工作可以不管，让它自生自灭；第二个是地方志工作机构本身的领导要自重，不管别人说冷不冷、热不热，自己觉得自己的工作很重要。“八到位”要靠上级领导、主管部门积极支持，要靠地方志工作机构领导积极争取。成都市、凉山区、南充市嘉陵区、省交通厅的一条非常重要的经验，就是按照“一纳入、八到位”要求去开展工作。

第四，存史、育人、资政，努力为地方经济社会发展大局服务。

地方志工作要为当地党委、政府中心工作服务，为当地经济社会发展服务。一旦地方志工作离开了地方党委、政府的中心工作，离开了地方经济发展的大局，工作就失去了方向，也失去了目标，领导也不会支持你，群众也不会满意你。成都市的《成都精览》《美丽彭州图文志》《百年锦江光影》等地情书籍，就起到了旅游推介、扩大影响的作用。所以同志们要下决心，有所作为，为领导提供地情、社情、民情，为地方的经济社会发展服务。

第五，抓基层、打基础，抓好市、县两级地方志的机构建设。

听了汇报，我觉得市、县两级的地方志工作机构建设非常重要。但是全国的市、县两级地方志工作机构有很多还不够健全，有“缺胳膊少腿”的现象，有的有牌子没领导，有的有领导没士兵，人马不齐。所以，要把抓基层、打基础，抓好市、县两级的机构建设提上重要议事日程。抓机构建设首先是要抓好“四个建设”，即思想建设、组织建设、人才建设和制度建设。一是思想建设，就是要提高认识，提高市、县两级领导和地方志工作人员对地方志工作重要性的认识；二是组织建设，就是要通过立法、通过督察督办来使机构、编制、人员、经费四个方面落实下来；三是人才建设，就是抓好队伍建设，要组织、培养一批地方志工作的专业人员；四是制度建设，就是建立一整套适合本市、本县实际的地方志工作制度、规章和程序。这次到四川调研，我发现四川在这一方面做得比较好，特别是像凉山彝族自治州这样的少数民族地区，能够做到“八到位”是很不容易的。我有一个建议，能不能找个合适的时间，在凉山召开一次全国地方志系统地、市两级“抓基层、打基础”建设经验交流会，把优秀经验介绍给大家。中指办负责组织一个调研报告，搞清楚全国哪些地市、哪些县“一纳入、八到位”还没有落实，提出有针对性的要求，让没有落实的地方来参加会议，学习经验。

此外，有关四川省地方志工作办公室的班子建设和省方志馆建设，在与王宁常务副省长的会见中，已经得到省领导及有关部门的重视，正在按照程序推进。省地方志办班子要珍惜机遇，不辜负省委、省政府领导对地方志工作的重视和期望，要以优异的工作业绩回报省委、省政府的重视，服务好大局和中心，服务好社会各界。

针对同志们提出的加强西部少数民族地区地方志工作，并予以政策、项目和资金支持的问题，中指组已经出台有关文件部署落实。对于出台方志馆和信息化建设指导性文件、年鉴评奖、发挥新兴媒体在地方志工作中的作用等问题和建议，我们带回去加以研究。

以马克思主义为指导修志编鉴*

——在新疆地方志工作调研座谈会上的讲话

（2016 年 8 月 10 日）

这次到新疆调研地方志工作，很高兴和同志们见面并召开座谈会。

刚才听了新疆维吾尔自治区地方志编委会党组书记、副主任廖运建与和田地委委员、纪委书记胡国强两位同志对新疆、和田地方志工作的汇报，对新疆、和田的地方志工作有了深刻的印象。在此，我谨代表中国地方志指导小组及其办公室向新疆从事地方志工作的同志们、和田从事地方志工作的同志们表示亲切的慰问！

新中国成立以来，党中央、国务院高度重视地方志工作，先后成立五届中国地方志指导小组（以下简称中指组）。2013 年 12 月，第五届中指组成立，根据中央的安排，由我担任组长。我担任组长以来，已到 19 个省份开展工作调研，了解了很多实实在在的情况，收获很大。这次到新疆调研，想进一步了解新疆地方志工作情况。刚才听了同志们的汇报，对新疆地方志、和田地方志的工作所取得的重大进展和很好的成绩感到非

* 这篇讲话根据录音整理，曾发表于 2016 年 8 月 30 日“方志中国”微信公众号、2016 年 8 月 30 日中国方志网。

常满意。

听了廖运建同志的汇报，我认为新疆地方志工作有几点很有特色：

一是按《地方志工作条例》和规矩办志，依法治志理念逐步深入人心。2006 年 5 月，国务院出台《地方志工作条例》（以下简称《条例》），为我们依法修志提供了基本依据，标志着全国地方志工作走上依法修志的轨道；去年国务院办公厅又颁布了《全国地方志事业发展规划纲要（2015—2020 年）》（以下简称《规划纲要》），进一步将“坚持依法治志”明确为地方志工作的一条基本原则。围绕贯彻落实《条例》和《规划纲要》，新疆分别出台《新疆维吾尔自治区实施〈地方志工作条例〉办法》和《关于贯彻落实国务院〈全国地方志事业发展规划纲要（2015—2020 年）〉的实施意见》，大力推进依法治志，充分体现了依法治志理念逐步深入人心。二是第二轮修志工作全面推进，任务完成得好。三是加强领导，充分发挥大编委会的作用。这项工作做得很不错，其经验值得向全国推广。四是坚持质量第一，抓好质量建设。地方志编修出版后，不仅要给今人看，还要给后人看，保证质量很重要。质量不高，就会误导工作，贻误后人。五是加强队伍建设，营造地方志工作的良好氛围。最近几年，新疆地方志每年都开展主题教育，坚决治理地方志工作中存在的“懒、散、庸、拖、贪”五种机关病，这一经验值得向全国推广。六是开发利用地方志资源，为新疆经济社会发展服务。七是加快推进地情网站和地情资料库建设，信息化建设走在全国前列。

刚才听了胡国强同志的汇报，我觉得和田地方志工作与新疆全疆地方志工作一样，也取得了很大成绩，大体上可概括为五个“好”：

一是第五次全国地方志工作会议精神贯彻落实得好。刚才胡国强同志介绍了和田地方志工作的机构、编制情况，这是第五次全国地方志工作会议上提出来的“一纳入、八到位”中的两个“到位”，和田的机构、编制落实很到位。二是《条例》和《新疆维吾尔自治区实施〈地方志工作条例〉办法》落实得好。三是志书编写任务完成得好。四是年鉴编纂进度好。五是地方志资源开发利用成效好。

下面，就进一步做好新疆地方志工作，我谈几点意见：

第一，要学习好、贯彻好、落实好中央领导同志的重要讲话、重要批示精神和第五次全国地方志工作会议精神，以及中指组关于地方志工作的各项部署。

习近平总书记高度重视地方志工作，他在福建宁德担任地委书记的时候出席地方志工作会议并讲话，在浙江担任省委书记的时候调研白沙村的村志编纂情况，在上海担任市委书记的时候也是高度重视地方志工作，担任总书记后在参观首都博物馆时强调要“高度重视修史修志”。李克强同志也对地方志工作高度重视，他两年多来连续对地方志工作作出三次重要批示，特别是提出了“修志问道，以启未来”的重要论断。“修志问道”指明了修志的目的，就是为了探索中国共产党执政的规律、社会主义发展的规律、人类社会发展的规律。刘延东同志在与第五次全国地方志工作会议部分代表会见时发表重要讲话，去年年底在表彰全国地方志系统先进集体和先进工作者时又作重要讲话。我们要把中央领导同志关于地方志工作的重要讲话、重要批示精神融在脑子里，落实在行动上，切实把中央领导的重要讲话、重要批示精神变成地方志工作的实际行动。此外，我们还要继续贯彻落实好《条例》和《规划纲要》、学习贯彻好第五次全国地方志工作会议精神和中指组颁发的一系列文件要求。

第二，要高度重视地方志工作，充分认识地方志工作的重要性与必要性，增强做好地方志工作的使命感和责任感。

我担任中指组组长后到各地调研，感觉到地方志工作在前几届中指组的领导下取得了很大成绩，但也发现有两个问题值得引起重视：一是一些地方的领导对地方志工作重视不够，二是地方志工作者的积极性还没有充分调动起来。正如大家所说，地方志工作机构是冷部门、是边缘单位，一些地方还存在无房子、无经费、无编制、无机构的情况，特别是有些县级地方志工作机构更是如此。如何解决这些问题，推动地方志工作健康发展，最重要的是提高做好地方志工作的使命感和责任感，充分认识地方志工作的重要性与必要性。这是我们做好地方志工作首先要解决的问题，这也是“八到位”中的第一个到位——认识要到位，必须提高对地方志工作的认识。认识提高了，重视了，工作才能抓上去。我希望，同志们继续提高对地方志工作重要性与必要性的认识，进一步增强做好地方志工作的使命感和责任感。

第三，要以马克思主义为指导，坚持正确的政治方向和学术导向。

习近平总书记在“七一”讲话中指出，我们党一定要以马克思主义为指导，高举马克思主义旗帜；在5月17日主持召开哲学社会科学工作座谈会时指出，坚持以马克思主义为指导，是当代中国哲学社会科学区别于其他哲学社会科学的根本标志。从一定意义上讲，地方志属于哲学社会科学范畴。修志编鉴最重要的就是坚持马克思主义的指导地位，用马克思主义的立场、观点、方法来指导修志编鉴。即：站在人民的立场上，从人民的利益出发来修志编鉴；运用马克思主义基本原理，指导修志编鉴；运用马克思主义唯物辩证法、马克思主义思想方法和工作方法收集和分析资料，编修出经得起实践和历史检验的志鉴成果。我希望从事地方志工作的同志们一定要认真学习马克思主义的立场、观点和方法，真正用于指导修志编鉴。只有以马克思主义为指导，才能在修志编鉴中坚持正确的政治方向和学术导向。

第四，要切实加强领导，不断加强地方志人才队伍建设。

一要加强党对地方志的领导。习近平总书记在“七一”讲话中把加强党的领导作为一个重要原则提出来，在5月17日哲学社会科学座谈会讲话中把加强和改善党对哲学社会科学的领导也作为一个重要原则提出来，因此，我们在地方志工作中一定要体现党的领导。怎么体现？就是要把党中央的指示、要求真正吃透，树立看齐意识，切实抓好落实。要主动接受地方党委的领导，主动向地方党委汇报地方志工作，按照地方党委的要求做好地方志工作。二要加强地方志人才队伍建设。从2015年开始，中指组就把培训地方志人员作为一项重要任务来抓，各地有条件的也要组织培训。

第五，要增强精品意识，进一步提高志鉴编纂质量。

地方志工作要把质量放在首位，树立精品意识，把质量为先贯穿于志书编纂出版的全过程，创造出更多经得起历史和实践检验的名志佳鉴，做到以下几点：一要把好政治关。就是要把正确的政治方向和学术导向放在首要地位，不要出政治错误，不要违反四项基本原则，不要出现历史虚无主义的倾向，不要把错误的东西写到志书里。二要把好史实关。修志不是编故事，不能像电视剧那样搞什么戏说，而是要坚持实事求是的态度，按照历史的本来面目，遵照志书的要求来编写。三要把好文字关。文字上一定要过硬，不要有错别字，这是最低要求。

关于廖运建、胡国强两位同志提出的建议，我认为比较合理，要尽快研究解决。一是尽快形成援疆援藏的意见，召开 19 个省市对口援疆援藏会议。二是加大对少数民族地区地方志人才的培养，可以专门举办少数民族地区地方志培训班，结合少数民族地区的特点开展培训工作，时间可以长一些，让大家多学一些。在这方面，中指办可以制订一个专门的培训计划。三是加大对少数民族地区地方志经费方面的支持。刚才大家谈到，希望中指组在志鉴编纂出版方面加大支持力度。目前，中指组及其办公室推出的民族地区与经济欠发达地区志书出版资助工程，初步解决了一些问题，今后还要重点研究有没有可能对有些经费特别困难的地方多给予一些支持。

树立服务意识，全面从严治志 *

——在海南省地方志工作座谈会上的讲话

（2017 年 1 月 14 日）

首先，我代表地方志指导小组，向在座的海南省地方志系统的工作人员，并通过你们向全省的地方志工作者表示慰问和感谢。

今天是全国地方志工作的盛事，也是海南省地方志工作的盛事。我们这次到海南来，一是准备启动编修《中国南海志》和《三沙市志》，上午在三沙市举行了启动仪式；二是召开南海主权与地方志论坛；三是在海南召开地方志工作座谈会，听同志们谈谈建议意见，了解有关情况。2013 年 12 月，第五届中国地方志指导小组成立后，我提出，要去 31 个省（区、市）和新疆生产建设兵团调研，要和省、市、县三级地方志工作机构的同志见面。我与培林同志商量原计划在五年之内完成 31 个省（区、市）的调研，这次调研座谈会的召开，标志着已经完成了大部分省（区、市）的调研任务。

刚才听了海南省地方志工作情况汇报后，我认为海南省地方志工作有三个特点：

一是对地方志工作的重视程度高。海南省地方志工作之

---

* 这篇讲话根据录音整理。

所以大踏步前进、上升到一个更高的台阶，关键在于领导重视——省委、省政府领导，分管省领导，分管副秘书长的高度重视。领导层次的高度重视，是海南省地方志工作能高起点起步的一个重要因素。有位同志讲得好，一把手抓与不抓不一样，一把手的重视决定了地方志工作做得怎么样。领导重视可以使被动局面变为主动局面，落后局面变成先进局面。只要从上到下高度重视，认识就会提高，认识有多高，行动就有多自觉；认识不上去，行动就上不去。

二是“一纳入、八到位”工作落实得好。“一纳入、八到位”，即：把地方志工作纳入各地国民经济和社会发展规划、地方各级政府工作任务之中，做到认识到位、领导到位、机构到位、编制到位、经费到位、设施到位、规划到位、工作到位。“一纳入、八到位”是刘延东副总理在与第五次全国地方志工作会议部分代表座谈时明确提出来，并在第五次全国地方志工作会议中作为做好地方志工作的基本经验加以强调的。我看海南的“一纳入、八到位”工作落实得很好。海南除了三亚和海口外，其他市都有地方志机构，而且都是参照公务员管理。这是不容易做到的。

三是以志鉴为主的各项编修工作进展顺利。地方志工作最核心的就是志鉴编修。此外，还有方志资源开发利用、信息化建设、方志馆建设以及地方志的理论研究等。这些工作从整体上来看，海南完成得很好。像海口提出的“三个到位”的经验，值得在海南全省推广；三亚介绍的与教育部门联合创办教育基地的事情，也值得推广。

就海南省下一步地方志工作，我提几点要求。

一是认真学习贯彻习近平总书记系列重要讲话精神和治国理政新理念新思想新战略，提高地方志人员的政治觉悟和理论素质。作为地方志工作者，首先要有理论素养。当前最重要的就是认真学习贯彻习近平总书记系列重要讲话精神和治国理政新理念新思想新战略，把学习放在第一位，增强四个意识——政治意识、大局意识、核心意识、看齐意识，坚定四个自信——道路自信、理论自信、制度自信、文化自信。特别是我们做地方志工作的，一定要对作为中华民族优秀传统文化的地方志，树立高度的自觉和自信。地方志工作机构是冷部门，地方志工作者坐的是冷板凳。前年我到江西调研，有的同志说我们吃的是“冷猪肉”，吃的是“炒冷饭”；但有一位同志说：“我有热心肠，我要把冷板凳坐热。”就是说，我们要有这么一份干好地方志工作的积极性和热情。我们是搞文字工作的，是写字的，写字的人不学习，就写不出好字来、编不出好稿子来。各个地方志工作机构要把对本单位人员的政治、理论、业务培训放在重要、首要的位置。

二是树立服务意识，围绕中心，服务大局，为地方的经济社会发展作出更大贡献。编修和研究地方志的目的，就是要为现实服务。海南地方志工作就是要为海南的经济社会发展服务，要服务海南省委、省政府提出的海南发展的大局。要想有地位必须有作为，这个作为就是要为现实服务，为经济社会发展服务，为党和政府服务，为人民服务，为中国特色社会主义服务。

三是强化管理，推动地方志工作制度化、规范化和科学化建设。第五届中指组成立以来，出台了一系列的规章、制度，但是还不够，还要进一步推动地方志工作的制度化、规范化建设。强化管理靠什么？就是靠制度。习近平总书记提出要全面从严治党，我们把这条精神落实到地方志工作中，就叫全面从严治志、全面从严修志。地方志工作机构的主任，不仅是编修地方志的专家，而且要成为管理专家，要把班子管好，干部管好。要把地方志的所有工作都管好，就要建立严格的制度，真正使地方志工作走上规范化、制度化和科学化的管理轨道。

四是采取多种手段，充分收集、保护、整理、开发利用好海南的方志资源。刚才省志办毛志华主任介绍说海南修志历史悠久，从东晋到中华人民共和国成立前的1600年间，编修了112部府州郡县志。当年海南开发的时候，有人认为海南缺乏文化，我看并不缺文化。这些方志资源价值很高，要进行收集、保护、整理，要用现代化的技术和方法保存起来，比如数字化。这是比较重要的事情，你们要重视起来，做好开发利用工作。

最后，对中指组办公室下步工作提两点要求。一是把培训工作进一步向基层延伸、向一线方志工作者延伸、向民族地区与贫困地区延伸。二是加大人才培训力度，爱惜人才。爱惜人才有两个方面：一个方面是使用、培养、教育；另一个方面是给他们解决一些实际问题，比如职称问题、稿酬问题，这两个问题要力争解决。

加强学习，提高认识，明确目标，补齐短板*

——在重庆市地方志办公室调研时的讲话

（2017 年 6 月 16 日）

这次我与中国社会科学院党组其他成员一同率领中国社科院学部委员调研组到重庆学习考察，进行国情调研，借此机会到重庆市志办来看望大家。

党中央、国务院历来高度重视地方志工作。新中国成立之初，百废待兴，老一代党和国家领导人就将地方志工作提上日程，开始着手建立地方志工作系统，组织方志的收集、整理和撰写工作。志书一直是党和国家领导人以及各级党委和政府领导干部掌握地情、熟悉国情的重要工具。毛泽东主席每到一个地方，都要借阅研读当地志书，把志书作为了解国情的重要途径。为了加强地方志工作，周恩来总理对地方志工作作出了一系列重要指示。以习近平同志为核心的党中央高度重视地方志工作。党的十八大以来，为了落实中央要求，加强地方志建设，我和培林同志与中国地方志指导小组办公室的同志们一起多次到全国各地调研地方志工作。记得在一个地区，一位多年从事地方志工作的女同志含泪说："地方志是冷部门，我们坐的是冷

* 这篇讲话根据录音整理，曾发表于《中国地方志》2017 年第 8 期。

板凳，但干的是热心事，需要执着地投入。尽管很辛苦、很清苦，有很多困难，但我对地方志事业充满了感情。”能够在地方志静下心、坐得住，献身地方志事业，热心干好地方志事业，是一件很了不起的事。在此，我代表中国地方志指导小组（以下简称中指组）向你们并通过你们向重庆市全体从事地方志工作的同志们表示诚挚的慰问和衷心的感谢！同志们长期待在冷部门、坐着冷板凳从事地方志工作，为地方经济社会发展服务，很高尚，值得我们学习。市志办的同志一定要把我的问候转达到全市地方志系统一线的同志们，我给大家加油、鼓劲、打气。

在北京时，我听了重庆地方志工作的介绍，也看了你们的材料，对重庆的情况有所了解；刚才又听了你们的汇报，给我留下了深刻印象。重庆的地方志工作总体做得不错，有三个特点：

一是思路正确。按照党中央、国务院和第五次全国地方志工作会议的要求，你们确定了“着眼全局，突出重点，服务发展，补齐短板”的工作思路。这四句话的工作思路切合重庆实际，要坚持下去，按照这一思路持之以恒地抓好工作。

二是目标明确。你们提出了“坚决完成‘两全目标’任务，一年一小步，两年一大步，力争三年进入全国先进行列”的战略目标。这一目标很清晰，方向正确，要全力以赴完成这一目标。

三是成绩显著。重庆市地方志系统按照以上思路和目标，扎扎实实地做了大量具体工作，取得了明显成绩。

在这里，我对重庆市地方志工作提三点希望：

一是要加强理论学习，提高思想政治水平。做好地方志工作关键在人，根本在思想。抓好地方志工作，最首要的是抓好人的理论武装。认识提高了，思想到位了，自觉性增强了，也就抓住了关键。要学习马克思主义理论，坚持以马克思主义立场、观点、方法指导地方志工作。当前要特别深入学习贯彻习近平总书记系列重要讲话精神和治国理政新理念新思想新战略，认真学习落实李克强总理和刘延东副总理关于地方志工作的讲话、批示精神。习近平总书记系列重要讲话也包括对地方志工作的重要论述，早在宁德担任地委书记时，他就对地方志工作做过专门论述，在视察首都博物馆时也对地方志工作提出了明确的要求。大家要把习近平总书记系列重要讲话精神和中央领导的指示学习好、理解透，融会贯通，并落实到实际工作中。

二是按照第五次全国地方志工作会议的要求，切实做到“一纳入、八到位”。中指组由国务院委托中国社会科学院代管。中央办公厅副主任兼中央档案馆馆长曾三任第一届中指组组长，中国社会科学院院长李铁映、陈奎元分别担任第二、三、四届组长，我是第五届组长，培林同志任常务副组长。我们这届中指组在充分调研的基础上形成了第五次全国地方志工作会议报告。第五次全国地方志工作会议报告精神集中到一句话就是“一纳入、八到位”。“一纳入、八到位”反映了地方志事业发展的规律，也是刘延东同志代表国务院对地方志工作提出的总要求。“一纳入”就是把地方志工作纳入各地国民经济和社会发展规划、地方各级政府工作任务。“八到位”中，“认识到位”解决的是思想理念问题，“领导到位”解决的是领导重视问题，机构、编制、经费等到位解决的是基本的工作条件问题。据说，重庆还有一个区没有专门的地方志工作机构，这在全国除西藏以外是没有的，希望在党的十九大以前能落实。机构没有，工作怎么开展呢？

三是抓紧推动工作落实，坚决实现“两全目标”。用你们的话说，实现“两全目标”就要打歼灭战、攻坚战，务必确保“两全目标”如期实现，用优异的成绩迎接党的十九大胜利召开。

当前，你们要对照党中央和国务院的要求，对照你们的目标任务，对各项工作进行梳理，看还有哪些任务没有完成，哪些短板需要补上，在有限的时间内尽全力拼上去。

地方志工作是千年大计 *

——在青海省地方志办公室调研时的讲话

（2017 年 8 月 4 日）

我这次来，一是来青海省社会科学院看望社科人，二是来青海省地方志办公室看望方志人。做地方志工作，大家都比较辛苦。我是十八大之后担任的中国地方志指导小组组长。中央从解放之初就特别重视修志，由国务院设立地方志小组，地方志小组下设办公室。“文化大革命”后的地方志小组改名为中国地方志指导小组，由中国社科院代管。

我接任中国地方志指导小组组长之后做了一些调研，去了北京、河北、江苏等一些地方，发现地方志办公室是一个清贫单位、“清水衙门”，大家坐的是冷板凳，干的是辛苦活，辛辛苦苦不容易。我到一个地方，只要有时间，就去看看大家、慰问大家。

听了青海省地方志办公室工作汇报以后，我觉得青海地方志工作做得有声有色。特别是省委、省政府高度重视地方志工作，杨逢春副省长到任一年半时间，三次参加有关地方志工作的会议，体现了领导重视。青海地方志工作在全国地方志系统中不是条件最好的，但是后来居上，工作进度赶得快，属于后

* 这篇讲话根据录音整理。

起之秀，对此指导小组给予充分肯定。今天早晨，我请王建军省长多关心地方志工作，他是青海省地方志编纂委员会主任，地方志办公室也要多向省长汇报工作。

因为时间问题，我提几条希望：

第一条希望，就是以高度的政治责任感做好地方志工作。地方志工作是百年大计、千年大计，修志问道是重要的思想建设和文化建设。地方志工作不像经济建设那样见效比较快，做起来比较慢，作用是潜移默化的。特别是习近平总书记对于修史修志是高度重视的，他在2014年2月参观首都博物馆时作过重要指示。李克强总理多次对地方志工作作过批示。刘延东同志是分管地方志工作的副总理，也多次作过重要批示，特别是在党的十八大之后的第五次全国地方志工作会议上提出了“一纳入、八到位”的目标要求。我希望青海省以高度的政治责任感做好地方志工作。

第二条希望，就是坚持正确的政治方向和修志导向，与以习近平同志为核心的党中央保持高度一致。地方志写什么、怎么写，是关系到重大政治方向和学术导向的问题。在这方面一定要正确把握。

第三条希望，就是加强队伍的思想建设、理论建设、组织建设、业务建设，培养一支过硬的、又红又专的工作队伍。思想建设，当前就是要认真学习习近平总书记的系列重要讲话精神，特别是要组织学习好“7·26”重要讲话精神；理论建设，就是要加强对马克思主义立场、观点和方法的学习，用来指导地方志编修实践，没有理论指导，修志就会偏离方向；组织建设，就是要加强党的建设、机构建设、队伍建设；业务建设，就是要培养一支又红又专的修志队伍。

我就讲这三条意见，供你们参考。你们有什么困难也可以提出来，一起商量解决。青海有的县机构人员比较少，影响了地方志工作的开展。关键是要解决好有人写志的问题，具体就是要“有人管、有人写、有钱用”，做到这三件事，工作就有保障。“有人管”，就是领导要重视；“有人写”，就是要有人具体负责编写地方志；“有钱用”，就是要有一定的经费保障。青海有些藏区写志的人很少，要建立机构或是成立队伍难度比较大，这就要考虑向社会购买服务，还要动员老同志出来参与修志，要采取各种办法，实现“两全目标”。

把质量至上原则作为实现“两全目标”核心理念*

——在浙江省地方志工作汇报会上的讲话

（2017年9月1日）

这次借参加第二次全国方志馆工作会议之机，在丽水召开浙江省地方志工作汇报会，了解浙江省的地方志工作情况。首先，我代表中国地方志指导小组和参会的人员，感谢浙江省委、省政府，丽水市委、市政府，为这次全国方志馆工作会议所做的努力以及对我们的热情接待。也请成岳冲副省长向车俊书记、袁家军省长表示我的问候，同时，通过浙江省志办的潘捷军主任、丽水市志办的雷华英主任向全省地方志工作人员和离退休老同志们表示我们的问候和感谢。

刚才听了潘捷军主任和丽水卢彩柳副市长的汇报，总的感觉是浙江省、丽水市地方志工作成绩显著、可圈可点，具有以下几个特点：

一是领导重视。地方志事业的发展和领导重视程度是有直接关系的，领导重视，也就是“关键少数”重视，是地方志事业发展的关键。“一纳入、八到位”，第一到位是“领导到位”。“领导到位”，不是让领导亲自去做、去写，而是要求领导重视

* 这篇讲话根据录音整理。

到位。浙江省委、省政府对地方志工作是高度重视的，成副省长在分管地方志工作的半年时间里，5次听取汇报、出席会议，以各种方式对地方志工作给予关心指导。另外，省委宣传部的葛慧君部长以及省社科院的张伟斌书记、迟全华院长也高度重视，在他们的领导下，浙江省的地方志工作开展得很好。丽水市委、市政府也重视地方志工作，协调解决工作中的问题，保障工作顺利进行。史济锡书记今天前来参加这个会议，听取地方志工作情况的汇报；卢彩柳副市长亲自汇报工作，对地方志工作如数家珍。省、市、院领导高度重视，这是浙江省地方志工作的一个特点。

二是干劲十足。浙江省地方志办公室人员比较少，但人少干大事，创造的方志文化成果丰富，值得肯定。丽水市地方志工作开展良好，同志们干劲十足，可圈可点。

三是精神可嘉。刚才在汇报中，丽水市提出了“坚守坚持、淡泊名利、秉笔直书、甘于奉献”的方志人精神，这概括得很好，是对“修志问道，直笔著史”方志人精神的一个很好的延伸，说明丽水方志人对地方志工作的体会很丰富、很深刻。我担任指导小组组长后，开展了大量的调查研究，调研中，有些同志说是含着热泪干地方志事业，“我们在冷部门，坐冷板凳，吃冷饭，干冷事业，但我们是热心人”，反映出一种执着、坚守的精神，这种精神就是我们方志人的精神。方志人不图名利、不图地位、不图待遇，图的是这份事业。在中国历史上，做大官的人不少，挣大钱的人不少，但是真正留下名字的人和“文化”这两个字是分不开的。《红楼梦》里有句话叫“古今将相在何方？荒冢一堆草没了”，就是说从古至今当大官的人数不清，但最后一死了之，有的最后连坟也没有了。而在中国历史上当官且留下好名声的，一个是给人民做了好事的，如杭州苏堤是杭州人民为纪念苏东坡治理西湖的功绩；再一个就是留下佳作的，写诗写志留下文字思想的，如李白。文化是最能延续下来的，地方志是中华优秀传统文化，方志人就是为中华优秀传统文化留下血脉的人，这个事业是长远的、永恒的、不朽的，我们一辈子能做这件事，是非常有益的。没有甘于奉献的精神，也是做不了、做不好地方志工作的。从浙江来看、从丽水来看，地方志工作者在冷部门干出了热事业，精神可嘉。

四是走在前列。总体来看，在前面三点的基础上，浙江省的地方志工作呈现出蓬勃发展的势头，走在了全国前列，为方志之乡续写了新的辉煌篇章。

关于下一步的工作，我提以下几点希望。

第一，要牢固树立一切为了党的十九大，一切围绕党的十九大的政治意识。党的十九大即将召开，迎接党的十九大、党的十九大召开后贯彻落实十九大精神，这是全党全国人民的中心任务。当前，地方志工作也要紧紧地围绕着党的十九大，一切为了党的十九大。首先要学习好习近平总书记的系列重要讲话精神，特别是“7·26”讲话精神，通过学习提高认识，把党的十九大的精神、习近平总书记系列重要讲话精神和迎接党的十九大、将来宣传党的十九大的行动贯彻到修志工作中。

第二，坚持质量第一，全力实现“两全目标”。2020年，我们要完成“两全目标”，实现这一目标任务，不仅仅是数量上要完成，质量上也一定要过关。如果我们编出来的志书质量低劣、错误百出，就会贻误后世。一定要把质量放在第一位，将质量至上原则作为实现“两全目标”的核心理念。

第三，找问题，补短板，加快转型升级。浙江省地方志工作从总体上讲是不错的，但是要找到自己的短板，找到后补短板，加快地方志事业的转型升级，实现从一本志书到“十业”

并举、从一项工作到一项事业的转型。

第四，提倡奉献精神，打造中国特色社会主义方志文化。我们修志的目的，可以概括为四句话。一是“修志问道”，就是用志书总结中国特色社会主义建设的经验，上升为理论，以志为鉴来指导现实工作。二是“修志存史”。志是实事求是地记事，是史的基础，修志的目的是为了存史。三是“修志资政”。修志的目的是存史，存史的目的是为了资政，今天就是为党和人民的事业服务，为各级党组织和政府服务。四是“修志育人”。修志是为了育人，修成史之后也是为了育人，提高人民群众的思想认识，为中国特色社会主义服务。我们要达到修志问道、修志存史、修志资政、修志育人的目的，首要的就是提倡奉献精神，为发展繁荣中国特色社会主义方志文化，为中国特色社会主义文化事业奉献我们的力量。

三、方志专论

盛世修志，助力中国梦*

（2015年9月10日）

编修地方志是中华民族优秀文化传统，历史悠久，连绵不断。盛世修志，志载盛世。新中国成立后，特别是改革开放新时期以来，在党中央、国务院的领导下，地方志工作取得巨大成就。特别是2006年国务院《地方志工作条例》颁布施行后，地方志工作走上了依法治志的轨道，在为党立言、为国存史、为民修志方面作出了重要贡献。

一年多来，党和国家领导人对地方志工作高度重视，习近平总书记强调“要高度重视修史修志”，李克强总理提出“修志问道，以启未来”，对地方志工作提出了新的更高的要求。为贯彻落实党和国家领导人重要讲话、重要批示精神，推进全国地方志事业科学发展，充分发挥地方志工作在我国经济社会发展、社会主义文化强国建设中的重要作用，在实施“四个全面”战略部署中作出更大贡献，国务院办公厅近日印发了《全国地方志事业发展规划纲要（2015—2020年）》（以下简称《规划纲要》）。这是地方志事业发展的顶层设计，具有非常重要的意义。

* 这篇文章曾发表于《人民日报》2015年9月10日第10版。

一、地方志是传承中华文明、发掘历史智慧的重要载体

党的十八大以来，习近平总书记就传承弘扬中华传统文化发表了一系列重要讲话，深刻阐述了中华优秀传统文化的地位作用、价值意义、基本内涵和传承弘扬的原则要求，提出了一系列新思想、新观点、新论断。这些重要论断立意高远、内涵丰富、思想深刻、脉络清晰，为新形势下传承弘扬中华优秀传统文化提供了根本遵循。地方志工作者必须把握好传承弘扬中华优秀传统文化的根本要求，坚持改革创新，使地方志事业与经济社会发展需要相融相通。

地方志是最深厚的国家文化软实力之一。习近平总书记强调，“中华优秀传统文化是中华民族的突出优势，是中华民族自强不息、团结奋进的重要精神支撑，是我们最深厚的文化软实力”。在中华传统文化中，地方志自成一脉，独树一帜，具有独特的魅力，成为中华民族特有的文化基因，是最具有民族特征的标志性传统文化形式之一。地方志所记载的内容纵贯古今、横陈百科，有助于重点展示中国历史底蕴深厚、各民族多元一体、文化多样和谐的文明大国形象，政治清明、经济发展、文化繁荣、社会稳定、人民团结、山河秀美的东方大国形象，坚持和平发展、促进共同发展、维护国际公平正义、为人类作出贡献的负责任的大国形象，对外更加开放、更加具有亲和力、充满希望、充满活力的社会主义大国形象。中国地方志讲的就是中国故事，是向全世界展示中国魅力的有力话语体系，不仅有助于认清中华文化和地域文化的历史渊源、发展脉络、基本走向，了解中华文化的独特创造、价值观念、鲜明特色，更有助于塑造我国的国家形象。《规划纲要》明确提出要配合国家文化“走出去”战略，推介一批高质量地方志成果，充分展示地

方志的当代价值及永恒魅力，推动方志文化走向世界，增强中华文化凝聚力、影响力和国际竞争力，可以说准确呼应了时代要求，提出了全国地方志系统要加强国际传播能力建设、把中国地方志推介出去的目标，主动把地方志工作融入国家战略，力求为提升国家文化软实力发挥重要作用。

地方志是社会主义核心价值观的源头活水之一。习近平总书记强调，“中华优秀传统文化是中华民族的精神命脉，是涵养社会主义核心价值观的重要源泉，也是我们在世界文化激荡中站稳脚跟的坚实根基”。地方志作为中华优秀传统文化的一个重要组成部分，也是社会主义核心价值观最宝贵的思想源泉和最直接的精神纽带。一部地方志就是记载一方水土之上的人和事，就是一方人的精神家园。地方志通过记载各个历史时期经济社会发展成就、家乡面貌的变化、模范人物事迹等，再现了我国各族人民创造的光辉业绩和精神风貌，以真实资料和生动事实，激发人们热爱祖国、热爱家乡的热情。历史经验和现实社会实践证明，地方志在教化人心、巩固信仰等方面起着不可替代的积极作用，是践行社会主义核心价值观的重要推动力量。《规划纲要》强调通过编修、开发利用地方志成果，为培育和践行社会主义核心价值观提供丰富、优秀的精神文化产品，突出了地方志的育人功能，通过发掘历史智慧，在进行优秀传统教育、培育文明风尚、增强民族自豪感和民族凝聚力等方面发挥重要作用，推动以爱国主义为核心的民族精神和以改革创新为核心的时代精神发扬光大，成为实现中国梦的精神动力。

二、地方志可以为治国理政提供智慧经验

习近平总书记提出，实现中华民族伟大复兴中国梦的基本内涵是国家富强、民族振兴、人民幸福，只有“国家好，民族

好，大家才会好”。实现中国梦的首要前提是“国家富强”“国家好”，只有国家治理好了、建设好了，国家才会富强，民族才会振兴，人民才会幸福。

“一邑之典章文物，皆系于志。”地方志不仅反映了我国各个时代、各个地区、各个民族的社会实际情况，还记载了各个地区的气候、地貌、山川、城镇、矿产、动植物等分布情况，成为我国自然、政治、经济、社会、文化的历史和现实记载的重要资料宝库、文化宝库、知识宝库，记载了前人和当代人的实践活动和智慧经验。

“治天下者以史为鉴，治郡国者以志为鉴。”习近平总书记曾多次强调，历史是最好的教科书，是最好的老师，把历史智慧告诉人们，可以启迪后人。他说：“不忘历史才能开辟未来，善于继承才能善于创新。”他还说：“历史记述了前人积累的各种科学文化知识，记述了他们治理国家和社会的思想与智慧，记述了他们经历的成功和失败的经验与教训。”“在中国的史籍书林之中，蕴涵着十分丰富的治国理政的历史经验。”2006年，习近平同志在温州市苍南县考察台风“桑美”灾后重建工作时，调阅了《苍南县志》，并在与当地领导座谈时大段朗读了书中关于台风的记载，告诫地方干部要以史为戒，认清台风活动以及影响浙江的规律，科学决策，不断提高防台风抗台风和处置各类自然灾害的能力。习近平同志在担任上海市委书记期间，还专门要求报送《上海通志》，以备查阅。地方志可以为治国理政提供智慧经验，各级领导干部是带领我国人民实现中国梦的中坚力量，也是治理国家的核心力量，应当按照习近平总书记的重要论述，善于利用地方志中所记载的历史经验和智慧，善于从前人留下的思想宝库中汲取治国理政的珍贵滋养，提高治国理政的能力和科学执政的水平。《规划纲要》有助于推进地方志事业的全面发展，更好地发挥地方志的功能作用，提高各级领导干部治国理政水平，为推动“四个全面”重大战略部署的实施提供历史借鉴和智力支持。

三、全面落实《规划纲要》对推进地方志事业发展的顶层设计

地方志工作要在“四个全面”的战略部署和实现“两个一百年”奋斗目标、中华民族伟大复兴中国梦中发挥更大作用，发展再上新台阶，关键是落实《规划纲要》对推进地方志事业发展所作的顶层设计。

要增强对落实《规划纲要》自觉性和主动性的认识。《规划纲要》全面贯彻落实党的十八大，十八届二中、三中、四中全会精神和习近平总书记系列重要讲话精神，以刘延东副总理提出的“一纳入、八到位”（即将地方志工作纳入各地国民经济和社会发展规划、各级政府工作任务，认识、领导、机构、编制、经费、设施、规划、工作到位的工作机制）为依据，立足弘扬优秀传统文化、服务经济社会发展，实现中华民族伟大复兴中国梦的目标，有计划、有步骤地对今后一个时期的工作进行了部署，这种顶层设计具有不可替代性。“一纳入、八到位”是从地方志事业发展现实需要中总结提炼出来的，是为推动解决地方志事业发展面临的突出矛盾和主要问题提出来的，是对解决好地方志工作中具有普遍性、关键性问题的高度概括。《规划纲要》出台，是贯彻落实“一纳入、八到位”要求，在地方志工作中全面推进依法治国，深入推进地方志工作法治化的具体行动，也是贯彻落实国务院《地方志工作条例》的必然要求。是否按《规划纲要》提出的目标任务办，直接影响着地方志事业的发展水平，也是衡量地方各级党委、政府是否重视地方志工

作的重要标准。

要充分发挥《规划纲要》的指标导向作用。地方各级政府应按照"一纳入、八到位"总要求，认真落实《规划纲要》的部署，制定相应的地方志发展规划，依法治志，保障地方志工作的基本条件。各级地方志工作机构和广大地方志工作者，应围绕"为谁修志、修什么志、怎样修志"这一根本问题，坚持正确方向、履职尽责、真抓实干，以修志编鉴为核心，统筹兼顾地方志各项工作，把既定的科学目标、好的工作蓝图变为现实，努力实现地方志事业全面可持续发展。社会各界人士应提高对地方志重要性的认识，多了解地方志工作，多支持地方志事业发展，积极参与地方志开发利用工作，以地方志为基础创造更多的优秀文化成果，努力营造全社会共同参与的良好氛围。

要围绕服务经济社会发展大局创造性地开展工作。习近平总书记提出"创新是引领发展的第一动力""抓创新就是抓发展，谋创新就是谋未来"，强调了创新在发展中的重要性。《规划纲要》提出了地方志工作的总体目标和主要任务，同时也提出要拓宽用志领域，提升服务经济社会发展大局的能力，为党政机关、社会各界和人民群众服务。全国地方志系统应进一步增强创新意识，树立勇于创新、不断创新的精气神，努力做到思想上不断有新突破、理论上不断有新发展、工作上不断有新举措。在完成好修志编鉴主要任务的同时，要积极拓展地方志工作领域，不断拓展地方志工作内涵。如通过编修乡镇村志、发掘乡土文化资源，履行好地方志承载乡愁、延续历史文脉的重要使命。

共同续写中国地方志事业发展新华章*

——访中国社会科学院院长、中国地方志指导小组组长王伟光

（2015年12月30日）

2015年末的北京，寒风阵阵，在全国地方志机构主任工作会议现场却暖意融融。中国地方志指导小组及其办公室组织的四个会议在人民大会堂、前门建国饭店交叉召开，其热烈紧张的气氛似乎在映衬着地方志事业快速向前推进的高强节奏。中共中央委员、中国社会科学院院长、中国地方志指导小组组长王伟光要统筹全局、协调各方，自然是格外忙碌，只能挤出时间接受本刊的简短采访。

问：如果请您对地方志工作的形势、任务、要求用一句话来概括，您会怎么说？

答：如果用一句话概括，那就是：全面落实《全国地方志事业发展规划纲要（2015—2020年）》（以下简称《规划纲要》），大力推进地方志事业科学发展。在全国地方志机构主任工作会议报告中，我把这样一句话作为标题特别强调。

问：地方志工作已经开展多年，当今出台《规划纲要》

* 这篇文章为山西省地方志办公室《史志学刊》编辑部对王伟光的专访，高生记采写，曾发表于《史志学刊》2016年第2期。

有何现实意义？

答：《规划纲要》在地方志发展史上是有里程碑意义的。它是我国第一份对全国地方志事业进行规划的文件。它的颁布施行，标志着地方志从一项工作向一项事业的转型，也标志着全国地方志事业从此走上规划先行，以科学规划引领科学发展的道路，这在中国地方志历史上是从来没有过的，可谓千载难逢。《规划纲要》的编制及颁布，更是贯彻落实习近平总书记关于修史修志的重要讲话精神，李克强总理和刘延东副总理关于地方志工作的讲话、批示精神的具体体现。《规划纲要》全面落实中央领导同志的重要批示、重要讲话精神，以“一纳入、八到位”为突出主线，立足弘扬优秀传统文化、提升中华文化软实力、服务经济社会发展的宗旨，对今后一个时期地方志事业的平稳、有序、健康发展进行了顶层设计和统筹安排，是今后几年推进工作的“总抓手”和行动指南。

问：您在报告中讲到2016年是全面落实《规划纲要》的关键之年，必须统一认识，稳中求进，开拓创新，扎实开局。是否可以这样理解，完成关键之年任务的关键是统一认识？

答：思想是行动的先导，理念是实践的指南。认识达不到一致，行动就难以形成合力，就难尽快奏效，所以认识到位确实是很关键的一点。

党的十八届五中全会在审议通过的《中共中央关于制定国民经济和社会发展第十三个五年规划的建议》中，倡导创新、协调、绿色、开放、共享的发展理念，这一新理念也完全适用于地方志系统。增强全面落实《规划纲要》的科学性和能动性，也要统一认识，提倡这样的理念。

一是创新驱动理念。《规划纲要》将创新放在地方志事业发展全局的核心，明确提出要坚持改革创新，正确把握发展规律，不断拓展地方志工作领域，丰富地方志成果表现形式。编制《规划纲要》过程中，也始终坚持创新，提出地方志事业发展走体系化建设的思路，在《地方志工作条例》基础上拓展了地方志工作范围，创造性提出“为国存史”、“修志问道、直笔著史”方志人精神等概念；首次提出硬性指标，明确到2020年全面完成第二轮修志任务，实现省、市、县三级综合年鉴全覆盖。要完成这些任务，必须树立创新驱动发展理念，推动地方志理论创新、实践创新、制度创新、管理创新、方法创新，做到思想上不断有新突破，理论上不断有新发展，工作上不断有新举措。

二是协调发展理念。《规划纲要》强调以修志编鉴为主业，各项工作协调发展，到2020年，基本形成地方志编修体系、理论研究和学科建设体系、质量保障体系、资源开发利用体系、工作保障体系“五位一体”的综合发展体系。本着这一目标，我们一方面要以全局的高度、长远的眼光思考和研究工作，把握工作主动权，观大势、重运筹；另一方面，要用联系、整体的观点思考和研究工作，加强工作的针对性，打基础、谋长远。

三是开放治志理念。《规划纲要》强调要健全地方志工作机构主导、社会各界有序参与修志编鉴的途径和方式。地方志工作不能单打独斗，要学会合作，达到共赢。与高等院校、科研院所、档案机构、图书馆等单位加强交流，引导社会各界更广泛地参与地方志工作，在更大范围、更宽领域、更深层次上提升事业发展水平。与此同时，还要充分挖掘、阐发、展示方志文化的当代价值和永恒魅力，推动方志文化走向世界，增强中华文化的影响力和国际竞争力。

四是共享方志理念。社会成员共享改革发展的成果，是中国特色社会主义的本质要求。对地方志工作来说，让人民共享地方志成果，地方志工作的价值才能充分体现。《规划纲要》强调修志为用，顺应时代要求，全面提升开发利用水平；要求拓宽用志领域，提升服务大局能力，为党政机关、社会各界和人民群众服务。作为地方志工作者，重点抓两条：一是积极主动地将地方志工作放在服务经济社会发展全局中，围绕中心，服务大局；二是适应信息化社会发展趋势，在推动地方志信息化建设、推进“互联网+”上做文章，使传统手段与互联网新媒体相结合，承载乡愁、延续文脉，做到与时俱进。

问：您认为从落实《规划纲要》出发，在2016年，或者说在今后两三年内，地方志工作应该着力在哪些具体方面呢？

答：当前和今后一个时期，全国地方志系统应当主要抓好这10项工作：

一是继续学习贯彻落实习近平总书记关于修史修志的重要讲话精神，贯彻落实李克强总理和刘延东副总理关于地方志工作的讲话、批示精神，提高认识，武装头脑，明晰地方志工作努力方向。

二是全面实施依法治志，着力推进从依法修志到依法治志模式转型。2006年《地方志工作条例》的颁行，地方志工作实现了有法可依，与此前长期以来修志工作主要靠行政命令等行政手段相比，依法修志在当时的历史背景下有着重要意义，发挥了重大作用。近十年来，地方志形势有了快速而显著的发展变化，“一本书主义”的修志模式已经被方志理论和实践中的多业并举、融合立体发展所突破，2015年《规划纲要》把依法治志规定为基本原则，意义重大而深远。各级地方志机构及地方志工作者要深刻领会依法治志的内涵，全面把握其外延，从认识上和行动上实现从依法修志到依法治志的转变。

三是全面推进修志工作，打造高质量的佳志力作。二轮修志完成的地区，要总结首轮、二轮修志经验教训，做好三轮修志启动前的准备工作。未完成的地区，应倒排工期、量化程序、细化责任、强化督导，确保按时、保质完成任务。要实施好中国名镇志文化工程、中国名村志文化工程、民族地区与贫困地区志书出版资助工程，指导有条件的乡镇村做好志书编纂工作。

四是加强年鉴工作，创造更多精品年鉴。重点是建立健全年鉴编纂评议机制，大力推进年鉴试点工作，实施中国年鉴精品工程，组织开展全国年鉴质量评比活动，推动实现地方综合年鉴一年一鉴、公开出版，实现省、市、县三级综合年鉴编纂全覆盖。

五是深入开展旧志整理工作，抢救保护优秀文化遗产。指导小组及其办公室要有计划、有步骤地推动全国旧志整理、保护工作，要开展海外藏中国旧志的引进工作，推动旧志数字化建设。地方各级地方志工作机构也要抓旧志的整理、保护，与国内外高校等单位合作，开展旧志点校、提要、考录、辑佚等工作。

六是推动地方史编写工作，拓宽地方志工作领域。要开展地方史编写试点工作，着手制定地方史编写规划与规范。条件成熟的地区，要将地方史编写纳入地方志工作范畴，统一管理。

七是深化理论研究和学科建设，力争形成较为成熟的学科体系。指导小组及其办公室要抓紧制定全国地方志学科规划，编制课题研究指南，编写方志学、年鉴学通用教材。要发挥中国地方志学会的纽带和桥梁作用，加强方志期刊的理论平台和引导作用。

八是强化人才队伍建设，激发事业发展源动力。成立中国社会科学院研究生院方志学系，培养方志学专业硕士研究生、博士研究生。有效利用地方志博士后科研工作站平台，招收高素质博士后研究人员。同时，完善教育培训制度，分级实施对地方志工作机构新任负责人、志鉴主编的专项培训，分类组织地方志信息化、方志馆建设等的业务培训。

九是实施全国信息方志与数字方志建设工程，引领地方志信息化创新发展。要统筹协调全国地方志信息化工作，制定《全国地方志信息化发展规划》《全国信息方志与数字方志建设工程实施方案》，逐步建立地方志全文数据库，推动信息标准化建设，不断完善中国地情网、中国方志网，尽快实现国家、省、市、县四级地方志资源共享。稳步推进国家数字方志馆、中国国情网建设。

十是加强方志馆建设，打造方志文化公共服务平台。要加速推进国家方志馆建设，尽快完善国家方志馆设计功能。同时开展《全国地方志系统方志馆建设标准》制定工作，全国各地有条件的地方要积极筹备方志馆的建设。

习近平总书记要求“一件事情接着一件事情办、一年接着一年干，锲而不舍向前走”，中国地方志指导小组决心拿出这种锲而不舍的韧劲，大力推动中国地方志事业创新发展。俗话说，众人拾柴火焰高。也希望全国各地各级地方志机构和全体方志人一道行动起来，在完成《规划纲要》各项任务的过程中显身手、展风采，保持全国地方志事业科学发展的高位运行态势，继续共同谱写中国地方志事业发展的辉煌篇章。

传承中国历史人文*

——《记载人民创造的历史》序

（2014年）

地方志事业是一项崇高的事业。大禹治水，小禹修志。朱文根同志把修志与治水相提并论，我认为很好。当然，地方志工作也是平凡的工作，就像农民种地，工人做工。

中华民族创造了博大精深的灿烂文化。中国传统优秀文化和当代改革开放文化都记载在中国旧志和新志当中。传承中国历史人文，地方志人是功臣。

一方水土一方人。一部地方志就是记载一方水土之上的人和事，就是一方人的精神家园。一位少小离家的游子如果看到一部家乡的志书，那是何等宽慰！

哪里有人，哪里就有人的精神。地方志记载的就是一个地方人民的精神。朱文根同志在文中提到，大别山地区的市县志，记载的就是“大别山精神”。这种精神可以资政，可以育人，可以勉励人，可以给人们补“钙”，成就事业，成就人生，成就中国梦！

习近平总书记说，要注重塑造我国的国家形象，重点展示

* 这篇文章为2014年中国社会科学院院长、中国地方志指导小组组长王伟光为安徽省地方志办公室主任朱文根所著《记载人民创造的历史》一书所作的序，曾以《中国地方志讲的就是中国故事》为题发表于《中国地方志》2015年第3期。

中国历史底蕴深厚、各民族多元一体、文化多样和谐的文明大国形象，政治清明、经济发展、文化繁荣、社会稳定、人民团结、山河秀美的东方大国形象，坚持和平发展、促进共同发展、维护国际公平正义、为人类作出贡献的负责任大国形象，对外更加开放、更加具有亲和力、充满希望、充满活力的社会主义大国形象。中国地方志讲的就是中国故事，是向全世界展示中国魅力的话语体系，全国地方志系统要加强国际传播能力建设，把中国地方志推介出去。

朱文根同志用了八年时间，把安徽地方志里里外外考量了一遍，所思所见颇有价值，可供同志们参考。做这项工作也体现了一种精神，锲而不舍，金石可镂。有了这种精神，干什么事情都会开花结果。

加强家风建设，弘扬中华文化*

——《中华家训精编100则》序

（2015年6月6日）

中国有着悠久的历史与灿烂的文化，中华文明有着多种优良特质。在中华文明的优良特质中，家训是一个重要方面，其中的优良传统在今天看来，尤其可贵，并且其内涵仍在拓展丰富。

家庭，是社会的基本细胞，是最基本的社会组织，我们每个人生于兹长于兹，是我们的亲情港湾，也是我们人生的第一所学校。家庭还是中华传统伦理道德文化的起点，传统伦理道德文化大都从家庭出发，主张通过家庭教育影响，通过个人努力修炼，培养个人优秀品德，养成良好习惯，形成处事能力风范。历史上的思想家主张家国一体，强调家国之间的联系，《大学》言“修身、齐家、治国、平天下”，即为该意。

不怕饥寒，怕无家教。中华民族历来重视家庭教育，自古至今，出现了很多优秀的家训、家范。家训，指的是家族祖辈对后代子孙的规箴、训语。中华家训文化历史悠久，源远流长。早在传说中伏羲、黄帝之时，就有类似家训的“教”“戒”等。西周时期，周公因留驻京城辅佐成王，遂让其子伯禽前往鲁国就封。伯禽临行之际，周公以自己“一沐三握发，一饭三吐

* 这篇文章为王伟光为《中华家训精编100则》所作的序，该书2015年由方志出版社出版，也曾发表于《中国社会科学报》2015年7月30日第8版。

哺”的躬身实践为例，反复叮嘱伯禽，不能“以国骄人”。这大概是有史记载最早的家训了。两汉时期，儒学独尊，士大夫都非常注重家风、家教，但因史料缺载，当时的家训多为一言半语，比较零碎，不成系统。到了南北朝时期，颜之推撰著《颜氏家训》，是第一部系统、完整的家训之作，为历代士人所推崇，开家训著述之先河。此后，自宋至元明清，家训著作大量出现，传世作品也很多，影响较大的有宋司马光《温公家范》、袁采《袁氏世范》，清朱柏庐《治家格言》、张英《聪训斋语》等。清代甚至出现了家训性质的家书之作，有代表性者如曾国藩家书，其中包含很多家训内容，后人专门将之摘抄出来，编为《曾文正公家训》。与此同时，家训著述也越来越社会化，从士大夫之门走入寻常百姓之家，很多家庭、家族都形成了自己的家训，保存于众多家族族谱之中。

从内容上看，中华家训，特别是古代家训受传统伦理道德思想影响，主要为忠孝节义、礼义廉耻、温良恭俭让等，虽然也有落后于现代之旧思想、旧方法，但是，其中更多的仍是强调忠于国事、孝敬父母、友悌兄弟、和顺夫妇、团结亲族、和睦邻里、谨慎交友、严守规约、奉公守法、励志好学、勤奋节俭、谨言慎行、宽仁容让、尊师敬长等中华优秀文化传统内容。这些优秀文化传统，营造了中华民族博大、深厚的精神家园，时至今日，它们仍传递着积极的正能量，感染并影响着中华儿女。马克斯·韦伯说，中国社会是一个家族式结构的社会，而构成家族的正是一个个家庭，家庭才是最基本的社会组成单元。中华家训通过家庭教育的方式，将这些优秀文化传统，直接传递给每一个家庭，传递给一代代中华儿女，一方面保留、丰富了中华悠久的传统文化内容，另一方面，也在客观上发挥了弘扬优秀传统文化的重要作用。家训广泛流布于民间百姓之中，口耳相传，在传统社会中，其所发挥的作用是最实在、最广泛的，其所产生的影响是其他很多典籍所无法企及的。可以说，正是由于有了像中华家训这样的文化典籍和载述形式，中华民族的主要根脉和优秀基因才得以一代一代、永不断续地传承下来。

近代以来，许多仁人志士、革命先烈在投身救国救民运动的同时，通过书信等方式劝诫自己的亲属勉学努力、端正做人，又给中华家训文化增添了许多富有时代气息的新内容。

在经济社会日益发展的今天，弘扬中华家训、培育家庭美德尤其具有重要的现实意义。30多年来，中国创造了举世瞩目的发展奇迹，已成为世界第二大经济体，物质财富极大丰富，人民生活水平有了巨大提高，相应的，我们也应该深入发掘和弘扬中华文明中潜在的巨大文化软实力，让中华儿女具有更高尚、更远大的精神追求。党的十八大以来，党中央从坚持和发展中国特色社会主义全局出发，提出全面建成小康社会、全面深化改革、全面依法治国、全面从严治党的战略布局。这一战略目标的实现离不开对中华传统文化精髓的提炼与汲取，尤其是在实施全面从严治党的过程中，作为中华传统文化组成部分的家训，可以从家庭这一社会最基本的构成单元着手，发挥其弘扬美德、教化育人的作用。

“家是最小国，国是千万家”。家道正，则天下定。习近平总书记特别强调家庭建设的重要性，指出良好的家教教育不仅能够影响到家风、社风的形成，在党风、政风建设上也能发挥积极作用。2015年2月17日，习近平总书记在春节团拜会上指出，家和万事兴、天伦之乐、尊老爱幼、贤妻良母、相夫教子、勤俭持家等，体现了中国人对家庭、对亲情的重视。他强调，不论时代发生多大变化，不论生活格局发生多大变化，我们都要重视家庭建设，注重家庭，注重家教，注重家风，结合培育和弘扬社会主义核心价值观，发扬光大中华民族传统家庭美德，使千千万万个家庭成为国家发展、民族进步、社会和谐的重要基点。2月27日，习近平总书记在主持召开中央全面深化改革领导小组第十次会议时，特别指出，领导干部的家风，不是个人小事、家庭私事，而是领导干部作风的重要表现。各级党委（党组）要重视领导干部家风建设，把它作为加强领导班子和领导干部作风建设的一项重要内容，定期检查有关情况。2月28日，习近平总书记在会见第四届全国文明城市、文明村镇、文明单位和未成年人思想道德建设工作先进代表时再次强调，要大力弘扬中华民族优秀传统文化，大力加强党风政风、社风家风建设，特别是要让中华民族文化基因在广大青少年心中生根发芽。

为了贯彻落实习近平总书记关于弘扬中华传统文化，加强家风家教建设的系列讲话精神，服务当前反腐倡廉、党风廉政建设和文化软实力建设，助推中华复兴梦实现，中国地方志指导小组办公室专门组织人员深入挖掘、整理中华家训传统文化，编纂了《中华家训精编100则》。编纂者从古代名家到现当代革命家、仁人志士的家训或者家训性质的文献中，精挑细选，筛选出100则经典家训。按照修身、励志、劝学、诚信、廉正、仁爱、孝慈、教子、和敬、处世10个部类进行编排，每个部类10则，辅以注释、译文、作者简介、评析、家教故事等，并配以图画、书法作品，文字简短凝练，内容深入浅出，形式图文并茂，以期达到“教化之流，家至人说”之效果。

我认为，编纂《中华家训精编100则》，是发掘历史智慧的一次积极尝试，是弘扬社会主义核心价值观的一次有益探索，也是今人借鉴与传承中华文化优秀传统的一条新路径。

是为序。

严以修身，严以用权，严以律己*

——《中国古代为官箴言》序

（2015年8月20日）

官箴，作为中国传统政治文化中一种特有的文化遗产，应该引起我们特别的重视。所谓官箴，就是规戒、劝勉官员的箴言。“箴”，古同“针”，“又古者以石为箴，所以刺病”，后世引申为规戒。“官箴”二字连用，最早见于《左传·襄公四年》：“昔周辛甲之为大史也，命百官，官箴王阙”，此处的官箴虽与后世所称之“官箴”还不能等同，但其中的规戒意味显而易见。原文后边还载有《虞箴》的内容，可见其主要内容是规戒君主。秦汉以后，箴便作为文体之一不断发展，箴言的内容也从箴谏君主，转延伸至百官众臣，如唐太宗《帝范》、武则天《臣轨》等。宋代以后，官箴创制越来越多，也愈发成熟。如宋代陈襄《州县提纲》、李元弼《作邑自箴》、吕本中《官箴》、许月卿《百官箴》，元代张养浩《牧民忠告》《风宪忠告》《庙堂忠告》，明代薛瑄《从政录》、汪天锡《官箴集要》、杨昱《牧鉴》，清代陆陇其《莅政摘要》、陈宏谋《从政遗规》以及汪辉祖《学治臆说》《学治续说》《学治说赘》等，不胜枚举。官箴书内容丰富，只要可以劝勉官员，规范其操守和具体行政，皆可收录。

* 这篇文章为王伟光为《中国古代为官箴言》所作的序，该书2015年由方志出版社出版。

总体来说，各类官箴多偏重官员道德规范、行为规范的宣讲，以及政务操作实践和一些理政弊端的防范。

官箴文化是中国传统政治文化中的一部分，深受儒家思想的影响。孔子提倡“仁”，孟子提出“仁政”：“乐民之乐者，民亦乐其乐；忧民之忧者，民亦忧其忧。乐以天下，忧以天下，然而不王者，未之有也。”（《孟子·梁惠王下》）他认为“民为贵，社稷次之，君为轻”（《孟子·尽心下》），要以仁爱之心爱民。所以历代官员也以克己修身为追求目标，官箴就是他们自励自警的规范，清廉爱民、俭朴公正、勤勉谨慎，一直是各类官箴的主题。

2014 年 3 月 9 日，习近平总书记在参加十二届全国人大二次会议安徽代表团的审议时指出，各级领导干部都要既严以修身、严以用权、严以律己，又谋事要实、创业要实、做人要实。2015 年 4 月，中共中央办公厅印发《关于在县处级以上领导干部中开展“三严三实”专题教育方案》，对 2015 年在县处级以上领导干部中开展“三严三实”专题教育作出安排。

“三严三实”可视作当代的官箴，从严以修身、严以用权、严以律己、谋事要实、创业要实、做人要实六方面，对党员领导干部的日常行为提出了箴戒。而古代官箴在这几方面也多有涉及，对各级党员领导干部日常行政不无裨益。吕本中在其《官箴》中提出“当官之法，唯有三事，曰清、曰慎、曰勤”，《四库全书总目提要》称“其言千古不可易”。即使现在看来，清正、谨慎、勤勉仍是应当遵守的基本为政准则。严以修身，是为官之本，从政之基，先正身才能再正人，今人不可不察。一代名臣包拯有诗云：“清心为治本，直道是身谋。”（包拯《书郡斋壁》）田文镜《钦颁州县事宜》中也说，“操守者，出仕之根柢”。严以用权，用权为民，不以私害公，即“公事在官，是非有理，轻重有法，不可以己私而拂公理，亦不可骫公法以徇人情”（真德秀《西山政训》）。“公生明，偏生暗”（荀况《荀子·不苟》），公，是用好权的关键。严以律己，勤于自省，才能做到遵守党纪国法，做到为政清廉，正所谓“万分廉洁，止是小善，一点贪污，便为大恶。不廉之吏，如蒙不洁，虽有它美，莫能自赎”（真德秀《西山政训》）。谋事要实，“为政者，非谓得行即行，以可行则行耳”（吕坤《呻吟语·外篇·治道》）。脱离实际，好高骛远，不尊重客观规律，不是我们共产党干部的工作作风，“必当详审听察，待其的确，然后施行”（汪天锡《官箴集要·听察详审》）。创业要实，全心全意为人民服务，永远是我们党的根本宗旨，要敢于担当，直面矛盾，实实在在地为人民群众创出一番事业来，“人官一方，则受一方之寄，必为民出力，自强不已”（袁守定《图民录·勤》）。做人要实，待人以诚，襟怀坦荡，公道正派，人“莫不爱于诚信”（武则天《臣轨·诚信章》）。以上这些箴言都能在这本小书中看到。

为配合“三严三实”专题教育，我们编写了这本《中国古代为官箴言》。是书以“严以修身”“严以用权”“严以律己”“谋事要实”“创业要实”“做人要实”为序，分为六篇，共甄选了历代官箴120则，并对官箴原文进行了注释和译写，以方便大家参阅体味。古代官箴是以传统伦理道德为基础对官员的箴戒劝勉，其中不免有封建、不合时宜的内容，基于弘扬传统文化、扬善弃弊的目的，书中所选都是积极向上、可供借鉴的箴言，希望读者能从中有所收获，有所教益。“吏不畏吾严而畏吾廉，民不服吾能而服吾公”（曹端《官箴》），与诸君共勉。

是为序。

深入开展中国人民抗日战争研究*

——山东抗战研究丛书序

（2016 年 2 月 15 日）

“治天下者以史为鉴，治郡国者以志为鉴”。地方志绵延千载，是中华民族特有的文化基因，是传承和彰显中华文明、发掘历史智慧的重要载体。党中央、国务院高度重视地方志工作，习近平总书记在考察首都博物馆时强调“要高度重视修史修志”“把历史智慧告诉人们，激发我们的民族自豪感和自信心，坚定全体人民振兴中华、实现中国梦的信心和决心”。李克强总理批示“修志问道，以启未来”“为当代提供资政辅治之参考，为后世留下堪存堪鉴之记述”。近年来，全国广大地方志工作者认真学习贯彻习近平总书记系列重要讲话和李克强总理重要批示精神，勇于担当、锲而不舍、甘于奉献，在存史、资政、育人方面发挥了重要作用。

2015 年是中国人民抗日战争暨世界反法西斯战争胜利 70 周年，山东省地方史志办公室以高度的政治责任感和历史使命感，主动提出并编纂出版了山东纪念抗战胜利 70 周年丛书，得到山东省委、省政府的高度重视和大力支持，山东省委副书记、

* 这篇文章为王伟光为山东抗战研究丛书所作的序，该套丛书 2016 年由中国文史出版社出版。

省长郭树清先后5次作出重要批示，指出“编撰这本书很有意义”，副省长王随莲亲自为丛书作序。丛书包括《山东抗战将士记忆》《山东抗战将士传略》《山东抗日根据地图志》《山东抗战战事史料汇编》《山东抗战纪念设施和遗址名录》5本书，共200万字、3000余幅图片。收录了102位战争亲历者口述资料，为163位牺牲的抗战将士作传，用1000多幅图片反映山东抗日根据地发展历程，辑录汇编164部市县级志书中的抗战战事资料，展示了全省790处抗战纪念设施和遗址面貌。仅用7个月时间高质量完成，出版后获得社会各界的广泛好评，体现了史志工作者应有的责任和担当，开创地方志抗战研究之先河，为全国地方志工作服务大局树立了榜样。

党的十八届五中全会提出要“构建中华优秀传统文化传承体系，加强文化遗产保护”。2015年7月30日，习近平总书记在主持召开中央政治局第二十五次集体学习时强调让历史说话，用史实发言，深入开展中国人民抗日战争研究，推出高水准的权威专著和通俗读物。山东省地方史志办公室迅速印发《关于学习贯彻习近平总书记重要讲话精神深入开展抗战研究的通知》，发动全省史志机构再接再厉、开拓进取、发挥优势、主动作为，继续深入系统地开展抗战研究。

前事不忘，后事之师。只有以史为鉴，才能更好地了解昨天、把握今天、开创明天。山东作为抗战时期主要的敌后战场之一，在全国抗战中发挥了重要的作用。无数优秀齐鲁儿女在中国共产党的领导下，为了民族的解放、国家的富强，抛头颅、洒热血，以血肉之躯筑起了保家卫国的钢铁长城，用气吞山河的英雄气概奏响了时代的最强音。沂蒙抗日根据地是抗战时期我党在山东开创的重要根据地，被誉为山东的“小延安”。在战火中铸就的沂蒙精神与延安精神、井冈山精神、西柏坡精神一样，是党和国家的宝贵精神财富，需要很好地继承和发扬。山东省地方史志办公室经过充分研究论证，确定组织编纂山东抗战研究丛书，将沂蒙抗日根据地作为主攻方向之一，与临沂市地方史志办公室通力合作，组织编纂了《亲历沂蒙抗战》《沂蒙抗战大事记》《沂蒙抗战歌曲选》《沂蒙抗战将士记忆》4 部书，记述了曾在沂蒙抗日根据地战斗和工作过的 40 多位老领导以及 30 多位战事亲历者的口述史，记录了沂蒙抗日根据地八年抗战艰苦卓绝的烽火岁月，收录了 370 多首广为传唱的抗战歌曲，全面系统反映了沂蒙人民与山东党政军一起，水乳交融、生死与共的战斗历程，填补了国内抗战研究的多项空白，在深入开展抗战研究方面走在了全国前列。丛书内容丰富、资料翔实、图文并茂，具有较强的可读性和传承价值，是弘扬社会主义核心价值观，进行爱国爱乡教育的优秀读本。

希望山东史志系统广大工作者继续发扬方志人精神，志存高远，力学笃行，开拓创新，锐意进取，编纂出更多更好的精品佳作，为推动文化大发展大繁荣、建设社会主义文化强国作出新的更大贡献！

志书古今，启迪未来*

——中国名镇志丛书序

（2016 年）

连绵不断地编修地方志是我国特有的文化传统，为传承中华文明作出了巨大贡献。在党中央、国务院的高度重视和支持下，这一古老文化传统焕发勃勃生机、展现新的活力，成为保存、继承和发扬光大中华优秀传统文化的重要依托、培育和践行社会主义核心价值观的重要媒介、社会主义先进文化建设的重要组成部分、增强道路自信理论自信制度自信的重要载体，成为实现“两个一百年”奋斗目标和中华民族伟大复兴中国梦的重要精神文化支撑。

事物总是不断发展变化的。经过改革开放 30 多年的发展，中国特色地方志事业与传统的地方志编修已不可同日而语，形成了志（志书）、鉴（年鉴）、库（地情数据库）、馆（方志馆）、网（地情网站）、刊（期刊）、会（学会）、研（理论研究）、用（开发利用）等多业并举的新格局。截至 2015 年 10 月底，全国编纂完成首轮、二轮省、市、县志书 8000 多种，编修部门志、行业志、专业志、乡镇村志 27000 多种，编纂地方

* 这篇文章为王伟光为中国名镇志丛书所作的序，该套丛书由方志出版社出版。并曾以《志书古今，启迪未来》为主题发表于《人民日报》2016 年 5 月 27 日第 7 版。

综合年鉴 2300 多种，累计整理旧志 2500 多种，还编纂出版了大量地情书，字数以百亿计，形成了以反映国情、地情为主要内容，全面系统、持续不断、卷帙浩繁的社会科学成果群。另外，还开通了 27 个省级网站、230 个市级网站、816 个县级网站；建成国家方志馆 1 个、省级方志馆 16 个、市级方志馆 86 个、县级方志馆近 300 个。这些成果成为国家重要的文化资源，是国家文化软实力和公共文化服务体系的重要组成部分。

最近几年，地方志工作的触角不断延伸，部门志、行业志、专业志、特色志、乡镇村志编纂方兴未艾，成为当前地方志事业发展新的增长点和亮点。特别是兴起了乡镇志编纂热潮，并且从自发的民间行为逐渐发展成为政府组织的文化行为，有的省份以政府令形式将其纳入地方志编修范畴。乡镇志并不是一个新生事物，据现有可考资料，宋代常棠所撰《澉水志》是现存最早的一部乡镇志。与省、市、县三级志书相比，乡镇志虽属小志，但意义不小，特别是在当前国家大力推进新型城镇化建设的背景下，乡镇志的作用更显重要。

启动中国名镇志文化工程，是适应当前新型城镇化建设形势需要、适应地方志事业发展形势需要的重要举措，也是为了充分发挥地方志的存史、资政、教化功能。镇是基层行政组织，镇志更接近中国基层社会发展变迁的国情，是基层地情记录文本，具有重要历史文献价值。而作为充分反映本区域自然、政治、经济、文化和社会的历史与现状的资料性文献，镇志又能全面展示地方发展脉络，有助于摸索发展经验，为探索中国乡镇未来发展方向提供借鉴和参考。还应看到，对于祖祖辈辈生于斯长于斯的中国人来说，故乡是一个魂牵梦萦的地方，故乡情怀终生难忘。留住乡愁，记住乡思，充分展示名镇文化魅力，激发爱乡、爱国情怀，正是中国名镇志文化工程题中应有之义。

大力促进民族地区与贫困地区文化建设*

——民族地区与贫困地区志书出版资助工程丛书序

（2016年10月）

当前，在以习近平同志为核心的党中央的坚强领导下，全国各族人民正在全面建成小康社会的决胜阶段奋勇向前、阔步迈进。全面建成小康社会，最艰巨最繁重的任务是在革命老区、民族地区、边疆地区、贫困地区。消除贫困、改善民生、实现共同富裕，是中国特色社会主义的本质要求，是中国共产党的重要使命。为了全面实现小康，党中央高度重视扶贫开发工作，全力推进脱贫攻坚工程，实施精准扶贫、精准脱贫。习近平总书记明确提出，全面实现小康，一个民族也不能少，不能落下一个贫困家庭，丢下一个贫困群众。扶贫开发是个系统工程，发展是第一要务，只有发展，因地制宜找准路子，才能最终实现精准扶贫、精准脱贫。"治贫"必先"治愚"，在加强经济和基础设施建设、提高教育水平等方面的同时，扶贫开发还要注重文化扶贫，特别是通过挖掘革命老区、民族地区、边疆地区、贫困地区的文化内涵、历史底蕴、地情资源，让广大干部群众了解地情、了解历史、了解本地区的优势和劣势，在思想上脱贫，尤为关键。

---

* 这篇文章为王伟光为民族地区与贫困地区志书出版资助工程丛书所作的序，该套丛书由方志出版社出版。

赓续不断地编修地方志是我国独有的优秀文化传统，绵延千年而不断。党中央、国务院高度重视地方志工作，近几年来，习近平总书记、李克强总理、刘延东副总理作出了一系列的重要指示。2015 年 8 月，国务院办公厅印发《全国地方志事业发展规划纲要（2015—2020 年）》（以下简称《规划纲要》），明确要求到 2020 年必须全面完成第二轮修志规划任务，这是全国地方志工作在全面建成小康社会进程中的硬性任务，也是全国地方志系统为全面建成小康社会的献礼。届时，将同步实现省省有省志、市市有市志、县县有县志，这不仅在中国文化发展史上是绝无仅有的，在世界文化发展史上也是罕见的。从目前来看，要实现这一目标任务，还存在不少困难和问题，特别是民族地区与贫困地区，面临着缺乏人才、资金等诸多困难。实现到 2020 年必须全面完成第二轮修志规划任务，一个省、一个市、一个县都不能少。自 2015 年 8 月，经中国地方志指导小组批准，中国地方志指导小组办公室启动民族地区与贫困地区志书出版资助工程（以下简称资助工程），对经国务院扶贫开发领导小组办公室认定的国家级贫困县（区、旗、县级市），中西部地区、少数民族边疆地区、经济欠发达地区存在出版经费困难的省市县三级综合志书进行出版资助。截至目前，已经确定资助两批 20 多部志书。2016 年 4 月，该工程成功入选国家新闻出版广电总局实施的“十三五”国家重点图书、音像、电子出版物出版规划项目。当前正处于全面推进扶贫开发工程的攻坚阶段，深入推进资助工程，是全国地方志系统配合推进精准扶贫、精准脱贫的重要工作，必须引起高度重视。

资助工程是地方志系统的政治工程。革命老区、民族地区、边疆地区、贫困地区蕴含着极为丰富的文化内容，编纂出版志书，对于继承和发扬优秀传统文化、民族文化、革命文化，加强民族团结、促进当地经济社会建设意义重大。革命老区、民族地区、边疆地区、贫困地区的志书是充分展示在中国共产党领导下这些地区经济社会建设取得的巨大成就、各族人民生活幸福安定的历史依据。特别是边疆地区的志书，是历代王朝、社会主义新中国对该地区行使主权的文化宣示，是真实记录边疆地区与祖国一脉相承、荣辱与共的重要载体。《规划纲要》明确要求到2020年全面完成第二轮修志规划任务，是党中央、国务院对各级政府和地方志工作机构的政治要求，必须不打折扣坚决完成，革命老区、民族地区、边疆地区、贫困地区也不能例外。资助工程既是全国地方志系统的文化扶贫工程，又是确保到2020年全面完成第二轮修志规划任务的推进工程，具有重要的政治意义。

资助工程是促进民族地区与贫困地区文化建设的基础工程。地方志书是全面系统地记述本行政区域自然、政治、经济、文化和社会的历史与现状的资料性文献，记述内容包罗万象，记述对象丰富多彩，是对一个地方的文化普查和历史资料的全面梳理。一个地方的经济社会建设，离不开文化支持。发展是硬道理，只有真正实现全面、协调、可持续发展，才能最终实现小康。与此同时，发展也必须是有序的而不是盲目的，必须是实事求是的而不是凭空设想的，必须是因地制宜的而不是照搬照抄的。实践证明，脱离当地的自然条件、历史基础、文化传承、人文习俗等搞所谓的建设，要么是盲人摸象、坐井观天，要么是揠苗助长、掩耳盗铃，要么是削足适履、画蛇添足，最终会落得个水土不服、无疾而终。对于民族地区与贫困地区来说，立足本地的资源、市场、人文旅游等优势，因地制宜找准发展路子，是确保科学发展的首要任务。民族地区与贫困地区，尤其是那些自古以来还没有编修过志书的地区，开展志书编纂既是对当地自然、政治、经济、文化、社会、生态等方面的发展历史、发展脉络、发展规律的全面摸底和调查，又是总结历史经验、汲取历史教训、挖掘历史智慧的全面梳理和探求。通过学习、利用地方志书，让各级领导干部、广大人民群众了解当地的历史、了解实实在在的地情，从历史中汲取营养和智慧为现实提供借鉴和服务，是确保民族地区与贫困地区发展不走弯路、不走冤枉路的有效手段。

资助工程是全国地方志事业协调发展的促进工程。第五届中国地方志指导小组成立以来，一直把走基层、探实情作为一项重要任务，截至目前，已经到30个省（自治区、直辖市）开展了调研。通过座谈、实地考察等多种形式，充分了解了当前全国地方志事业发展面临的主要困难和问题。其中，区域发展不平衡，中西部地区特别是边疆少数民族地区地方志工作与东部地区相比还存在不小差距，是制约全国地方志事业实现全面、协调、可持续发展的瓶颈所在。有的地方甚至出现了花费了大量的人力、物力，经过十余年的艰辛努力编纂出志书，因为缺乏出版经费迟迟未能出版的状况。正是基于以上了解到的情况，中国地方志指导小组及其办公室才下定决心启动资助工程。到2020年全面建成小康社会时，地方志事业区域发展不平衡问题必须得到妥善解决，这也是深入贯彻《规划纲要》的应有之义。而作为主业的修志编鉴，到2020年全面完成第二轮修志规划任务、实现综合年鉴编纂全覆盖的“两全目标”，是中西部地区特别是边疆少数民族地区地方志工作发展的重中之重。从现实意义来说，资助工程对于实现全国地方志事业全面、协调、可持续发展具有重要的促进作用。

在党中央、国务院的高度重视下，全国地方志事业发展迎来重大战略机遇。越是发展的关键时期，越要有大局观，越要从全国一盘棋的角度考虑问题。《规划纲要》作为顶层设计，确定的各项目标任务都要落到实处，而作为“两全目标”之一的到2020年全面完成第二轮修志规划任务，实现省、市、县一个都不能少的目标，是关键中的关键。希望借助资助工程的深入推进，进一步引起全国地方志系统对实现“两全目标”的重视，确保按期保质完成，用志书客观而忠实地记述中国共产党人带领全国各族人民全面建成小康社会的光荣与曲折历程，为全面建成小康社会贡献“志”礼。

是为序。

守护村落文化，赓续传统文脉 *

——中国名村志丛书序

（2017 年 11 月）

连绵不断地编修地方志是中国独有的优秀文化传统，承担着赓续文明、传承文化的重任。保存至今的 8000 余种、10 万余卷历代方志，蕴含着传统文化基因和海量文化信息，既是中华优秀传统文化的重要组成部分，又是传承、彰显中华优秀传统文化的重要载体。

在各种类型的地方志编纂中，村志编纂古已有之，但从未进入国家层面的地方志编纂序列。新中国成立以来，党中央、国务院高度重视包括村志编纂在内的地方志工作，出台了重要文件。中央领导发表了重要讲话、作出了重要批示。习近平总书记高度重视包括村志编纂在内的地方志工作。2004 年 10 月，他在担任浙江省委书记时到江山市凤林镇白沙村考察，看到村民编纂的《白沙村志》，鼓励村民把村志继续编纂下去。2014 年 4 月，刘延东副总理在与第五次全国地方志工作会议部分会议代表座谈时指出："要结合发展的新形势，加强对地方志包括部门志、行业志、专题志、乡镇村志编纂的业务指导和服务。"2015 年 8 月，国务院办公厅印发的《全国地方志事业发

* 这篇文章为王伟光为中国名村丛书所作的序，该套丛书由方志出版社出版。

展规划纲要（2015—2020年）》，正式将中国名村志文化工程列为主要任务之一。2017年5月，中共中央办公厅、国务院办公厅印发的《国家“十三五”时期文化发展改革规划纲要》指出：“完成省、市、县三级地方志书出版工作。开展旧志整理和部分有条件的镇志、村志编纂。”可以说，村志编纂迎来了历史上的最好时期。

农业、农村、农民“三农”问题，是数千年来影响中国社会发展最核心的问题。中共中央高度重视“三农”工作，从2004年起，连续13年，每年的中央1号文件都聚焦“三农”。中共十九大报告更是提出“农业农村农民问题是关系国计民生的根本性问题，必须始终把解决好‘三农’问题作为全党工作重中之重”，特别是提出了“乡村振兴战略”，这是中国共产党在中国特色社会主义进入新时代后，对农村发展问题所做出的准确把握和与时俱进的战略应对，是建设中国特色社会主义强国战略的重要组成部分。改革开放近40年来，在党中央、国务院高度重视社会主义新农村建设的新形势下，各地涌现出一大批历史文化名村、经济强村、新农村建设示范（试点）村、美丽乡村和特色村，成为先进生产力和先进文化的代表。客观记录中国农村全面建成小康社会的进程，向后人展示在中国共产党领导下农村千年未有的巨变，是地方志工作者肩负的光荣而重大的历史使命。编纂中国名村志丛书，是记载当代中国农村发展变革的重要途径。

文化寻根，寻的是其发展的源头和根基。村落是中国传统文化的根基所在。农村的生产生活方式、社会规范、宗族文化、宗教文化、民风习俗、传统节日、民间艺术等，无不镌刻着中国人独特的民族性格，这就是家国情怀、文脉绵延、精神归属。在快速城镇化进程的冲击和开发性破坏下，大量传统村落面临消亡的危机，村落蕴含的历史文化信息也流失殆尽，抢救性保护刻不容缓。编纂中国名村志丛书，是保存村落历史文化信息，抢救、保护村落文化最好的方式。

一方水土养一方人。家乡的山水草木、村间小巷、乡俗民情会在每个人心头留下深刻的烙印，这就是故土情结。而村落的形成与发展离不开人的活动。编纂中国名村志丛书，通过记述村落建筑、名门望族来追溯村落的历史；通过记述村落规模、布局、人口、物产等反映人口来源、宗族兴衰、生活习惯、文化背景、宗教信仰、经济发展等，体现环境与人相互影响、相互作用、相互发展的既矛盾又统一的关系；通过记述戏剧、音乐、舞蹈、美术、文学、手工技艺等文化形式，展示百姓在长期的生产生活实践中摸索和总结出的智慧结晶，强化人们沟通感情的纽带。编纂中国名村志丛书，是传承乡俗、诉说乡音、记住乡愁、纾解乡思，激活历史传统、唤起共同文化记忆、塑造共同心灵认同的重要文化工程。

中国名村志文化工程以践行文化自信、传承中华文脉、彰显时代发展为己任，以打造全国地方志系统的重要品牌为目标，在体裁运用、篇目设置、资料选择等方面进行大量的创新，突出“名”和“特”，拣选各个名村中最值得记述、最具有代表性的人、事、物，予以浓墨重彩的描画，从而形成系列的、高质量的、可读性强、雅俗共赏的地方志读本，让地方志紧接地气、贴近百姓，让地方志成果进入寻常百姓家，让人民群众共享地方志成果，让越来越多的人从地方志中感知传统、历史和记忆，成为传统村落和传统文化的守护者，成为中华优秀文化的传承者。

是为序。

提炼发展经验，挖掘历史智慧*

——中国地方志“一体两翼”工程丛书序

（2017年12月）

方志是传承中华文明、发掘历史智慧的重要载体。持续不断地编修地方志是中华民族的优秀文化传统，历史悠久，源远流长。在中华传统文化中，地方志具有独特的魅力，是最具有民族特征的标志性传统文化形式之一。同时，地方志所记载的内容纵贯古今，横陈百科，以真实资料和生动事实，激发人们热爱祖国、热爱家乡的情怀，成为新时期弘扬社会主义核心价值观最宝贵的思想源泉之一，在存史、资政、育人方面起着不可替代的积极作用，在展现中华文化的独特创造、价值观念、鲜明特色，展示中国历史底蕴深厚、各民族多元一体、文化多样和谐的文明大国形象，以及对于提升国家文化软实力方面具有不可替代的重要作用。

新中国成立后，特别是改革开放以来，在党中央、国务院正确领导和关怀支持下，在全国各省、市、县党委领导、政府主持下，经过各地各级地方志机构广大地方志工作者的不懈努力，新方志事业取得了巨大成就。

党的十八大以来，党和国家领导人高度重视地方志工作。

---

* 这篇文章为王伟光为中国地方志“一体两翼”工程丛书所作的序，该系列丛书由方志出版社出版。

习近平总书记就传承弘扬中华传统文化发表了一系列重要讲话，强调“要高度重视修史修志”并作出了一系列重要指示，为全国地方志事业指明了发展方向，提供了根本遵循。李克强总理提出“修志问道，以启未来”，并希望地方志工作者“继续发扬方志人精神，志存高远，力学笃行，直笔著信史，彰善引风气，为当代提供资政辅治之参考，为后世留下堪存堪鉴之记述”，并对地方志工作多次作出重要批示。刘延东副总理也就地方志工作发表重要讲话，并作出批示。习近平总书记系列重要讲话、李克强总理的重要批示、刘延东副总理的重要讲话和批示高屋建瓴，高瞻远瞩，充分肯定了地方志工作的重要作用，既表明党和国家对地方志工作的重视与关心爱护，同时又向地方志工作提出了新任务、新要求。

在中央领导同志的直接关心和爱护下，近年来地方志事业蓬勃发展，蒸蒸日上，形成了以修志编鉴为主业，理论研究、开发利用、信息化建设、方志馆建设、旧志整理等工作协调开展的事业格局，拓展了方志文化的内涵，在各地经济社会发展中发挥了独特作用。

为深入贯彻党和国家领导人关于地方志工作的重要指示精神，落实《全国地方志事业发展规划纲要（2015—2020年）》（以下简称《规划纲要》）有关进一步繁荣地方志文化、服务经济社会发展大局的要求，完成《规划纲要》提出的“做好《中国地情报告》《中国方志发展报告》《中国年鉴发展报告》编纂工作”的具体任务，中国地方志指导小组办公室启动了以《中国地情报告》为“一体”，以《中国方志发展报告》《中国年鉴发展报告》为“两翼”的“一体两翼”工程，其根本目的在于推动地方志事业健康可持续发展，繁荣方志文化，发挥地方志资源在推动经济社会发展和文化建设中的重要作用，推动地方志事业在国家“四个全面”战略布局中作出更大贡献。该项文化工程的实施，具有充分的必要性和重大现实意义。

首先，实施中国地方志“一体两翼”工程是贯彻落实党和国家全面推进深化改革、全面推进依法治国等重大战略部署的必然要求。地方志是全面系统地记述一定行政区域自然、政治、经济、文化和社会的历史与现状的资料性文献，蕴涵着极为丰富的治理经验和历史智慧，可为治国理政、推动国家治理体系和治理能力现代化提供重要的参考和借鉴。实施中国地方志“一体两翼”工程，是地方志工作者立足自身优势，以创新思维、勇于开拓的精神参与现代国家治理体系建设的积极尝试。

其次，实施中国地方志“一体两翼”工程是地方志事业健康、可持续发展的必然要求。修志致用，如何在新形势下更好地开发利用地方志文化资源，在服务经济社会发展方面发挥更大作用、作出更大贡献，是地方志工作者面临的重大时代课题。该工程系列图书的问世将直接有利于推动新方志事业总结经验、探索规律，进一步提升广大方志工作者思想认识，有力促进和繁荣方志文化建设。实施中国地方志“一体两翼”工程，是地方志工作者不断突破自我，展示自身价值的重要举措。

最后，实施中国地方志“一体两翼”工程是丰富和拓展中国社科院智库群的必然要求。《中共中央关于全面深化改革若干重大问题的决定》提出了“加强中国特色新型智库建设，建立健全决策咨询制度”的要求。中国地方志指导小组办公室理应紧抓机遇，参与其中，通过实施中国地方志“一体两翼”工程，在重视质量和创新的前提下，提供更多具有前瞻性、对策性的研究报告，为各方面决策服务。

中国地方志“一体两翼”工程系列报告由中国地方志指导小组办公室主持编纂，组织方志界和科研院校的专家学者，就方志资源开发利用和志鉴编修等地方志事业发展的重大实践和理论问题进行研究，并向社会发布。在研究过程中，课题组着力以方法创新提升研究质量。一方面，课题组坚持马克思主义唯物史观，综合运用史学、政治学、社会学、文献学等学科研究方法，将地方志事业置于跨学科的学术视野之下，对新时期地方志事业发展进行全方位研究，改变以往传统修志工作中对于志书年鉴研究、开发以及利用不足的状况。另一方面，通过对大量志书的研读、分析，课题组得出了客观、公正以及经得起实践和时间检验的结论，这项工作必将填补方志发展史上的一项空白。中国地方志“一体两翼”工程系列报告系统分析上一年度中全国各地地情概况、志鉴编修状况，以及地方志资源开发利用等方面工作开展情况，针对全国以及某一区域地方志事业发展状况和热点问题进行年度性的分析与研讨，以专业化的角度、专家学者的视野，开展系统性回顾、理论性分析和前瞻性预测，努力实现“一个定位、一个品牌、一个平台、一个模式、一个论坛”的“五位一体”总体设计。一个定位，即定位为年度资政类研究报告，旨在为政府决策咨询提供资政信息。一个品牌，即创立全国方志报告类图书品牌，培育形成为国内有影响力的品牌。一个平台，即组建各报告课题组，由方志界和中国社会科学院有关研究院所、其他科研单位研究人员组成报告撰写队伍，为培养研究型方志专家提供平台。一个模式，即由各课题组与方志出版社相关编辑部组成编、印、发于一体的报告编纂出版的工作模式。一个论坛，即以中国地方志“一体两翼”工程系列报告为基础，每年举办一次中国地情论坛。

我相信，随着中国地方志“一体两翼”工程的实施与推动，地方志事业发展必将迈上一个新台阶，步入一个更高层次。地方志事业发展的成果将为弘扬优秀传统文化、服务经济社会发展作出更大贡献，为激发民族自豪感和自信心，实现中华民族伟大复兴的中国梦发挥更大作用！

春风化雨，润物无声*

——评中央文明办推介图书《中华家训精编100则》

（2015年7月20日）

习近平总书记高度重视家风建设，在国务院2015年春节团拜会上专门强调要重视家庭建设，注重家庭、家教、家风。2月28日，在会见第四届全国文明城市、文明村镇、文明单位和未成年人思想道德建设工作先进代表时，他再次强调要大力弘扬中华民族优秀传统文化，大力加强党风政风、社风家风建设，特别是要让中华民族文化基因在广大青少年心中生根发芽。

恩格斯论证了家庭的本质——“父亲、子女、兄弟、姐妹等称谓，并不是简单的荣誉称号，而是一种负有完全确定的、异常郑重的相互义务的称呼，这种义务的总和便构成这些民族的社会制度的实质部分。”①中华民族尤其注重家庭，在传统社会伦理中，不论是三纲、五常，抑或是六纪、十义，姑且不论其封建糟粕，就当中蕴含的传统社会家庭至上的理念而言，至今仍融入每个中国人的血液当中。这种观念也影响了传统社会制度和社会道德的建构，比如魏晋时提出的“以孝治天下”，在社会道德评判中把父慈子孝、夫义妻顺、兄弟和睦等作为重要

* 这篇文章曾发表于《人民日报》（海外版）2015年7月20日第7版。

① 《马克思恩格斯选集》第4卷，人民出版社1972年版，第24页。

的标准。在中华文明进化中，这种家庭至上的理念逐渐上升为家国情怀。以国为家，爱家爱国，舍小家，保大国，无私奉献，“天下兴亡，匹夫有责”，是传统文化中最宝贵最活跃的精神资源。《大学》言：“古之欲明明德于天下者，先治其国；欲治其国者，先齐其家；欲齐其家者，先修其身；欲修其身者，先正其心；欲正其心者，先诚其意；欲诚其意者，先致其知。”国家、社会、家庭、个人是一个密不可分的整体。孟子云：“天下之本在国，国之本在家，家之本在身。”[①]家庭成为中华传统伦理道德文化建设的中转站。家风正，则民风纯；家风正，则政风清。

中华民族素有重视家庭教育传承的优良传统，留下了十分丰富、意义深远的家训。家训文化源远流长，早在传说中伏羲、黄帝之时，就有类似家训的“教”“戒”等。西周时期，周公因留驻京城辅佐成王，遂让其子伯禽前往鲁国就封。伯禽临行之际，周公以自己“一沐三握发，一饭三吐哺”的躬身实践为例，反复叮嘱伯禽不能“以国骄人”。这大概是有史记载最早的家训。两汉时期，儒学独尊，士大夫非常注重家风、家教，但多为只留下一言半语，比较零碎，不成系统。到了南北朝时期，颜之推撰著《颜氏家训》开家训著述之先河。此后，自隋唐宋至元明清，家训著作大量出现，影响较大的有宋司马光《温公家范》、袁采《袁氏世范》，清朱用纯《治家格言》、张英《聪训斋语》等。清代甚至出现了家训性质的家书之作，有代表性者如曾国藩家书，其中包含很多家训内容，后人专门将之摘抄出来，编为《曾文正公家训》。与此同时，家训著述也越来越社会化，从士大夫之门走入寻常百姓之家，很多家庭、家族都形

① 《孟子 · 离娄上》。

成了自己的家训，保存于众多家谱之中。家训作为中华文化的重要组成部分，凝聚了前人对子孙立身处世、持家治业的教诲和中华民族辉煌发展史中的价值取向，蕴含着宝贵的思想精华。

由中国地方志指导小组办公室组织编纂的《中华家训精编100则》得到了中央文明办的高度重视。该书从古代名家、现当代革命家、仁人志士的家训或者家训性质的文献中精挑细选，按照修身、励志、治学、诚信、廉正、仁爱、孝慈、教子、和敬、处世10个部类进行编排，每个部类10则，辅以注释、译文、评析等，并配以图画、书法作品，文字简短凝练，内容深入浅出，形式图文并茂。编纂该书是挖掘传统文化精髓的一种探索，也是连接古代优秀传统文化和社会主义核心价值观的一种尝试，为家庭、家教、家风建设提供了范本，把中华传统文化基因融入现代人的价值理念当中。“随风潜入夜，润物细无声”，相信《中华家训精编100则》能够起到这样的效果。

努力打造方志人共同的精神家园

——《中国方志》创刊词

（2016年2月1日）

赓续不断地编修地方志是中华民族的优秀文化传统和独特的文化基因，绵延不断，生生不息，为传承中华文明发挥了极为重要的作用。新中国成立后，毛泽东、周恩来、陈云、习仲勋、胡耀邦等老一辈无产阶级革命家十分关注关心地方志工作，促使古老的方志文化代代相继，薪火相传。十八大以来，在以习近平同志为总书记的党中央的高度重视下，古老的方志文化更是焕发出新的无穷魅力和勃勃生机。新时期地方志事业发展，已经成为协调推进“四个全面”战略布局在文化领域的重要内容，成为社会主义文化强国建设的重要组成部分。

当前，全面建成小康社会进入决胜阶段，鼓舞人心，催人奋进。天行健，君子以自强不息。在这个伟大的时代，方志人更应奋发有为，大有作为。《中国方志》可以说是顺势而育，应时而生。《中国方志》是中国地方志指导小组办公室编印的内部资料性出版物，以打造全国方志人共同的精神家园，第一时间传递高层声音，权威解读政策，交流工作动态，宣传先进人物，推介方志成果，传播方志文化，挖掘历史智慧，促进方志开发，扩大方志影响，助力国家公共文化服务体系建设，以提升文化走向世界贡献力量为己任，着力打造属于方志人的舆论阵地。

长风破浪会有时，直挂云帆济沧海。希望广大地方志工作者以贯彻落实国务院办公厅印发的《全国地方志事业发展规划纲要（2015—2020年）》为契机，紧紧把握战略发展机遇，以《中国方志》为链接纽带，进一步增强政治意识、大局意识和责任意识，坚持正确导向，以求真务实的态度、开拓创新的思路、锐意改革的精神，为实现“两个一百年”奋斗目标和中华民族伟大复兴的中国梦作出新的更大的贡献！

力争走在全国前列*

——关于山东地方志的批示

（2016年1月10日）

异康书记、树清省长：感谢你们对地方志工作的关心支持！地方志是传承中华文明、发掘历史智慧的重要载体。近两年来，山东地方志工作在刘爱军团队的努力下，勇于担当，主动作为，取得了显著成果，创造出“山东经验”，走在全国前列。希望山东地方志认真贯彻习近平总书记、李克强总理和刘延东副总理关于地方志工作的重要指示、重要讲话精神，切实做到“一纳入、八到位”，推动山东地方志工作再上新台阶。

---

* 这份批示是2016年1月10日，中国社会科学院院长、中国地方志指导小组组长王伟光在审阅山东省地方志办公室呈报的《关于2015年工作总结和2016年工作安排的报告》后，对山东省史志工作作出批示。这份批示曾发表于《山东史志》2016年第1期、《方志中国》2016年第2期。